编辑委员会名单

主　任： 万　斌
副主任： 杨金荣　何一峰
成　员： 蓝蔚青　曾　骅　罗卫东　金　涛
　　　　　汪俊昌　葛立成　陈华兴　林华东

中国地方社会科学院学术精品文库·浙江系列

中国地方社会科学院学术精品文库·浙江系列

新闻期刊采编和管理

Collecting & Editing and Management of News Magazine

● 邹建中 / 著

社会科学文献出版社
SOCIAL SCIENCES ACADEMIC PRESS (CHINA)

本书由浙江省省级社会科学学术著作
出版资金资助出版

立足地方实践　高扬中国特色

《中国地方社会科学院学术精品文库》总序

人类社会踏上了充满挑战和希望的21世纪,世界各种文明和思想文化经历着深刻的激荡和变革。面对这样的形势,坚持理论创新、科技创新、文化创新以及其他各方面的创新,乃是建设中国特色社会主义事业,振兴中华民族的必由之路。因此,承担着"认识世界、传承文明、创新理论、资政育人、服务社会"职责的哲学社会科学,任重而道远。

中国特色的社会主义,是物质文明、政治文明和精神文明全面发展的新型社会,是人类历史中前无古人的创举,需要在马列主义、毛泽东思想、邓小平理论和"三个代表"重要思想的指引下,解放思想,求真务实,在实践和理论上进行不懈的探索,用科学发展观统领经济发展和社会进步,实现全面协调可持续发展。

胡锦涛同志2003年7月1日《在"三个代表"重要思想理论研讨会上的讲话》中指出,在实现全面建设小康社会这个宏伟目标的征程中,我们将长期面对三个重大课题:一是要科学判断和全面把握国际形势的发展变化,正确应对世界多极化和经济全球化以及科技进步的发展趋势,在日益激烈的综合国力竞争中牢牢掌握加快我国发展的主动权。二是要科学判断和全面把握我国长期处于社会主义初级阶段的基本国情，正确认识和妥善处理人民日益增长的物质文化需要同落后的社会生产力这个社会主要矛盾，不断增强综合国力，逐步实现全体人民的共同富裕。三是要科学判断和全面把握我们党所处的历史方位和肩负的历史使命，加强和改进党的建设，不断提高党的领导水平和执政水平，增强拒腐防变和抵御风险能力，始终成为团结带领人民建设中国特色社会主义的领导核心。哲学社会科学工作者必须立足国情，立足当代，以这三个重大课题为主攻方向，同党和人民一道，在实践的基础上进行前瞻性、全局性和战略性的研究，努力解决广大群众关心的理论问题和实际问题，建设中国特色、中国风格、中国气派的哲学社会科学。

中国共产党历来高度重视哲学社会科学的发展。中共中央在2004年3月发布了《关于进一步繁荣发展哲学社会科学的意见》，精辟地阐述了哲学社会科学在建设中国特色社会主义中的地位和作用，指明了进一步繁荣发展哲学社会科学的指导方针和基本原则。这个文件是在新的历史时期发展繁荣哲学社会科学的精神动力和行动指南，必将唤起广大哲学社会科学工作者为建设中国特色社会主义、服务于中国人民进行实践探索和理论创新的使命感，迎来中国哲学社会科学繁荣发展的又一个阳光灿烂的春天。

地方社会科学院是我国哲学社会科学研究的一支重要力量。20多年来，除台湾省之外，各省市自治区和部分计划单列市先后建立了社会科学院，总数已经达到44家。可以说，地方社会科学院是我国社会主义现代化建设的一支不可替代的生力军。在各省（市）党委、政府的领导与支持下，地方社会科学院在队伍建设、科研体制改革等诸多方面进行了许多探索，取得了重大的成就和可贵的经验，涌现出了一批科研骨干，获得大批立足地方实践、富有地方特色的优秀科研成果，为地方的经济社会发展和理论创新作出了重要贡献。立足地方特色，紧密结合广大人民群众的实践，是地方社会科学院发展的一个显著特点。我们相信《中国地方社会科学院学术精品文库》作为一个多系列精品工程的编辑出版，能够比较集中和系统地展示地方社会科学院的优秀科研成果及其固有特色，激励和推动社会科学学术研究的进一步开展和提高，有益于社会科学工作者之间的联系和合作。

继承和发展马克思主义，发展、繁荣社会主义中国的哲学社会科学事业，实现中华民族的伟大振兴，任重而道远，让我们大家共勉，在以胡锦涛为总书记的党中央领导下，进一步解放思想、开拓创新，迎接哲学社会科学繁荣发展的美好明天。

中国社会科学院院长

陈奎元

2004 年 8 月 15 日

承继浙学优秀传统　促进当代学术繁荣

《中国地方社会科学院学术精品文库·浙江系列》序

浙江学术有很多优秀的传统。

首先一点，浙江学术富有批判精神。汉代中期以后独尊儒学，当时的儒学有两个特点：一是墨守章句之学；二是盛行谶纬迷信。浙江人王充"退孔孟而进黄老"，对传统儒学提出尖锐批评，提出"神灭无鬼"的新说。他所开创的学术新风气对后来魏晋玄学产生了重大影响。唐宋以后，新儒学产生，程朱理学、陆王心学是其中最重要的两个学术流派。浙江产生了"浙学"，即以吕祖谦为代表的金华学派，以叶适为代表的永嘉学派，以及以陈亮为代表的永康学派。他们倡言事功，充分强调"利"的正当性。在南宋三大儒学流派中，他们于朱、陆两家之外独树一帜，不但成为宋学不可或缺的一支，也对此后浙江文化的塑造产生了深远的影响。南宋之后，程朱理学定于一尊，至明后期，余姚人王阳明提出"致良知"的新说，突破朱熹"天理"的绝对性，肯定了"人欲"的合理性。晚明文学艺术界有一股提倡人性解放、不拘一格抒发性灵的社会思潮，王氏之学，有以导之。至清代，考据之学成为当时的学术主流。浙江学者，不但为后人贡献了大量考据学上的成果，而且产生了章学诚这样的反潮流的学术大师，他强调"六经皆史"，标榜"浙东学术"的独特个性，与吴、皖两家相颉颃。至于清末，学风再变，程朱理学与经世思潮重新抬头，浙江不但产生了龚自珍这样的新思潮的代表人物，还产生了孙诒让、黄以周、俞樾这样的朴学大师，号"清末三先生"。综观中国学术发展史，浙江学人在其中的地位清晰可见：他们未必是某一时期学术发展的主导者，却常常是某一时期主流学术的批判者；而他们所开创的学术新风，又常常引导着下一时期的学术新方向。浙江学人的这种批判精神，本质上就是一种创新精神。

浙江学术的另一优秀传统是对现实问题的高度关注。南宋"浙学"思想家们主张重商富民，正是这一学术传统的体现。到明清时期，浙江学人的现实主义精神得到进一步发展。浙东学派的重要代表人物黄宗羲，不但在经济上主张"工商皆本"，在政治上更是对君主专制制度提出前所未有的批评，成为中国思想史上一个不朽的标杆。清代浙江学术的地域风格已经形成。章学诚在《文史通义》中讲"浙东贵专家，浙西尚博雅"。浙东学派的成就，主要体现在历史研究上。清代文禁极严，明史研究是一个在政治上非常敏感的学术领域。浙江受文字狱之祸极深，著名的"明史案"便发生在浙江。当时很多历史学家为了避祸，在研究中有意避开这一禁区，专攻古史考证。而浙江学人，敢于逆流而上，浙东学派尤以明史研究见长。黄宗羲撰《弘光实录钞》、《行朝录》、《明儒学案》，选编《明文海》；万斯同一生专治明史，独力完成《明史稿》五百卷；邵廷采撰《东南纪事》、《西南纪事》、《明遗民所知录》；全祖望著《鲒埼亭集》，撰集碑记，表彰浙东抗清不屈之士。浙东学人的明史研究，表面上是研究历史，实际上反映的是现实政治问题，他们的学问，表面上是史学，骨子里是政治学。在这一点上，浙江学术的现实主义精神可理解成是一种革命精神。至于近代，一代国学大师章太炎，他的学术成就固以朴学见长，但在他的学术理论中，"种族革命"的特色表现得特别浓厚。这与浙东学派的精神是一脉相承的，都体现了一种对现实不回避的态度与勇气。

浙江学术的第三个传统是包容的态度和开放的精神。浙江的地理位置，正处于中国的中间地带。在历史上，永嘉南渡、安史之乱、黄巢起义、靖康之变，数次大事件引发的移民浪潮，都对浙江学术传统产生了重要影响。如南宋"浙学"三家，婺学（金华学派）的吕祖谦本来就是北方世家；永嘉学派，源自北宋"永嘉九先生"，他们与"二程"有师承关系。各种区域文化的交汇碰撞，造就了浙江学人包容的、学习的态度。浙江又地处沿海，在明清以后"地理大发现"的国际背景中，又成为"西学东渐"的前沿。早在明末，就有杭州人李之藻，从西方传教士利玛窦习天文、数学、地理等科学知识。近代以来，在西方学术科目的引进和建立中，浙江学人发挥了重要作用，如沈家本在法学上，蔡元培在教育学上，马寅初在经济学上，都堪称是一个学科的开创者或奠基人。蔡元培在执掌北京大学期间，以"兼容并蓄"治校，为"五四"新文化运动的兴起培育了土壤。作为新文化运动的代表人物，鲁迅以"拿来主义"的态度译介西方文学，并用新方法从事文学创作和文学史研究。在此过程中，中国的旧学问开始转型。海宁人王国维是一个对中国现代学术转型有着巨大影响的国学大师，在哲学、文学、史学三方面都有重要影响。在哲学上，他是中国最早介绍德国哲学家康德、叔本华等人哲学思想的人，他的《红楼梦评论》是中国最早运用西方美学对《红楼梦》进行学术批评的著作；在文学上，他著有《人间词话》，提出"境界"与"意境"说；在史学上，王国维是最早对甲骨文进行识读且取得突破性成就的学者之一，他首创"二重证据法"，将甲骨文与存世文献进行对照分析，使商朝历史成为信史。

浙江先贤的学术传统，是我们不朽的楷模。

浙江省社会科学院坚持以马列主义、毛泽东思想、邓小平理论与"三个代表"重要思想为指导，全面贯彻落实科学发展观，在省委、省政府领导下，坚持以科研为中心，坚持以浙江改革开放和现代化建设的重大理论与实践问题为主攻方向，重视基础理论研究，加强应用研究，突出浙江特色，强化为省委、省政府决策服务和为全省两个文明建设服务的功能，为发展我国哲学社会科学事业作出贡献。为了更好地发挥传承文明、创新理论的功能，推进"精品工程"和"人才工程"的实施，从2001年起，浙江省社会科学院设立浙江省省级社会科学优秀学术著作出版资金，陆续推出一批有较高学术价值的科研成果；从2004年起，又与社会科学文献出版社合作编辑出版《中国地方社会科学院学术精品文库·浙江系列》丛书，使科研成果的出版更加规范化、制度化，扩大了浙江省社会科学院的学术影响。

这些学术成果，有的重视社会调查，重视数据的收集与分析，关注浙江社会经济发展的现实问题；有的致力于乡邦文献的整理、地方史事的钩沉以及区域文化的理论探讨；当然，其中不乏越出地域之囿、站在学术前沿的创新之作。这些成果，或许还存在这样、那样的不足，有些问题在学术上还有争论，有的还有待社会实践以及学术自身的发展来检验，但它们有鉴别、有批判、有创新，这正体现了浙江学术的优秀传统。

林吕建

2009 年

目 录

前 言 …………………………………………………………（1）

第一章 定位 ………………………………………………（1）
一 定位 ………………………………………………………（1）
（一）读者定位：我们的产品卖给谁 ……………………（1）
（二）内容定位：我们给读者看什么 ……………………（4）
（三）风格定位：我们要张扬的是什么风格 ……………（5）
（四）发行定位：我们的读者在什么区域 ………………（10）
（五）广告定位：我们要的是哪类广告 …………………（12）
二 方针、宗旨 ……………………………………………（12）
（一）方针：怎样做 ………………………………………（13）
（二）宗旨：为什么 ………………………………………（14）
三 口号 ……………………………………………………（15）

第二章 策划 ………………………………………………（17）
一 什么是新闻策划 ………………………………………（17）
（一）什么是新闻 …………………………………………（18）
（二）什么是新闻策划 ……………………………………（27）
二 策划的重要性 …………………………………………（32）
（一）每一期杂志的内容，都要精心筹划 ………………（32）

（二）每一期杂志的内容，都要突出重点 …………………（34）
　　（三）如何写好一篇报道，都要周密考虑 …………………（35）
三　策划和实施策划的基本条件 ………………………………（36）
　　（一）要有一支综合素质较好的团队 ………………………（36）
　　（二）要有合作精神 …………………………………………（38）
　　（三）辅之以良好的管理 ……………………………………（39）
四　成功的策划案例 ……………………………………………（41）
　　（一）发现典型 ………………………………………………（41）
　　（二）统一思想 ………………………………………………（42）
　　（三）安排采访 ………………………………………………（44）
　　（四）分头写作 ………………………………………………（44）
　　（五）精心编辑和排版 ………………………………………（45）

第三章　采访 …………………………………………………（46）
一　什么是新闻采访 ……………………………………………（46）
　　（一）"新闻工作者" …………………………………………（46）
　　（二）"为新闻报道" …………………………………………（48）
　　（三）"调查研究" ……………………………………………（48）
　　（四）"还原事实本质" ………………………………………（50）
二　记者采访须具备的素质 ……………………………………（51）
　　（一）冷静——鹰的眼睛 ……………………………………（52）
　　（二）敏锐——狼的耳朵 ……………………………………（60）
　　（三）迅捷——豹的速度 ……………………………………（65）
　　（四）顽强——熊的力量 ……………………………………（68）
三　静态采访和动态采访 ………………………………………（77）
　　（一）静态采访 ………………………………………………（77）
　　（二）动态采访 ………………………………………………（79）
四　采访的注意事项 ……………………………………………（93）
　　（一）配备工具 ………………………………………………（93）
　　（二）讲究礼貌 ………………………………………………（98）

（三）打扮得体 …………………………………………（101）

第四章 写作 …………………………………………（103）
一 什么是新闻写作 ………………………………………（103）
（一）新闻写作，一定要在掌握事实的基础上进行 ………（103）
（二）新闻写作，必须符合新闻体例的一般要求 …………（103）
（三）新闻写作，是将"事实"按"体例"写成文字
　　　稿的活动 ……………………………………………（105）
二 新闻期刊文章的主要体例及写作特点 …………………（106）
（一）新闻综述 ……………………………………………（106）
（二）新闻述评 ……………………………………………（114）
（三）人物通讯 ……………………………………………（131）
（四）新闻调查 ……………………………………………（135）
（五）人物专访 ……………………………………………（141）
三 文章的结构技巧 ………………………………………（149）
（一）横向结构 ……………………………………………（149）
（二）纵向结构 ……………………………………………（157）
（三）纵横交错结构 ………………………………………（165）
（四）悬念式结构 …………………………………………（165）
（五）鱼骨式结构 …………………………………………（166）
（六）箭靶式结构 …………………………………………（166）

第五章 编辑（文字）…………………………………（168）
一 编辑所需具备的素质 …………………………………（168）
（一）编辑的政治意识 ……………………………………（168）
（二）编辑的学习意识 ……………………………………（170）
（三）编辑的组稿意识 ……………………………………（172）
（四）编辑的人文意识 ……………………………………（175）
（五）编辑的技能意识 ……………………………………（178）
（六）编辑的服务意识 ……………………………………（179）

二 编辑工作"流水线"的"十大环节" （179）
（一）谈稿 （180）
（二）写稿 （182）
（三）编稿 （189）
（四）审稿 （206）
（五）排版 （211）
（六）校对 （213）
（七）清样 （216）
（八）付印 （217）
（九）上市 （218）
（十）收尾 （218）

第六章 编辑（美术编辑） （221）
一 有关图片的审美 （221）
（一）图片的选择 （221）
（二）图片的裁剪 （227）
（三）图片摆放的"不小于三分之一原则" （234）
二 杂志版式的重要性 （239）
（一）关于封面 （239）
（二）关于内页 （244）
三 版面设计的原则 （247）
（一）"齐"的原则 （248）
（二）"精"的原则 （248）
（三）"简"的原则 （248）
（四）"空"的原则 （249）

第七章 期刊管理 （252）
一 制度管理 （252）
（一）需要制定基本的规章制度 （253）
（二）制度管理需要遵循的原则 （271）

二 文化管理 …………………………………………（274）
（一）文化管理的核心 ………………………………（274）
（二）文化管理的内容 ………………………………（277）
（三）文化管理和制度管理的关系 …………………（283）

三 知识管理 …………………………………………（285）
（一）什么是知识管理 ………………………………（285）
（二）知识管理对杂志社的影响 ……………………（287）
（三）知识管理的现状分析 …………………………（288）
（四）知识管理策略和方法 …………………………（291）

参考文献 ………………………………………………（299）

前　言

我在新闻出版行业工作，已近30年了。

在这漫长的岁月中，我从做报纸（《江南游报》）到做杂志（《东方青年》），再到做报纸（《浙江青年报》、《青年时报》），最后又做起了杂志（《观察与思考》）。其间，我从记者、编辑岗位起步，先后担任过编辑部主任、主持编务工作的副总编以及现在的《观察与思考》杂志社主编。

由于我长期在新闻出版的采编业务一线工作，自然而然地在实践中积累了一些经验。我是个爱思考的人，喜欢对"经验"进行"理论梳理"，即将一些"经验"提升到"规律"的层面。我觉得，掌握了从实践中得来的"规律性的东西"，反过来指导实践，效果非常好，至少可以提高效率，少走弯路。比如，我对记者采访规律的认识；比如，我对文章结构规律的认识；比如，我对版面设计规律的认识；比如，我对编辑流程规律的认识；比如，我对日常管理规律的认识，这些"认识"，都对我的实践起到了很好的作用。

我在长期的新闻出版实践中，也带出了一批新闻出版人才。他们当年跟我"干新闻"的时候，大多是刚从学校出来的学生。但是，在我的指导下，他们进步非常快。现在他们在浙江的一些重要媒体工作，大都成了那儿的台柱子，有的还成为某些媒体的领导者。

实践的结果告诉我：我的那套东西，还是行之有效的。加上我还在几个大学任兼职教授，常给学生上课，因此，我就一直有一个想法：将那些经过实践检验的"认识"，归纳起来，写成一本书，让那些新"入行"的年轻人，以及听我课的学生，有一个"东西"可以放在需要的时候翻翻看看。

　　我在写这本书的时候，我要求自己尽量少看别人的书。不是我对他们的书不屑一顾，而是我怕受到他们的影响，被他们牵着鼻子走，从而"迷失自我"。我想，我要尽可能地坚持"原创"。所以，我的书中，就有了大量的"与众不同"的东西。也许那些东西还非常幼稚，但我认为，多样性，总比单样性好；创新的粗糙，总比守旧的精致好。好在我们的读者会有能力"取其精华，扬弃糟粕"的。

　　虽然我坚持"原创"，但我毕竟是受过新闻专业高等教育的，这么多年来，也啃过一些老师的书。因此，如果说，我在书中有所建树，那也有这些老师的功劳。因为他们始终在"潜移默化"地影响着我。

　　由于这是一本既有理论层面的东西，也有操作层面的东西的书，它应该有它"存活"的价值。而且这本书虽然讲的是"新闻期刊采编和管理"，但它的一些东西，是和其他期刊共有的。做其他期刊的"刊人"们，也是可以"翻翻看看"的。

　　我希望，通过此书，对"翻翻看看"它的人，有所启发和帮助。

　　因为我认为，会去"翻翻看看"它的人，至少是一个好学的人。他（她）会一路走下去：记者、编辑、部主任、主编……

2009 年 5 月 28 日　端午节

第一章 定位

一 定位

定位，对于一个产品来说，是非常重要的。从营销学的角度看，定位，就是让产品能够在目标消费者心中被认为是有价值的（是他们所需要的）。对一个产品的定位，不能脱离目标消费者只顾"闭门造车"，而应该换位思考，即要站在目标消费者的立场，去设身处地为他们着想。"这是他们需要的吗？"这是定位时首先要反复考虑的最基本的问题。

期刊也是产品，它同样有一个定位的问题。

（一）读者定位：我们的产品卖给谁

什么是期刊的读者定位？

期刊的读者定位是指期刊社（杂志社）对谁是目标读者的认定。

我们要办的期刊，给谁看？或者说，谁是我们的产品的目标消费者？这是"刊人"首先要考虑和解决的问题。

以销定产，是企业的基本问题，也是期刊的基本问题。

我们说，"刊人"所要考虑的，有两个至关重要的问题：

哪些人会来购买我们的产品？

这些人，是否是企业产品的目标消费者？

这两个问题，都涉及一个"人"的问题。从办刊是为了"盈利"这个关乎生存的角度讲，我们更关注的是后面这个问题，即"这些人，是否是企业产品的目标消费者"。

如何来理解这个问题呢？我们来看看，企业或者广告主感兴趣的人是哪些人。

企业或者广告主，即产品生产者，他们同样在考虑一个问题：谁会购买他们的产品？

假如这家企业生产的是高档轿车，那么，一定是有钱的人才会成为他们的购买者。这些有钱人，他们会看哪些期刊呢？这是企业在投放广告的时候，必须搞清楚的问题。

如果这家高档轿车生产企业准备在某地推销它的产品，而某地的期刊，有这么几种：新闻杂志、文学杂志、中学生杂志、女性服装杂志、民间故事杂志。在这些期刊中，这家企业发现：读新闻杂志的，一般都是成功人士，如公务员、企业管理者、教科文卫等事业单位的知识分子；读文学杂志的，一般都是年轻人；读中学生杂志的，一般都是中学生；读女性服装杂志的，一般都是爱时髦的年轻女人；读民间故事的，一般都是退休在家闲得没事的老人。

经过这么一分析，这家企业一定会将它的产品广告，投放在新闻杂志上。因为，新闻杂志的读者，大多有较高的经济收入，有较强的消费能力。这些读者具有"含金量"，是该企业所要争取的"目标消费者"。

如果你要办的是一本新闻杂志，我们从经营的角度看，那些高档轿车看中的"目标消费者"，其实也应该是你的"目标消费者"。

从图 1-1 中我们可以清楚地看到：期刊的目标消费者，同时也是企业的目标消费者。

就期刊而言，这个目标消费者就是期刊所要圈定的读者。

这些"目标消费者"一旦真正成了你的读者，那你就"牛"了。因为你在获得了这批读者的同时，你也拥有了将这批读者卖给企业或广告主的"资源"。一旦企业或广告主觉得你的读者就是他的预期消费者的时候，他就会在你的杂志上投放广告。有了广告，你的生存就

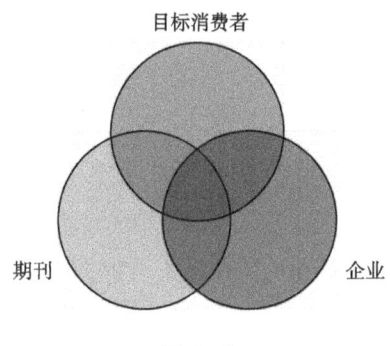

图 1-1

没问题了。

1. 盈利模式 A = 发行收入 + 广告收入，即先把期刊卖给读者（第一次销售，获得发行收入）；再把读者卖给企业（第二次销售，获得广告收入）

"刊人"一定要非常懂得这样一种"生存之道"：杂志社做的是"两次销售"：第一次，是把杂志卖给读者，获得发行收入（或者说是杂志社花钱"采购"到了一批读者。为什么说"花钱"？其实，单就一本杂志卖 8 元钱来说，这 8 元只能收回成本的一部分。从这个意义上讲，杂志社还是"花了钱"的）；第二次，再将这批读者卖给企业或广告主，从而实现广告收入。现在不少期刊的生存主要是靠广告收入来支撑的。

当然也有一些期刊主要是靠发行量生存的，如《读者》、《半月谈》等。它们的发行量很大，发行收入自然可观。值得注意的是，尽管它们的发行量很大，但是，它们的广告收益却不多。这是因为它们的读者"含金量小"。也就是说，它们的读者缺乏消费能力，它们很难被企业或广告主锁定为"目标消费者"。

2. 盈利模式 C = 免费赠阅 + 广告收入，即先把期刊送给读者（第一次销售，无收入；花钱"采购"对企业要的"目标消费者"）；再把读者卖给企业（第二次销售，获得广告收入）

有一种被称为"广告杂志"（DM 杂志）的，它们的生存之道，就是通过免费赠阅的方式获得一个较大的发行量，即"采购"到一批读者，然后再把这批读者（目标消费者）卖给企业或广告主从而获得广告收益。

我从一开始，就用不少文字来讲杂志社的"生存之道"，就是想要告诉大家，要办一本期刊，千万不能书生气十足。凭着个人对文字的那点兴趣和感觉，是办不好一本期刊的。"刊人"首先应该是一个精明的"销售专家"，他要注重的首先是他的销售对象——读者。

在读者定位没有搞清楚之前，我们还是不要轻率地启动杂志的采编程序。

这是我的忠告。

（二）内容定位：我们给读者看什么

什么是期刊的内容定位？

期刊的内容定位是期刊社（杂志社）对为目标读者度身定做的内容的认定。

我们经过细致研究，锁定了想要争取的"目标读者"，接下来就要考虑，我们给这些"目标读者"看什么？或者说，他们需要什么？

我们常常会犯这样的错误：我们明白谁是我们的目标读者后，却不明白要给他们什么。结果是，我们给他们的是一堆大杂烩。这一堆"大杂烩"，看起来好像很周到、很全面，也很精巧，其实这样做是有问题的。我们在向读者提供"食物"的时候，一定要因人而异。

既然我们已经细分出了属于我们要争取的目标读者，我们就得承认他们的确是属于"一小部分"。这就是所谓的独特性。这种独特性，就是"小众化"。

期刊作为"大众传媒"的时代已经过去。期刊的"独特性"，就是它的"日趋严重"的"小众化"倾向。读者市场的不断细分，是当下期刊市场的规律。因此，向读者提供"大众"口味的"食物"，是越来越不讨巧了。

我们在确定我们的"读者定位"后，一定要为这些"一小部分"读者"开小灶"，真正让他们"吃"到他们喜欢"吃"的东西。这些读者尽管属于一小部分，他们在人群中所占的比例也许只有1%，但是，这1%，恰恰是属于你的100%的读者。这可是一个不小的数字。

新闻期刊的读者往往是社会精英分子，是社会发展的主导者，是意见领袖。他们大凡受过良好的教育，非常关心自己的生存和发展的空间。因此，他们对最新发生的，或者是最近发现的新闻事件，包括涉及政治、经济、文化和社会的热点问题，无论是国内的还是国外的，他们都有要去"知晓"它们的浓厚的兴趣。他们在这方面的"求知欲望"是非常强烈的。因而他们会在网上浏览之余，还期望从新闻期刊上获得更多重要的、新鲜的、既有观察又有思考的东西。他们在呼唤"新媒体时代的职业编辑"。

由此，新闻期刊的内容定位，就有了相当的难度。难在什么地方？仅仅"定个位"，还是容易的。这个问题刚才其实已经涉及了。关键的问题是，如何去具体地实现你的定位。这种定位，最终都是要靠一篇一篇实实在在的适合读者胃口的稿子来完成的。

比如，我们认为，应该向新闻期刊的读者，提供来自中国目前最有影响力的人士的有关房地产方面评说之类的稿子。这没错，新闻期刊的读者一定会喜欢这种"高端的""权威的"声音。但真正要做到却非常不容易。一是要看你能不能联系到"中国目前最有影响力的人士"；二是他们有没有兴趣为你的杂志写稿子；三是他们有没有时间"马上"给你写稿子；四是你有没有可能支付足以让他们感到"值得一写"的高额稿酬。

所以，内容定位，是一件非常复杂的事。"定准了"，但做不到，也是一场空。

内容定位要真正落到实处，杂志社需要有足够的专项资金支撑，也需要有一批有较好专业素质的非常敬业的采编人员。当然，也少不了一个思路非常准确、非常清晰、非常灵活、非常敏捷的主编。

（三）风格定位：我们要张扬的是什么风格

什么是期刊的风格定位？

期刊的风格定位是期刊社（杂志社）对目标读者期待的期刊气质、外在表现形式的认定。

在"新浪网"上，我们看到了中国（海南）改革发展研究院主办的《新世纪周刊》的风格介绍。

更轻松：以"有意义，有意思"为编辑原则，力求把"有意义"用"有意思"的方式表达出来，让读者在眉头舒展的状态下轻松阅读。有意义：维护成熟中的中产阶级的利益；探求新闻对我们生活会产生什么影响；涵盖时事、社会、经济、文化、科技、健康等诸多领域。有意思：化沉重为轻松；化深入为浅出；化厚积为薄发。

更视觉：强调精彩、富有冲击力的新闻图片的运用，真正实现"文图并茂"，无限接近事实本身，和读者一起度过"读图时代"。

更时尚：版式时尚感十足，界面友好，让读者倍享阅读之美。

更细腻：细节讲述新闻，让读者有所思，有所得，知其然，知其所以然。

更贴身：注重报道的实用性和服务性，把杂志做成"读者的杂志"。

从《新世纪杂志》的风格定位来看，我们可以将"风格"分为"内在风格"和"外在风格"两部分。

1. 内在风格

新闻期刊的内在风格，主要是指期刊刊发的文章所张扬的风格。这种"风格"，可以是文字泼辣、尖锐，铿锵有力，正气凛然，充满着"铁肩担道义"的使命感；可以是文字委婉、舒展、幽默、智慧，严谨，层层递进，重在弄清事实和以理服人；可以是文字清爽、节奏明快、较少发议论的，以讲"新闻故事"为主，体现一种坚持新闻报道的客观性、真实性的主张。

比如《观察与思考》的内在风格，是属于不张扬，不喧哗，重在以事说理的"那一路"的。所以，《观察与思考》上的文章，"摆事实，讲道理"的"夹叙夹议"的"风味"很浓，这也许与《观察与思考》是浙江省社科院主办的缘故有关；《新民周刊》比较偏重于新闻事件的"新闻本质"的挖掘，其刊发的文章，常常会给人一种跟随着记者，"身临其境"的感觉；《三联生活周刊》则处处洋溢着它的人文气息，所以特别受文化人的欢迎。

一本期刊要选择什么样的内在风格，往往跟期刊的主编"文风"有关。当然，我们有理由相信，主编的"文风"，一定有他的过人之处，否则，他很难用他的"文风"来统领记者、编辑，甚至是特约撰稿人的"文风"。

另外，期刊的内在风格的选择和确立，还要看你的期刊的"读者定位"。不同的读者群，就要有不同的"内在风格"去满足他们。比如，《观察与思考》的读者，大多是知识分子，因此，它的风格也应该带一点"理论味"、"学术味"，当然，这不应该是那种纯粹的"理论味"、"学术味"，而只不过要有那么一点"通俗理论"的意思；而《新民周刊》的读者以上海的白领为主，而那些白领就特别喜欢把一件事情搞得明明白白清清爽爽，所以，《新民周刊》就要把新闻事件搞得"明明白白清清爽爽"后再交给属于它的读者；《三联生活周刊》的读者，以文化人为主，所以，它的内容就要尽量去满足这帮文化人的需要，多提供一些富有人文情怀和人文关照的东西，以及属于文化生活类的比较有"文化情调"的东西。

2. 外在风格

外在风格，讲的就是外在的形式问题，或者叫"包装"问题。

形式是为内容服务的。因此，形式和内容应该是统一和谐的。有好的内容定位，一定要有好的形式与之相匹配。这就是所谓的表里如一。

从"吸引读者眼球"的出发点考虑，外在风格的确立是至关重要的。有好的内容，没有好的外在的"包装"去"装扮"它，是非常可惜的。这样，势必会让好的内容沉陷在平庸的形式之中，引不起人们的注意。那么，好的内容的"生命"就会因此白白地、默默地"死去"。这是我们"刊人"，谁也不愿意看到的。

新闻期刊不同的内在定位，就会有，或者说应该有与之般配的不同的外在定位。

比如《观察与思考》的内在定位是"新闻观察+新闻思考"，那么，它的外在定位，相对来说就需要简洁、大气、沉稳、严谨，并且还要辅之以时尚的新潮的元素。具体来说，它的内页文章的搁置和摆放，均采用"三栏"；标题统一以宋体为主，辅之以黑体；插图用的是新闻图片，并且要求这些新闻图片具有较强的视觉冲击力。《观察与思考》的封面，基本上用的是高质量的新闻图片。而这张新闻图片的画面，必须是较为"简洁而单纯"的，这就会使封面显得清爽、干净。如果这张图片的画面本身就较为杂乱，再加上标题，那封面就会给人乱糟糟的感觉。还有，这张新闻图片，必须与当期期刊的重点——"独家策划"相匹配。

总的来说，外在风格，就是一本期刊的气质。气质的好坏，决定了这本期刊的市场魅力有多大。

外在风格的确定，需要慎重行事。这句话的意思是，外在风格一经推出，就应该是成熟的、精准的，不宜被随意改动的。

外在风格的改变，是一件重大的"事件"。美国的一些期刊，为了保证外在风格符合读者的要求，在改动哪怕是一根页眉线的时候，都要在读者中做"民意调查"并征求意见。

从图1-2、图1-3中我们可以看到，创刊于20世纪20年代的美国《时代》周刊，虽然经过了漫长的岁月，但至今它的刊名TIME的排列的基本形态没有改变。图1-2是1927年4月出版的《时代》，当时担任北伐军总司令的蒋介石第一次成了《时代》的封面人物。图1-3是2009年9月28日出版的《时代》，封面文章是关于中华人民共和国建国60周年的。

国外的许多报刊，都有《编辑手册》，要求所有的编辑，包括美术

图 1-2　　　　　　　　　　　图 1-3

编辑，都必须严格遵守《编辑手册》中的各项规定，从而保证报刊风格的一致性。《波士顿先驱者报》的《编辑手册》中规定：2 种字体＋无限的想象力＝赏心悦目的版面。这"2 种字体"，就是他们在操作中的"硬性规定"。

报纸和期刊的设计是相通的。报纸对设计的严谨态度，同样适用于期刊。

我们常常会看到这样一种现象，即一本期刊的外在风格定位经常在变：今天这个样子，明天又成了另外一个样子。造成这种多动多变情况，无非有两种，一种是三天两头换主编。因为每一个主编的审美观是不一样的，所以他主持的杂志的风格定位也是"与众不同"的。另一种是主编自身的原因造成的。由于主编的审美观是摇摆不定的，或者说这个主编在美术设计上的知识等于零，那么，他搞出来的期刊，今天一个风格，明天又变成了另一种风格。他是没有主见的，随心所欲的。

所以我们常常说，一个期刊主编，应该是一个在美术上有一定素养的主编。用美国的一个叫本顿·雷恩·帕特森的同行的话来说，一个主编应该"能鉴赏插图并进行设计"，"一位除了文字之外对其他方面很少感兴趣的主编，只能算是半个主编"，"理想的主编应该能够在计划阶段设想出期刊的大致面目。当期刊还在计划阶段时，主编必须能够看出错误的插图和不好的设计，当需要做出决定时，他（她）就要坚持好的，提出自己的见解"。[①]

（四）发行定位：我们的读者在什么区域

什么是期刊的发行定位？

期刊的发行定位是期刊社（杂志社）对有效发行（区域、数量、对象）的认定。

一本新闻期刊的发行定位是非常重要的。从某种角度说，我们期刊的发行量并不是越大越好。我们其实需要的是在某地区的发行量达到一个最佳状态。

发行是为了什么？这是"刊人"必须搞清楚的事。

有的主编可能会这样说："扩大发行就是为了赚取发行利润和扩大影响嘛！"我认为这样的回答，还是不够到位的。因为事实是这样的，只有少数的期刊是靠发行赚钱的，如《读者》等；更多的期刊在发行上是亏损的，是发得越多亏得越多。要想通过发行来赚钱，是非常困难的。当然，发行多了，回款也会多一些。这种"回款"，只是收入，不是利润。它和办刊所花费的总成本相比则相去甚远。所以精明的主编，都会有意识地控制发行量，以减少开支。

另外，所谓的"影响力"也是相对的。"影响力"是有"有效影响力"和"无效影响力"区分的。

所谓有效影响力，是要由企业或广告主说了算的。他们是非常现实的。即便你的杂志发行量很大，他们也不会一定认为你是有影响力

[①] 参见本顿·雷恩·帕特森《期刊编辑》，河北教育出版社，2004。

的。因为当企业要在某地推销它的产品的时候，它关心的只是你的杂志在某地的影响力。

如果你的发行量在全国各地有10万册，而在某地只有5千册，那它一定会认为你的杂志在某地是没有什么影响力的，它对你的杂志是不会感兴趣的；从另一方面来说，你的杂志的发行量虽然只有2万册，但是当你的发行量大多集中在某地时，它反而认为你的杂志是有影响力的。因为你的这本杂志，在局部的"发行压强"远胜于那本在某地只有5千册的杂志。这时，它就有可能选择在你这本"在局部'发行压强'较大"的杂志上投放广告。

从这个意义上讲，期刊的发行量不是越大越好，关键是期刊的发行在某地形成的"发行压强"是越大越好。根据我的这个"发行压强论"，我们就有必要认真考虑期刊发行的定位了。

笔者认为，一本期刊的发行定位，应该主要考虑"锁定"某一区域。比如，《新民周刊》的发行定位，应该是毫不犹豫地定位在上海。如果它在上海有较强的"发行压强"，它的生存就绝对不会有问题。同样，《观察与思考》的发行定位也应该毫不犹豫地定位在浙江，因为在浙江市场上拼杀的经销商，他对你的唯一的兴趣，就是你在浙江有多少发行量，至于你在辽宁、甘肃、河北，以及广东、广西有"天大"的发行量，对他来说，也全是"无效发行量"，即"无效影响力"。

拿报纸做个例子。《中国青年报》在全国有较大的影响力，但它的广告收入远不如《北京青年报》。《北京青年报》的发行定位在北京，有60万份的发行量；《中国青年报》在全国也有相当大的发行量，但在北京，它的发行量就远不如《北京青年报》。结果是，《北京青年报》从2000年开始连续3年广告收入位居全国三甲、北京地区第一；2002年的广告收入达到7.5亿元，比2001年增长10%以上，紧逼《广州日报》11.6亿元的广告收入。而《中国青年报》却只能望其项背，广告经营举步维艰。

这个例子虽然说的是报纸，但就"发行压强"上，报纸和期刊是一个道理。可见，一个准确的发行定位，就这样关系到一本杂志的生存。作为主编一定要率领他的部下，把这个问题研究透了才好。

（五）广告定位：我们要的是哪类广告

什么是期刊的广告定位？

期刊社（杂志社）的广告定位是对目标读者喜爱的广告内容和形式的认定。

一本新闻期刊的广告定位，是至关重要的，并不是什么广告都可以"来者不拒"的。

从总体上说，新闻期刊的读者层次较高，大多属于经济收入较高的"一族"。他们有较强的商品购买力。为此，一些诸如汽车、房产以及高档手表、高档手机、高档服装、高档化妆品等广告，非常适宜在新闻期刊上刊登。反过来，那些普通的、价格低廉的商品广告，就不太适宜在新闻期刊上刊登。

大牌商品的广告主在选择一本杂志的时候，他会先对这本杂志进行调查，看看这本杂志上刊登的广告都是什么类别的广告。如果他发现有不少廉价商品的广告在上面刊登，那他是绝对不会在这本杂志上投放广告的。

为什么他会这样，有两点：一是他认为这本杂志的读者层次太低了，或者说这本杂志的读者不是有钱人，其"含金量"不足，不是自己期待的"目标消费者"；二是将自己的大牌商品和那些"低俗商品"放在一起，有损于大牌商品的形象和档次，因此，他们自然不愿意"自我贬值"，"低下高傲的头颅"的。

可知，一本新闻杂志在选择广告的时候，是需要有所选择的。这种选择，一定要立足于长远，要有战略上的考虑，而不能图眼前的一时小利。别抓了芝麻丢了西瓜——我要提醒的就是这些。

二 方针、宗旨

方针和宗旨，是两个很容易混淆的概念。我们办刊，要确立我们的方针和宗旨，首先要搞清楚什么是方针，什么是宗旨。

所谓方针，是指实现目标的指导思想、策略、主张和原则性意见。它回答"怎样做"的问题。

所谓宗旨，是指所要实现的目标。它回答"为什么"的问题。

（一）方针：怎样做

怎样来理解"方针"，我举个例子。当时的国务院总理周恩来，在一次外交使节会议上讲到了新中国成立时，毛泽东制定的外交方针。毛泽东说，我们的一个重要外交方针是"另起炉灶"，就是不承认国民党政府同各国建立的旧的外交关系，而要在新的基础上同各国另行建立新的外交关系。

在"另起炉灶"的方针指引下，"对于驻在旧中国的各国使节，我们把他们当作普通侨民对待，不当作外交代表对待。"[①]

历史上，有在革命胜利后把旧的外交关系继承下来的，如辛亥革命后，当时的政府希望很快得到外国承认而承袭了旧的关系。新中国不这样做。毛泽东在《中华人民共和国中央人民政府公告》中宣告，我国同外国的外交关系要建立在平等、互利和互相尊重领土主权的基础上。这是一百多年来旧中国的政府所没有做到的。

遵照毛泽东确立的"另起炉灶"的方针，周恩来以外交部长的名义，把这一公告送达各国政府，向世界各国表明了态度；为了表示外交上的严肃性，又提出建交要经过谈判的手续。这样做的目的是要看看人家是不是真正愿意在平等、互利和互相尊重领土主权的基础上，同新中国建立外交关系。

在社会主义阵营方面，首先是苏联，然后是各人民民主国家相继承认了新中国。这些国家是真诚地愿意在平等、互利和互相尊重领土主权的基础上同新中国建立外交关系的。因此，新中国同它们很快建立了外交关系。对资本主义国家和原殖民地半殖民地国家，当时的外

[①] 周恩来：《周恩来选集》（下卷），人民出版社，1984，第85、87页。

交部的态度非常明确，一定要经过谈判的手续，看一看它们是否用具体的行动来接受新中国的建交原则。例如，它们如果在联合国中不投新中国的票，而去赞成蒋介石反动政府；反之，如印度、缅甸等，能够真的同国民党反动派断绝关系，那就可以在经过谈判之后同它们建交。

这一"另起炉灶"的方针，使我国改变了半殖民地的地位，在政治上与不少国家建立了独立自主的外交关系，从而维护了新中国的尊严。

通过这个生动的例子，我们就可以明了"方针"，即"怎样做"的含义了。

当然，方针的"怎样做"，并不是事无巨细都规定得很细的。新中国刚建立的时候，我们的外交工作千头万绪，但最核心的却只有四个字"另起炉灶"。方针的"怎样做"，所确定的是一些原则性的、基本的、关键的东西，也是高度凝练的东西。

（二）宗旨：为什么

方针是一种手段，一种方法，方针的制定是为了实现其宗旨。"宗旨"是指所要实现的目标，回答"为什么"的问题。

比如《观察与思考》的办刊宗旨是"推动进步"，为了实现这一宗旨，《观察与思考》确立了"关注民生、彰显正义"的办刊方针。

比如《中国新闻周刊》的办刊宗旨是"构建中国权威时政传媒，与进步中国同步"，为了实现这一宗旨，《中国新闻周刊》的办刊方针是"富有深度、涉猎广泛，重点挖掘新闻背景和内涵"。

比如《三联生活周刊》的办刊宗旨是"做新时代发展进程中的忠实记录者"，为了实现这一宗旨，《三联生活周刊》的办刊方针是"以敏锐姿态反馈新时代、新观念、新潮流，以鲜明个性评论新热点、新人类、新生活"。

我们期刊的方针和宗旨，一定要根据自己的"社情"来决定。说得简单点，就是我们要量力而行。我们拥有多大的资源，我们才能办多大的事。这些资源有货币资源，即我们的资金是否充沛；人才资源，即我们是否拥有了一批杰出的办刊人才；人脉资源，即我们是否拥有广泛的，能为我所用的人脉关系，比如特约撰稿人、专栏评论家、权威部门的领导人等。

一个切合实际的方针和宗旨，才是实事求是的，才是符合"可持续的发展"要求的。我们如果确定了脱离实际的方针和宗旨，结果一定是，我们没有条件去贯彻落实我们的方针，进而也就无法去实现我们的宗旨。

这样的结果，不仅在内部，会打消我们的自信心和削弱我们的"战斗力"；在外部，还会影响到我们的声誉。

三　口号

我们的"刊人"，都喜欢为自己的刊物提出一个口号。

比如《观察与思考》的口号是"新媒体时代的职业编辑"；《新民周刊》的口号是"国际视野、海派眼光、原创诉求、主流大刊"；《中国新闻周刊》的口号是"这是一份影响有影响力的中国人的时政杂志，这是一份与进步的中国一同进步的新锐时政杂志"；《中国周刊》的口号是"社会各界人士了解中国的最佳读本"；《新周刊》的口号是"观点供应商、资讯整合商、视觉开发商、传媒运营商"；《新世纪周刊》的口号是"有意义，有意思"；《南风窗》的口号是"做中国最具影响力的新闻杂志"。

有的期刊的口号不够精炼，过于冗长，比如《南都周刊》在"新浪网"上打出的口号是——"以独家深度报道和全球前沿资讯为基础，以客观独立、鲜活务实的评论为特色，集社会、文化和生活观点之大成，兼顾公共与个人之诉求，融合人文关怀与生活趣味，成就一份全新的大型周末读物。"

这个口号有79个字，而且读起来又佶屈聱牙，所以，它做口号就不太合适了。

期刊的口号，一般较为精短。

它应该像一句精彩的广告语，让人"易记易颂"。它也是期刊的一个宣言，一个亮相，一个承诺。期刊的口号在推出前，一定要深思熟虑。一经推出，就应该处处"叫响"它。让它成为一个在相当长时间里不会随意改变的"符号"。

期刊口号的提出，与方针、宗旨的提出一样，也要做到"量力而行"，即要符合期刊社的"社情"。不切实际的口号，因为"言过其实"，常常反过来"伤害"杂志自身。

还有，在口号中最好不要用"最"字。这个"最"字，一旦出现在发行广告中，是违反《广告法》第7条第2款中"广告不得使用国家级、最高级、最佳等绝对化用语"的规定的，此外，这个"最"字，也过于张扬和自大了些。读者对于这种"张扬"和"自大"常常并不买账，反而会心升厌恶。因为读者在其他的消费过程中，被这种所谓的"最""忽悠"得太多了。所以，我认为，在口号中一定要慎用"最"字。

第二章 策划

一 什么是新闻策划

策划的"策",在《现代汉语词典》中有"谋划"这一层意思;策划的"划",在《现代汉语词典》中有"计划"这一层意思。所以,"策"与"划"都是通过我们的大脑的思维,来对我们的行动进行设计、筹措。

新闻期刊在体现其新闻性的时候,遇到了一个矛盾:新闻是新近发生的事实的报道,报纸、电台、电视、网络上报道的新闻,大多是昨日新闻或今日新闻。因为有了网络,新闻的发生和报道几乎可以做到同步。而新闻期刊最快的出版周期是7天(周刊)。所以新闻期刊在"抢新闻"上显然比不过报纸等媒体。但是,新闻期刊并不会因此而不去报道新闻,新闻期刊会扬长避短,不和报纸等去拼抢昨日新闻和今日新闻,新闻期刊采取的策略是做"后新闻",或者"深度新闻"、"背景新闻"。新闻期刊的记者比报纸等媒体的记者有更充裕的时间去"做足新闻"。

要把新闻做得更透更深,这是新闻期刊的追求。于是,新闻期刊就会面临一个"新闻策划"的问题。

那么,什么是新闻策划呢?要弄明白这个问题,首先我们要了解"什么是新闻";然后,我们再来探讨"什么是新闻策划"。

（一）什么是新闻

什么是新闻？这个问题，伴随着新闻学的研究，已经有一个多世纪了。对于什么是"新闻"的学术争论，此起彼落，似乎从来没有停止过。大家是"公说公的理，婆说婆的理"。有人做过统计，目前至少有100多种关于"新闻"的定义，而这种定义大多是出自"专家和权威"之口，比如：

1. 新闻是新近发生的，能引人兴味的事实。（美国：布莱尔）
2. 新闻者，最近时间内所发生，认识一切关系人生兴味、实益之事物现象也。（中国：邵飘萍）
3. 新闻是最近报道的事情。（美国：莫特）
4. 新闻是报道或评述最新的重要事实以影响舆论的特殊手段。（中国：甘惜分）
5. 新闻是已经发生和正在发生的事情的报道。（美国：约斯特）
6. 新闻是新近发生的事实的报道。（中国：陆定一）
……

有人认为：人们对新闻定义的认识之所以众说纷纭，关键在于对新闻定义对象物范畴的界定不明确，亦即对"新闻"这一概念的内涵和外延的认识与理解不一致。现实生活中使用与流行的"新闻"一词，其含义很多，内容很不确定。概括起来，主要有以下四种情况：一是泛指社会上普遍存在的一切新闻事物、现象。二是指与新闻传媒的传播活动相关联的事物、现象。三是指新闻媒体对新闻事实、实践的报道这种想象和行为本身。四是特指新闻媒体上所报道的那些属于消息类体裁的东西，这种"新闻"实际上指的是消息。

华中科技大学新闻与信息传播学院的李艳华在《新闻定义的分类依据》一文中认为：

无论是从新闻学还是传播学来研究新闻，都必须首先把握基本概念。因此，新闻的定义问题，关键在于明确新闻的基本概念，即明确新闻的基本定义。何谓基本定义？基本定义就是用以明确概念内容及对象的基础的、根本的定义。如果我们以属加种差的形式来给新闻这一概念下定义的话，见闻就是新闻的属概念。找到了属概念，使用内涵定义法就可以根据不同的种差，给出不同的定义，如：

性质定义：新闻是新近、新鲜、新奇的见闻。

发生定义：新闻是通过新近对新鲜、新奇事物的感知而获得的见闻。

关系定义：新闻与过时、陈腐、平淡的旧闻相对，是新近、新鲜、新奇的见闻。

功用定义：新闻是能够满足受者喜新好奇心理的新近见闻。

专业定义是以基本定义为基础的。也就是说专业定义应符合基本定义。因此，按属加种差的内涵定义法给新闻下专业定义，必须注意两个问题：

专业定义必须和基本定义同属，即二者的外延相等；专业定义的内涵，即种差应包含基本定义的内涵。

从以上两点来看，第一点决定了专业定义的外延只能是"见闻"。第二点则要求把基本定义的内涵特点"新近"、"新鲜"、"新奇"概括起来，把三"新"变一"新"，把"新"这一内涵包含于专业定义中。

解决了两个问题之后，还有一个问题必须注意，就是专业定义的种差还必须包含专业的性质、特征。

要适应以上三方面的要求，我们亦可以提出与基本定义相对应的专业定义：

性质定义：新闻是专业机构认定、传播的、对公众有知悉意义的新见闻。

发生定义：新闻是经职业编辑编审发布的记者或传者的新

见闻。

关系定义：新闻是专业机构采编传播的记者或传者的新见闻。

功能定义：新闻是职业采编者及其专业机构用以影响受众的新见闻。[①]

汤世英、薄瀚培、劳沫之等人合作的《新闻通讯写作》（中国人民大学出版社，1986）中说：如何给新闻下定义，新闻的定义究竟怎样表述才算完整、严密和精当，尚可继续探讨。就以前发表的主要意见来看，尽管在具体文字表述上不全一致，却都强调新闻的这样几个主要特征：

第一，新闻的本源是客观事实，新闻是事实的报道，是客观存在的事物反映。事实是第一性的，新闻是第二性的；先有事实，后有新闻。事实本身并未构成新闻，经过人们报道和传播才成为新闻。

新闻是对事实所作的真实的叙述。它要报告事实，反映客观事物的变化，因此必须是客观的；同时，新闻又是主观反映客观的结果，它是客观事物经过人的思想活动分析综合加工制作而成的，而不是客观主义的、被动的、消极的反映。

第二，新闻反映的必须是"新近"发生的事实，而不是陈年老账、历史旧貌。李大钊说："新闻是现在新的、活的社会状况的写真。"说的也是新闻要新。新是新闻的本质特征之一。

第三，新闻不是"每事录"，它所反映的是有意义的事实，重要的事实，群众关心的事实。换句话说，新闻事实不是一般的平淡琐碎的事实，而是具有新闻价值的事实，是重要而有意义的事实，是广大读者所关心的，欲知、应知而未知的事实。

---

① 李艳华：《新闻定义的分类依据》，《新闻前哨》2005年第7期。

新中国新闻事业的"泰斗"陆定一早在1942年就在他的《我们对于新闻学的基本观点》中提出,新闻的本源是物质的东西,乃是事实,就是人类在与自然斗争中和社会斗争中所发生的事实。因此,新闻的定义,就是新近发生的事实的报道。陆定一的"定义",抓住了新闻的基本属性,概括了新闻的一般特点,因而一直为国内新闻界所接受。

我非常赞同陆定一,以及汤世英、薄瀚培、劳沫之等人的关于新闻是"新近发生的事实的报道"的说法,但我觉得,似乎还可以在"新近发生的事实"后面再加上"新近发现的事实"这一句话。

通过近30年的新闻出版实践,我认为,新闻的定义应该是:新近发生的和新近发现的事实的报道。这样似乎更加符合实际。当然,这是我的"一家之言"。

何谓"新近发生的"?何谓"新近发现的"?

让我们稍微展开一下来加以说明。

所谓"新近发生的",是从不同的媒体对时效性的不同要求而言的。对于一份日报,昨天发生的事件,是新闻。如2008年11月7日《浙江日报》第二版"省内新闻"中的三则消息,其事件的发生,都是在"今天",即11月6日。我们来看看以下三则消息的导语。

本报杭州11月6日讯(记者 李月红 通讯员 王敏芳)今天,由世界手工艺理事会、浙江省人民政府等联合主办的2008世界手工艺大会在杭州举行。第九届中国工艺美术大师作品暨国际艺术精品博览会也于今天上午开幕。

本报杭州11月6日讯(记者 刘刚 通讯员 斯欣宇 刘佳)今天下午,浙江检验检疫局、宁波检验检疫局与上海检验检疫局在杭州签署合作备忘录,正式开通我省与上海间的检验检疫"直通车",浙江局辖区与宁波局辖区也将开通检验检疫"直通车"。

本报杭州 11 月 6 日讯（通讯员　俞欣　记者　朱馨）由卫生部举办的"第七届内地、香港和澳门三地卫生行政高层联席会议"今天在西子湖畔举行，主要围绕今年三地行政部门共同关心的卫生事业发展问题进行交流。卫生部副部长黄洁夫、香港食物及卫生局局长周一岳、澳门卫生局局长李展润分别率团出席会议；副省长郑继伟出席会议并致辞。

　　如果一份日报所发的消息是前天、大前天，甚至更久的事实，那一定很让读者失望。因为一位日报读者对新闻的时效，是有期待的，是"越新越快越好"；否则，就不该称其为"日报新闻"。从另外一个角度看，现在有许多人，每天都会浏览一些重要的新闻网站，如新华网、人民网和新浪网。在那里能看到"最新发生的"事实的报道。人们对日报的新闻比新闻网站的新闻的"晚一天"，是会表示理解的，因为报纸的制作、印刷，毕竟要复杂得多。但是，人们是不会容忍日报的新闻，是几天前就在网上见到过的新闻。

　　所以，对新闻的"新近发生的"事实的报道，必须就是发生在最近几天的事实。否则，我们应该说它是"旧闻"，而不是"新闻"。尤其是在现在新媒体崛起的时代，一些日报、电视台和广播电台，再去发布已经过去一两天的旧闻，绝对是个大忌讳。

　　当然，也有一些情况是例外。比如，同是 2008 年 11 月 7 日《浙江日报》第二版的"省内新闻"中，就有一条题为《杭州启动惠残"光明工程"》的"新闻"不是今天，也不是昨天的，而是"近日"发生的。

　　本报讯（记者　汪成明　通讯员　杨云飞）对纳入集中托养、人均年收入在低保标准 150% 以内的家庭，由财政给予每年不少于 1 万元的补助；其他集中托养家庭，财政给予每年不少于 5000 元的补助。杭州市近日出台文件，力争 3 年内将复明、助听、助行等残疾人重点康复工作，全部纳入惠残"光明工程"范畴，全面提升残疾人的生活品质。

这个"近日",就很玄乎了,可以肯定,既不是今天,也不是昨天,也不是前天。说它是半个月前发生的事件也好,说它是一个月前发生的事实也好,总之,按理说,它不应该是"新闻"了。

但是,套用我的关于新闻的定义,就解释得通了。因为我认为,新闻是新近发生的和新近发现的事实的报道。

而《浙江日报》的这条"近日新闻",正是"新近发现"的事实。当然,它的被发现,有两种可能,一是记者在杭州市政府有关部门发现有这么一个文件新近出台了;二是政府部门"昨天"才向外公布杭州市近日出台了这么一个文件。在这里,无论是记者的"发现",还是记者的"获悉",都是我的关于新闻定义中的"新近发现的"意思,所以,我认为那条"近日新闻"也属于新闻。

属于"新近发现"的新闻,有较多是"解密新闻":是过去的事情,但从来不为人所知,现在首次披露,特别为人所关注。

举个例子。2009年5月28日我在凤凰网上看到了该网最新转自人民网的一条"解密新闻",题目是《一封尘封70年的密函:宋庆龄写给王明的信》。

2007年,中共党史出版社出版的《联共(布)、共产国际与中国苏维埃运动(1931—1937)》第十五卷公布了一封尘封70年的密函,引出了一段鲜为人知的陈年往事。这是一封宋庆龄写给王明的信函,全文(我对文字进行了一些删除)如下:

亲爱的同志:

我必须向您报告以下情况……

几周前,宋子文得到释放蒋介石的保证从西安回来后,想与我见面。他对我说,蒋介石获释有一些明确的条件,这些条件经商定是严格保密的,并且蒋介石再过一段时间是要履行的。但是他说,共产党人出乎意料地通过西安电台公布了这些条件,而其英译稿也经史沫特莱报道出去了。史沫特莱小姐以自己的名义公开证实了这些消息的真实性，并补充说，周恩来同蒋介石、宋子文进行了谈判，等等。宋子文说，我们说好了，所有这些事情要绝对保密。

蒋介石对"共产党人违背诺言和缺乏诚信"非常恼火，决定不再受这些诺言的约束，也不履行任何条件。他对宋子文说，别指望同这些人合作，"他们没有起码的诚实"等等。这使宋子文极为不安，因为他知道不可能再保持其《西安协议》保证人的地位。

我自然为我们的同志们辩护，我说……无论如何史沫特莱不是在为共产党做工作，而是一个同情中国民族解放运动的自由派作家和新闻记者。当时宋子文问我："要是我告诉您，周恩来曾告诉我，不久前您给他们寄去了5万美元，您还会否认您的同志出卖了您吗？并且他还对我们两个人（我和宋美龄）说，我们可以通过您同红军的代表取得联系。"

至于史沫特莱小姐……虽然她无疑是出于好意，但她的工作方法给我们的利益造成了损失……

……

忠实您的宋庆龄（亲笔签字）1937年1月26日于上海

这封信中提及蒋介石在被拘留西安期间承诺的条件，主要是指周恩来同蒋介石单独进行谈判时达成的相关内容。

1980年《周恩来选集》上卷出版，其中刊载了蒋介石当时对周恩来的三点承诺："子、停止剿共，联红抗日，统一中国，受他指挥。丑、由宋、宋、张全权代表他与我解决一切（所谈如前）。寅、他回南京后，我可直接去谈判。"

事情发生后的稍后不久，艾格妮丝·史沫特莱在西安广播电台接连用英语和德语发表了讲话，披露了蒋介石在西安事变中允诺的条件。随后，《纽约时报》分别于1937年1月8日、10日、17日以《帮助中国叛乱的美国女人》、《中国谴责美国女人》、《中国叛乱中的妥协》为题,对此事做了报道;1937年1月16日上海的《密勒氏评论报》也发表了《一位美国女人,活跃在西安的共产党人》的报道。

共产国际获悉这些情况后,十分震怒,1月19日,致电中共中央称:中共"应该公开宣布和坚决实行这样的方针:支持国民党和南京政府所采取的一切旨在停止内战,联合中国人民的一切力量,保卫国家领土完整和独立,反对日本侵略的措施"。电报认为,"艾格妮丝·史沫特莱的行为相当可疑。最后,必须取消她以共产党人的名义和似乎他们所信任的人的身份发表演讲的机会,必须在报刊上谴责她的所作所为"。

毛泽东和周恩来在1937年1月21日给潘汉年的电报中,也认为她的所作所为是"错误的",并解释说,"我们事先并不知道,该记者现来苏区,当劝其谨慎发言"。

由此可见,艾格妮丝·史沫特莱在西安广播电台发表讲话之前,没有得到中共的许可和指示。

这篇"解密新闻",就是较为典型的属于对"新近发现"的事实的报道。这个"事实"不是发生在今天、昨天或前天,也不是发生在"日前",而是发生在1937年,但现在被媒体报道出来了,尽管它不是"新近发生的",但它也是新闻。因为,它是被"新近发现"的。

再举个例子,是2006年11月3日《重庆晚报》发的一篇信息。

晚报讯 你相信古人也会用混凝土筑房居住吗?昨日,市文物考古所公布了对酉阳笔山坝遗址的考古发掘结果:八千年前的古人已学会混合茅草和泥土制成土墙。

笔山坝遗址是数年前当地建设水电站过程中,在一块平坝上发现的。今年6月经调查、勘测和试掘完成后,专家通过挖掘出的陶片,结合新石器时代有水流域的文化堆积层,初步认定:这块面积达3万平方米的遗址,应是一个几十人的部落聚集地。

考古人员介绍,从洞穴中走出来的新石器居民,先用泥草墙搭建起四壁，再以木头搭顶，并覆盖茅草挡风避雨。与现代房屋不同，这些茅草房一半在地下，一半在地上。专家推测，这可能是古人保暖的一种方法。

……

再比如新华网 2007 年 11 月 29 日发布的题为《良渚遗址发现五千年古城》的报道。

新华网杭州 11 月 29 日电（记者余靖静） 考古人员 29 日在浙江杭州宣布，良渚文化核心区域发现总面积达 290 多万平方米的古城。考古学家指出，这是长江中下游地区首次发现的良渚文化时期的城址，也是目前所发现的同时代中国最大的城址。

29 日在杭州举行的良渚古城遗址考古发现新闻发布会上，浙江省文物局局长鲍贤伦介绍了良渚古城的发掘情况：古城略呈圆角长方形，正南北方向。古城东西长 1500～1700 米，南北长 1800～1900 米，总面积达 290 多万平方米。城墙底部普遍铺垫石块作为基础，宽度 40～60 米，石头基础以上用较纯净的黄土堆筑，部分地段地表还残留 4 米多高城墙。

……

除了以上这种"新近发现"的对过去的事实报道的新闻外，还有一种是"新近发现"的现象、趋势一类的东西，被媒体，尤其是杂志报道出来，也应该是新闻。

新近发生的新闻，往往是动态的事件；而新近发现的新闻，除了"解密新闻"外，往往是一种在社会中逐渐"发育成熟"的热点现象。当然，我们理解，"事件"和"现象"都是客观事实。

这类新闻的表现样式，大都是通讯，或如我们常说的"深度报道"，比如《观察与思考》杂志 2007 年第 8 期刊登的记者集体采写的一组报道，总题名叫《中国国学热》，它由一组题为《中国国学热，热了吗?》、《中国国学热的背后》、《这样的国学热,可以吗?》、《迈入世界先进民族之林的文化准备》构成。又如《观察与思考》杂志2008年第18期刊登的记者集体采写的报道,总题叫《不该被倒卖和侵害的权利:隐私》,它由一组题为《我们的隐私怎么了?》、《谁在公开我们的隐私》、《一路走来的中国隐私权法律保护》、《国外隐私权保护纵览》的报道构成。

"国学热"和"隐私权",都是《观察与思考》杂志社的采编人员在我们平时的日常生活中发现的一种新出现的社会现象。正因为是"新近发现"的,又被杂志报道出来,因而它也是新闻,当然它属于"发现性新闻"。它是众多的一些平时不太被人注意的现象。当然,这种现象是以事实为基础的。这种事实,堆积的越来越多后,就变成了一种被人普遍关注的社会热点。它往往是"人人心中有,人人笔下无"的,一旦被挖掘并报道出来,就会在社会上产生强烈的"新闻冲击波"。

现在,我们可以归纳一下了:

新近发生的事实被报道出来,是新闻;新近发现的事实被报道出来,也是新闻。

不管是新发生的,还是新发现的,只要是被媒体及时报道出来了,那就是新闻。因此,准确地说,新闻的定义是:新近发生的和新近发现的事实的报道。

值得注意的是,许多新闻定义,并没有把"新近发现的"事实报道作为新闻,这不能不被我们认为是一个严重的"疏忽"。限于篇幅以及本书的定位,在这里我也就不展开相关的论述了。

(二)什么是新闻策划

现在我们知道,新闻是新近发生的和新近发现的事实的报道。"事实"是新闻的灵魂。没有"事实",就无所谓新闻。所以,新闻策划应该是这样的:对新近发生的和新近发现的事实的报道,进行符合自身媒体需要的安排,以求达到理想的报道效果。

新闻策划，对一个媒体来说，是一件非常重要的工作。因为，我们对新闻事实的报道，不应该是复印机式的报道和录音机式的报道。新闻报道，一定是一种"过滤式"的报道。换言之，新闻报道是需要"守门人"的。

卢因（Lewin）1947年在他的论文《群众生活的渠道》中提出"守门人"或"把关人"理论（The Gatekeeper Theory），他指出："信息总是沿着包含有'门区'的某些渠道流动，在那里，或是根据公正无私的规定，或是根据'守门人'的个人意见，对信息或是商品是否被允许进入渠道或是继续在渠道里流动作出决定。"

传播学大师施拉姆（W. Schramm）在《传播学概论》中论及"守门人"的时候也指出，从发送者到最终的接收者之间，被淘汰的内容可能是数量巨大的。[①]

由此可见，"守门"首先是一种对于可进入下一传播渠道的信息的选择权。

其实，"守门人"在使用这种"选择权"的时候，有两种情况，一种是单纯的"过滤式"的。我们现在面临的是海量的信息，哪些信息对我们的受众是有用的，哪些信息对我们的受众是无用的，不同媒体的"守门人"，会根据自己媒体的受众定位，来过滤取舍信息。另一种是"再加工式"的。我们知道，新闻报道是主观对客观的反映。这种反映应该是积极的、主动的、充分考虑社会需求的。从这个意义上讲，"再加工"是必要的。比如我们对一个新闻事件的报道，会有不同的角度；同时，我们对一个新闻事件报道的时候，也可以把类似的新闻事件"捆绑"在一起，进行集中的报道。这，就是对新闻的"再加工"。

我们在说到"守门人"的工作时，其实已经在逐步接近什么是"新闻策划"了。

对于什么是新闻策划，目前较有代表性的观点有：

---

① 阮志孝：《古典学派与"人际—行为"学派的企业传播理念》，《西南民族大学学报》（人文社科版）2005年第9期。

新闻策划广义上可以包括公关策划、广告策划、经营策划、竞争策划。(武汉大学　夏琼)

新闻策划只能限定在新闻报道的策划,不要将媒介的经营管理活动拉进来,更不能搞策划事实。(华中科技大学　孙旭培)

新闻策划应该包括自觉创造"信源"的新闻事实策划和体现媒介主体性的新闻报道策划。(华中科技大学　舒永平)

应把新闻策划的研究对象确定为"新闻媒介策划"。(中国人民大学蔡雯教授)

新闻策划包含两部分内容即对媒体本身的策划和对媒体内容的策划,前者包括市场定位、受众对象、经销策略等;后者包括专版时段的策划、栏目的策划、具体报道的策划。(中国人民大学周建明教授)

而我这里所说的新闻策划,是单纯的新闻策划,就是指对新闻事实的报道作出某种安排的"策划"。

也有人会问:"新闻策划"和"策划新闻"有什么不同?

我们认为:新闻策划,是对新近发生和新近发现的事实的报道作出安排。它就像是一个厨师,面对各种已经摆在面前的菜肴原料,进行搭配和整合,从而制作出五花八门的美味可口的菜肴来。

以事实为基础,是新闻策划的原则。

以 2008 年 12 月《观察与思考》杂志的一组总题为《中国经济过冬迎春》的"独家策划"稿为例:这一"新闻集装箱"中,安排了《中国面临经济大考》、《中央政治局常委论中国经济》、《省委书记和省长们面对危机的思路和举措》、《专家学者:献计献策,纵论经济》、《企业家们如何面对世界金融危机》、《背景资料:世界历次重大经济危机回眸》等 6 篇稿子。这些稿子,如果没有客观存在的事实,谁也写不出来。

而"策划新闻",其实是"制造新闻"。

许多媒体的"自编"、"自导"、"自演"就属于"策划新闻"。"策划新闻"多见的,有两种情况,第一种是"没事找事";第二种是"有事生事"。

先说第一种"没事找事"。

比如某电视台策划了一个活动——电视观众节。这个观众节由"主持人与观众见面会"、"通过测试评选最佳观众"、"记者专访最佳观众"、"最佳观众才艺表扬"等项目活动组成。于是，电视台的专题报道组，就一路跟踪这些活动，并在每天的新闻节目中播放相关活动的报道。

再说第二种"有事生事"。

这种情况往往是已经有一个新闻事实在那儿了，然后，再通过媒体的"导演"，制造出事件来（生事），媒体再一路跟踪报道。

比如《浙江青年报》（后改名为《青年时报》）有一年曾经就做过一件"有事生事"的"策划新闻"报道。

一天，记者偶然中得到了一个信息：一个叫马骏的少年犯在少管所组织的一次演讲活动中，读了一封给妈妈的信，十分感人。于是，编辑部就开始"策划新闻"了，推出了一个主题为"替小马骏找妈妈"的活动。当报纸上刊发了小马骏给妈妈的一封信后，许多善良的妈妈们，纷纷和报社联系，要做小马骏的"妈妈"。这下，记者就有事干了，今天采访这个"妈妈"，明天采访那个"妈妈"，报纸也每天刊登这方面的新闻，搞得满城"沸沸扬扬"的。后来，报社终于给马骏找到了一个"妈妈"。于是那天的报纸的头条标题便是《小马骏有了一个新妈妈》。

到此，这个新闻该是报道完了吧？没有。编辑部在原有的报道的基础上，又在"有事生事"了：他们紧接着推出了为"100个'小马骏'找妈妈"的系列报道。报社和团省委少工委、省关心下一代工作委员会以及少管所合作，找出了100个没有妈妈的少年犯，并在报纸上公布了100个少年犯的相关资料，发动社会大众来为少年犯找"妈妈"。结果，100个"小马骏"都有了一个能帮助他们的辅导员"妈妈"。

后来，这系列报道，还获得了全国的新闻报道大奖。

新闻的发生是客观的，但是，新闻又是社会生活的产物，是要由人来传播的；在大多数情况下，新闻事件还是人的活动的结果。

因而对新闻事件进行人为的干预和利用，应该是可以也是可能的。至于策划，也是媒体编辑部门的日常工作之一。制订一个阶段或一个时期的报道要点，要求记者在某一时段重点报道某一方面的内容，都应属于策划的范围。策划，是实施媒体编辑方针的手段。

策划新闻，是为达到某种宣传效果或者是社会效果，而人为地策划一起可供媒体报道的事件。它与新闻策划的区别是：后者是对客观发生的新闻事件的有效和充分的利用；前者则是"制造新闻"。

在这种"制造新闻"的策划下，如果此后出现的一系列事件，是真实的，于社会无害的，尚且还属于可以理解和原谅的范围。因为有时媒体出于某种需要，不得不这样为之。

但是，另一种策划新闻，就不能原谅了。

比如有媒体为了表现"穷山沟农民变富了"这样的主题，费尽心机，和当地有关方面一起导演了"一场戏"：让那儿的孩子穿上有关方面带过去的新衣服，记者为这些孩子拍了照片后在媒体上登了出来。这种策划出来的"新闻"，是假新闻，是用来骗人的。

又如前些年某电视台报道了一则"新闻"：发现了有人用纸箱做成馅的包子。经查，这是一条假新闻，是记者通过"策划新闻"策划出来的。由于其社会影响极坏，那个记者很快受到了法律的制裁。

所以，笔者认为，策划新闻总是不太好的，为了新闻报道的需要，而去人为地"策划新闻"，是违背新近发生和新近发现的新闻真实性的基本原则的。这多多少少有造假的成分在里边，即便是如前面所说"是真实的，于社会无害的"，那也是不值得提倡的。媒体为了扩大影响力，还是应该老老实实地深入到火热的现实生活中去"遭遇新闻"、"了解新闻"、"发现新闻"。

所以，新闻策划和策划新闻，是有区别的。

对于在新闻事实基础上的新闻策划，我们还是提倡的。因为作为"守门人"，我们是为了让新闻报道做得更好，对公众更有用。

二 策划的重要性

新闻策划，对于一个媒体来说，无疑是重要的。对于一本新闻期刊，我认为，新闻策划尤其重要。

（一）每一期杂志的内容，都要精心筹划

一本新闻期刊，页码不会少于64页，多的会有100多页。《观察与思考》有64页，《新民周刊》有80页，《南风窗》有92页，《瞭望东方周刊》有128页，《三联社会周刊》有160页。并且新闻期刊的栏目众多，五花八门。新闻期刊的总的文字吞吐量也较大，每一期杂志，少的要有六七万字，多的则会达到数十万字。

在这样的情况下，我们在编辑出版杂志的时候，是一定不会，也不该"有什么稿发什么稿"的。如果是"有什么稿发什么稿"，那这本杂志一定是没有灵魂的杂志，也一定是一堆文字的杂乱堆积。

有责任心的编辑，会在每次编辑稿件的时候，有一个通盘筹划的过程。这个筹划，就是新闻策划。怎么来开展这种策划呢？有两种多见的形式，一是报编辑计划（报选题）；二是召开选题会。

1. 报编辑计划

杂志内容众多，一个编辑是不能完成全部编辑工作的，而常常会由若干个编辑各自负责几个栏目。这样的好处是，编辑各负其责，完成好所负责栏目文章的约稿、改稿、校对等工作。每当要做新的一期杂志的时候，编辑就要事先向编辑部主任报告自己的编辑计划。这个计划应该是相对具体的，比如在什么栏目上安排什么文章，这篇文章的主要内容是什么，作为编辑你对这篇文章的评价是什么和发表这篇文章的理由是什么。

编辑部主任是一个非常关键的岗位，他的职责是要根据期刊的定位，对编辑们报上来的编辑计划，进行统筹安排。这个统筹安排包括否决一些不符合要求的编辑计划，并对可以发表的文章提出编辑意见

等等。然后，编辑部主任再提出整本杂志的编辑计划，报给主编。主编在对编辑计划审查后，也会有一个意见反馈给编辑部主任。

这个过程，我们认为就是一个策划的过程。而且这个策划的过程往往是动态的。这种动态只有到了杂志的所有内容都最后确定后，也就是我们通常所说的"清样"后，才会变为"静态"。甚至这种"静态"也只是相对"静态"，在没有正式印刷前，也会出现调整内容的情况。

所以，我们说，这种策划会贯穿于期刊编辑出版活动的全过程。

2. 召开选题会

不少期刊社是通过召开选题会的方式，来开展策划活动的。当然，选题会不应该代替编辑出版过程中的所有策划工作。选题会只能说是所有策划工作中，或者说是整个策划链中最重要的"动作"。

要开好选题会，一定要事先有所准备。《观察与思考》在每期杂志的编辑前，都会召开选题会。而在选题会召开前，编辑、记者们根据"提交的选题不少于三个"的要求，已经在准备自己的选题了。编辑、记者在选题会上，并不是简单地报三个题目，而是清楚地表明两点：一是选题的基本情况；二是要做这个选题的意义和理由。当编辑、记者都介绍完各自所报的选题后，有一个60分钟的讨论。在讨论中，所有的人都可以发表意见和看法。这"60分钟的头脑风暴"非常有好处。因为一个人的眼光和判断，往往会有局限性，非常需要来自各方面的意见对其进行补充和提升。其实，主编也往往会根据大家的意见，最后作出"裁定"：哪些选题是值得做的；哪些选题是有问题的，不值得做的。

《观察与思考》选题会的重点，是要确定什么东西能成为新一期杂志的主打内容。每当选题会进入重点的时候，热烈的讨论，也就到来了。具体方法是：首先，有专门负责每期杂志"主打策划"的策划总监，提交策划文案，并作口头说明；其次，全体与会人员对策划文案进行评估和讨论；最后由主编作出决策并作出具体的工作部署。

（二）每一期杂志的内容，都要突出重点

美国的《时代》周刊是最早采用"封面故事"的形式来突出杂志的重点的期刊。我们国内的一本叫《新周刊》的新闻期刊，最早引进《时代》的做法，也推出了"封面故事"这样的东西，结果收到了非常好的效果。

现在，对一本新闻期刊来说，在每一期上，着力推出一个主打内容，已经是一个大家都在做的"套路"了。

当然，实践也证明，这种"套路"还是非常讨巧、非常必要的。它使得每一期杂志都有一个突出的亮点。这个亮点，是当期杂志的"主张"，是能够代表杂志水准的精心策划之作，集中体现了该杂志社的智慧和采编能力。

我们随便找来几本新闻期刊来看一下。

《新民周刊》2008年3月的第9期，在"封面"这个主打栏目中，编辑部以《2008奥运冲刺》为主题，一共发了《中国军团冲金大揭秘》（记者：张伟）、《北京奥运十大看点》（撰稿：文龙）、《冲金之路不平坦》（撰稿：大为）、《瞩目金牌榜首"三国演义"》（记者：张伟、晓光）、《人到奥运年》（记者：张伟、王卓）、《"奥运金牌战略"变迁史》（撰稿：晨曦）等6篇稿子，共占用了15个页码。

《三联生活周刊》2008年3月的第10期，在"封面故事"这个主打栏目中，编辑部以《三十年前后文物命运对比/平地崛起的一代》为主打标题，一共发了《马未都：收藏有假》（主笔：王小峰）、《马未都："捡漏儿"一代》（记者：马戎戎）、《30年文物命运对比》（撰稿：舒可文）、《父亲与古玩》（记者：李晶晶）等4篇稿子，共占用了28个页码。

《观察与思考》2008年11月1日的第21期，在"独家策划"这个主打栏目中，编辑部以《浙江城乡的美妙组合》为主题，一共发了《填平鸿沟的成功探索》（特约记者：蒋文龙）、《农村改革本质上是不断解放思想解放生产力的过程》（特约记者：李永生、黄文芳、蒋文

龙）、《攻坚战役的先行实践》（特约记者：曹强）、《嘉兴：一片田园热土》（记者：戚永晔）、《"两分两换"开创城乡新局面》（记者：戚永晔）、《嘉兴做法值得借鉴》（记者：戚永晔）、《义乌：把城市建在农村》（记者：潘振华）等7篇稿子，共占用了17个页码。

我们可以看到，以上新闻期刊的主打稿，都是编辑部当期着力推出的一组围绕一个主题的稿子。这一组稿子，我称之为"新闻集装箱"。

为了做好"新闻集装箱"，编辑部常常是组织最强的力量，拿出较多的页码来做的。自然，要做好每一期的主打稿子，高水平的策划是必须的。由于这项工作事关当期杂志的成败，主编们常常是亲自参与策划工作。从某种意义上讲，主编们的直接参与，往往是做好"新闻集装箱"的关键。有人就此认为：杂志主打稿子的水平，反映的也就是主编的水平。

（三）如何写好一篇报道，都要周密考虑

如果，"新闻集装箱"是体现主编水平的话，记者采写的稿子的优劣，也同样是主编水平的反映。一般来说，杂志社的记者人手都是很紧张的。好钢用在刀刃上，记者的采访，都是经过事先策划的。这样，编辑部才会安排记者去完成最重要的任务。因此，杂志上署名记者的稿子，应该被认为是当期杂志的重点稿子，否则，就有资源浪费之嫌疑了。

记者所报的选题一旦被确认，记者就应该立即和编辑、编辑部主任甚至主编沟通，这种沟通就是策划。通过沟通，记者、编辑、编辑部主任等对记者所要写的稿子的主题、角度、结构、主张、配图以及篇幅的长短，就有了一个基本的轮廓。因此，我们常说，记者在杂志上所发表的文章，凝聚了编辑部集体的智慧，是各道工序辛勤劳作的结果。

由于在本书的其他章节中也会涉及记者写稿前的准备方面的内容，笔者在此就不展开说了。

三 策划和实施策划的基本条件

要完成一次好的新闻策划,的确不是一件容易的事。它需要具备以下一些条件:

(一)要有一支综合素质较好的团队

所谓"综合素质好"是指政治上成熟、思想深刻而敏锐、知识面宽泛、写作能力强、业务熟悉。

1. 政治上成熟,是指这个新闻媒体团队的成员,懂得政治家办报办刊的道理

在中国,经过国家相关部门批准的新闻媒体,如报纸、期刊、电台、电视台,乃至新闻网站,都要承担相应的政治责任和社会责任。

因此,新闻媒体就必须以科学的理论武装人、以正确的舆论引导人、以高尚的精神塑造人、以优秀的作品鼓舞人,始终和人民利益保持高度的一致。

这就是新闻媒体的党性原则。

我们每一个新闻媒体的从业人员,首先要解决的问题,就是能否自觉坚持"政治家办报办刊",严格遵守党的新闻纪律。做不到这一点,或者做不好这一点,就不是一个称职的合格的新闻工作者。同样,他也不可能完成符合党的要求和人们的利益的新闻策划。

因此,"政治上成熟",对于从事新闻工作的团队来说,是最基本的,也是最重要的。

2. 思想深刻而敏锐,是指这个新闻媒体团队的成员,思想活跃,善于思考,对新事物特别敏感

由于职业的习惯,他们每时每刻都处在"工作状态"中,他们没有所谓的八小时的工作概念。他们对出现的,或者将会出现的情况,保持着高度的警觉,并会立即作出反应。当然,一个优秀的新闻工作者,不会仅仅停留在"反应"上的,他会立即启动思想的引擎,全方位、多元化地对事件进行思考。他们不会在一个层次上打问号,他们会开掘出不同的层次,然后不断地打出问号,直到就他们目前的水平而言已经再也没法打出问号为止。

3. 知识面宽泛,是指这个新闻媒体团队的成员,拥有较好的学历背景和拥有特别善于学习新知识的能力

我的经验是,大学本科的学历对于从事新闻工作的人来说,是最起码的要求。我不认为从事新闻工作的人一定是大学新闻专业毕业的学生,但是我觉得一个团队中,应该有大学新闻专业毕业的学生。同时我认为,许多并不是新闻专业毕业的学生,同样可以成为优秀的记者和编辑。

我们来看看《观察与思考》杂志社的记者和编辑的大学专业背景情况:采编一线的10位年轻人中,大学新闻专业的2人,大学中文专业的4人,大学国际政治专业的1人,大学国际贸易专业的1人,大学自动化专业的1人,大学政法专业的1人。

一个优秀的新闻媒体团队中的成员,应该是由多种不同专业的人组合而成的,这样,就会有较强的互补性。比如在进行选题讨论时,大家可以从不同专业的角度,来看待新发生和新发现的事件。这样策划的效果自然会特别好,而不会流于一般和浅显。

另外,"求知若渴"对知识的积累和更新同样是十分重要的。"博览群书",应该成为这个新闻媒体的一种基本的文化现象。

4. 写作能力强,是指这个新闻媒体团队的成员,有很强的写作能力,包括消息、通讯、评论、杂文、随笔、小说、诗歌、报告文学等多种文体的写作能力

简单说,就是他们有很好的新闻写作能力和文学写作能力。这两个加在一起的能力,是一个优秀的新闻工作者特别重要的能力。你思想再深刻再敏锐,你的知识面再宽泛,但你不会写文章,那你就完了,你在媒体也就待不住了。这是新闻媒体的工作性质所决定的。

为什么要强调文学写作的能力呢?实践证明,没有文学写作功底的记者,一定不会是一个特别出色的记者,他的文章一定会是一块

"水泥预制板",他的文章一定缺少那种灵秀之气,往往显得死气沉沉。

为此,我建议,那些没有经过文学写作训练的记者,一定要补上文学写作这一课。否则,你也就那样了,不会有什么大的前途了。

由于有了一帮写作能力特棒的人,他们就会很好地去参与新闻策划并实施新闻策划。否则,要搞好新闻策划和实施新闻策划是一件特别累的事。

5. 业务熟悉,是指这个新闻媒体团队的成员,对采访、写作、编辑、校对、图片拍摄和图片处理,以及版面、页面设计等非常熟悉,同时对电脑、一些相关软件、相机、录音机等也非常熟悉

精通业务,这对于新闻策划和实施新闻策划有很大的好处。因为新闻策划和实施新闻策划,是需要对媒体的所有资源进行整合的,否则,不是你那个新闻策划很幼稚,就是你那个新闻策划脱离实际情况而变得不可操作。

(二)要有合作精神

策划和实施策划,不是一个人的事。这个道理是显而易见的。我们可以从两个层面来看这个问题。

1. 策划,需要群策群力

中国有句古语,三个臭皮匠,顶一个诸葛亮。好的新闻策划,一定是集体智慧的结果。我们在讨论某一项策划时,在场的人一定要人人畅所欲言,哪怕他的意见不对,也要让他把想讲的讲出来。至于那种"作壁上观"的态度,那就更不可取了。要搞"群言堂",不要搞"一言堂"。要营造"人人畅所欲言"的氛围,需要大家有一种合作的精神。

你奉献了你的聪明才智,对新闻策划是有利的,进而对你所在的媒体的发展也是有利的。千万不能有这种狭隘的念头:我出了一个点子,帮助了别人,使得别人有了"立功"的机会,而我却落在了别人的后面,我不干!这种念头是非常要不得的,设若泛滥起来,对这个

媒体来说，一定是一场灾难。

在这里，作为主编是很关键的，他首先要营造一个在选题会上人人都能发表意见这样一个会风，并且还要善于对不同意见进行筛选和综合，最终形成一个最佳的策划方案。

2. 实施策划也需要群策群力

在实施策划的过程中，同样需要团队的合作精神。情况往往会是这样的，一项策划的实施，会涉及不少人，而这些人中，有的是主角，有的是配角。在这样的情况下，尤其需要彼此的合作精神。

比如《观察与思考》每一期的"独家策划"，一定是当期最重要的一组稿子。在这组稿子中，往往第一篇是"重中之重"。因此，编辑部领导在安排记者的时候，往往会根据每一个记者的不同长处来安排"领衔主演"的记者；而其他稿子，则会安排其他记者来完成。

我们了解了一些其他新闻期刊的情况，也大致如此。所以，担任配角的记者，一定要有一个良好的心态，要甘愿做配角。编辑部的风水是轮流转的，配角不可能老是配角，主角也不可能老是主角。《观察与思考》的情况往往是这样的，这一期你是主角，下一期很有可能你就是配角了。

决定谁出任主角，主要是根据题材而定的，如果这个题材是有关经济的，那么，有经济方面的学历背景的记者，就很有可能成为主角；如果这个题材是涉及法律方面的，那么，有法律方面的学历背景的记者，就很自然地成为主角。

由此可见，要演好一台戏，一定需要所有演员的配合。这种配合，还包括需要有文字编辑、图片编辑、版式编辑等的配合。

（三）辅之以良好的管理

一个策划的提出和实施，离不开良好的管理。这个管理主要是针对编辑部、记者部和出版部的主任以及主编而言的。

对管理者来说，面对的是一条"流水线"。这条"流水线"在进入策划的实施阶段后，便分成了先后三段：第一段是记者部主任负责管理的采访和写作阶段；第二段是编辑部主任负责的文字编辑阶段；第三段是出版部主任负责的设计、编排、校对，以及与印刷厂联系阶段。

这三个阶段是首尾相连的，有时还会有些重叠和交叉。

比如记者一旦明确了写作任务，编辑就应该尽早与记者沟通，以便达成共识。最糟糕的是，编辑在"处理"记者的稿子之前，对记者的采写情况一无所知；而到了要进入编辑流程的时候，编辑再来提出这样和那样的意见。

又如编辑部和出版部的工作也会有重叠交叉的情况出现。出版部的设计人员，应该和编辑随时沟通，以便提前掌握文稿和图片的基本情况。尤其是图片，应该尽早交给出版部的设计人员。这样的好处是，设计人员一旦发现图片质量和数量不好或者不够的情况，可以及早地做一些补救工作。

在这个过程中，部门主任就要发挥积极主动的作用，要善于发现问题，也要善于有效地解决问题。部门主任们不能等问题成堆出来不可收拾后，再来向主编汇报，再来解决问题。在"流水线"流动的过程中，主任们要将问题解决在萌芽状态中。

从主编的层面讲，要随时掌握整个"流水线"的工作情况，以便及时进行协调和改进。

主编给人的感觉应该是这样的：看似他并没有在意"流水线"流动过程中出现的情况，但其实，他是时时刻刻都在关注着"事态的发展"。他是在悄悄观察：你部主任能不能管理好自己的那一波人和那一些事。如果你行，主编自然"逍遥无事"；如果你不行，主编就不得不操心了。主编是"内紧外松"的，主编不到关键时刻，一般最好不要越位去做主任们应该做的事。主编可以忽略过程，但终端一定要抓住。一个管理到位的媒体，应该是忙而不乱、节奏明快、波澜不惊、井然有序的媒体。

一个记者、编辑经常加班加点，主编忙得焦头烂额的期刊社，一定是管理不到位的期刊社。这似乎是一个规律。

四 成功的策划案例

2009年5月15日《观察与思考》刊发了一组总题目为《长兴：绿色发展之路》的稿子。这是一个配合"学习实践科学发展观活动"较成功的案例。

这组稿子分别是《科学发展观：长兴巨变"解码"》、《长兴工业："绿"之内核》、《长兴乡村的"绿色进行曲"》、《长兴"绿色之路"何以越走越宽？》，以及编辑部配发的短评《一个自觉践行科学发展观的样本》。

这一主题报道的推出，好评如潮。

浙江省新闻出版局报刊审读小组在给省委领导的审读报告中，专门以《这个典型抓得好》为题，表扬了《观察与思考》杂志社。

那么，当初，《观察与思考》杂志社是如何策划这一主题报道的呢？

（一）发现典型

2009年4月的一天，《观察与思考》主编带着他的助手来到浙江的长兴县。此行，他们的目的仅仅是"走走，看看，听听"，希望能在这个过程中发现一些有价值的东西。他们把这种"走走、看看、听听"称为"淘金"。

县委宣传部的一位副部长接待了主编一行，并向他们介绍了长兴经济社会发展的一些情况。起初，主编并没有发现什么特别有价值的东西，即便是一些听起来有价值的东西，也已经是"别人啃过的馍"。

于是主编"投石问路"："我的车一进入长兴，就感觉到天特别蓝，空气特别新鲜，环境特别清爽。你们在发展经济的同时，一定在环境保护上也花了不少力气吧？"主编知道，长兴的水泥产业在全国是数一数二的，但水泥在生产过程中，对环境的污染和资源的破坏非常严重。凭着直觉，主编想，长兴这几年一定会有不少"既发展了经济又保护了环境"的"举措"的。因为最近几年，我们国家一直在倡导走一条"人和自然和谐相处"的"科学发展"之路。主编希望在长兴能挖掘到这方面的事例。

被主编这么一启发，那位副部长就兴奋起来，讲了不少县委县政府如何"壮士断腕"，下决心关闭那些对环境造成污染的企业的故事。

主编问副部长："有关这方面的情况，媒体有没有报道过？"副部长说："没有报道过。"主编兴奋不已："这，就是我们要找的'金矿'！"

（二）统一思想

回到编辑部，在当期的"选题会"上，主编向记者、编辑们介绍了在长兴了解到的情况。为了大家能真正掂出长兴"坚持绿色发展"的分量，主编着力阐述了自己的观点，希望用这些观点来统一大家的思想（不久后，主编的这些观点成了所配发的短评的主要内容）。

自1999年被列入最后一批开放城市以来，长兴有两个速度是令人兴奋的：一是经济社会的发展速度，另一个则是环境质量不断提升和改善的速度。这两条速度曲线的走势和交汇，为我们呈现的，正是一条"在发展中保护，在保护中发展"的人与自然和谐发展之路。这也是一个县域自觉践行科学发展观的难能可贵的样本。

为什么这样说？因为，也正是在长兴的"腾飞"之时，亦即中国迈步于新世纪之初，以胡锦涛为总书记的新一届党中央，明确提出了中国要坚持走全面、协调和可持续发展的道路。至此，科学发展观成了建设有中国特色社会主义的重要指导思想。

长兴的可贵之处在于，长兴的党政领导在那块热土上，始终是默默地，努力地，坚持不懈地用科学发展观指导着他们的实践。信仰不变，决心不移，这种自觉和中央保持高度一致的精神，成就了他们的追求和梦想。

当前，全国正开展第二批深入学习实践科学发展观活动，这一批学习实践活动的主体就是基层县市。学习实践活动，有两层意思，一是学习；二是实践。通过学习，我们要深刻领会和掌握科学发展观实质内涵。但是，我们学习的目的是为了指导实践。实践是学习科学发展观的一个基本落点。尤其是在当前中国经济受全球金融危机的影响，全国上下都在为 GDP 增长"保8"而努力的背景下，坚定不移地树立和落实科学发展观，走人与自然和谐发展之路，就显得特别重要。

然而，在现实中，我们总还能看到、听到一些与科学发展观不相符的做法和声音——这应该引起方方面面的深切关注。

比如，在我们中国，每个工程项目在建设开工前，项目的管理者必须向环保部门提交一份"环境影响评价报告书"。为了让这些投资项目尽快进入建设阶段，国家环保部缩短了环评报告的审批程序和时间，由原来 60 天内审批完毕缩短为 10 天审批完毕。但这一做法却让一些地方环保部门在环评审批工作上，出现了"放松的苗头"。正如环保部环境影响评价司司长赵维钧所说的那样，部分地区出现了片面追求审批速度，已被淘汰的项目重新以"投资拉动"等为名恢复了生产等现象。

在"投资拉动"的"口号"下，一些原本正在得到治理的环境，出现了"返潮"的情况，甚至与过去的污染相比，是"有过之而无不及"。比如在湘江流域，不少高污染的企业正在与环保部门"躲猫猫"，千方百计地逃避监管，向着也是他们的母亲河排放着种种有害物质；与此同时，也有一些政府部门的"头儿"，为了所谓的 GDP "政绩"，正在和"上级""躲猫猫"，在暗中对那些污染严重的企业"网开一面"。就此，难怪有媒体会发出警告："湘江重金属污染严重，已威胁 4000 万人饮用水安全"……

在这样的情势下，我们认为，长兴的"自觉践行科学发展观"，坚持"绿色发展"的做法，特别可贵，特别具有典型意义。

我们要发展。发展是第一要务。但我们的发展绝不能再以牺牲环境为代价了。科学发展观要求我们的发展是"可持续发展"。要做到"可持续发展",惟有一条路可走,那就是科学发展观中提出的"人与自然和谐相处"的发展之路。

长兴的事实证明:人和自然是可以做到"同步发展"的,中央倡导的资源节约型和环境友好型社会是可以建成的。科学发展观强调"核心是以人为本",长兴告诉我们,坚持"同步发展",就是最大的"以人为本"。

长兴这个样板的意义,也就在这里。

主编在阐述了以上基本观点后,大家的情绪被激发起来了,都认为,长兴的文章值得做。于是,"选题会"决定,在5月15日的杂志上,作为"独家策划",推出《长兴:绿色发展之路》这一主题报道。

(三)安排采访

为了抢时间,在"五一假期"的前三天,编辑部就派出了三名记者赶赴长兴,作深入的采访。记者们通过专访、座谈和深入企业、乡村,采集到了大量的素材。特别令人兴奋的是,这些生动的素材,大多是首次被挖掘的。《观察与思考》一直强调"原创",有了这些首次被挖掘出来的材料,实现"原创"就有了可能。而原创的,便是独家的。

(四)分头写作

记者从长兴回到编辑部后,主编立即和记者们一起筹划,长兴的一组稿子到底怎么来写。

这次会议上,主编听取了记者们的写作想法后,再一次对大家的思路进行"矫正",反复强调:这一组稿子的"灵魂"就是"长兴是一个自觉践行科学发展观的样本。而中央倡导践行科学发展观,是为了'可持续发展'。要做到'可持续发展',就一定要坚持'人与自然和谐发展'。"主编也强调:"有两个背景,决定了长兴这个典型的价值和意义，一是在金融危机下，为了发展经济而放松了对环境的保护的情况，已经出现端倪，这是中央不愿意看到的；二是时下正值全国'第二批'学习实践科学发展观的热潮。"

主编作了个形象化的比喻：长兴坚持绿色发展是一块磁铁，这块磁铁放在那儿，所有的带有"绿色发展"属性的材料，都要被吸引到磁铁上去。而不被吸引的材料，一定要舍得"割爱"。

最后，记者们进行了分工：谁写什么稿子，稿子的字数大约多少，什么时候交稿。

经过这样周密细致的安排，记者们就进入了"写稿流程"。按照流程的时间规定，5天后，记者必须完成稿子的写作工作。

（五）精心编辑和排版

到了记者交稿的时候，主编对每一篇稿子都进行了认真的审阅。对个别稿子，主编觉得还可以写得更到位些，于是找来记者一起探讨，并要求记者"回炉"改稿。

在排版中，主编要求美术编辑从封面（每一期主打稿子的大图片和主标题，都是要放在封面的）到内页，都要精心选图、精心设计，要充分体现出长兴由于坚持绿色发展而显现出来的那种"勃勃生机"。一组稿子的"结尾"部分的短评，美术编辑还给它加了一层浅底色，用以强调这篇以编辑部名义发表的评论的分量。

第三章 采访

一 什么是新闻采访

新闻采访,是指新闻工作者为新闻报道,通过调查研究,还原事实本质的活动。

这个"活动"前面有4个限制性的定语"新闻工作者""为新闻报道""通过调查研究""还原事实本质"。下面就这4个关键词,分层次作一些解读。

(一)"新闻工作者"

"新闻工作者"可以是狭义的,也可以是广义的。

狭义的新闻工作者,是专指在正式的新闻出版单位从事新闻出版业务的,拥有新闻出版总署统一印发的记者证的人员。如新闻类报纸、期刊、电台、电视台、网站的记者和编辑。

为什么要特别强调是"新闻类"的呢?这是因为,严格讲,现在有不少报刊(如《美术报》、《人民文学》、《浙江学刊》)、电台(某个栏目)、电视台(某个频道)、网站并不是新闻类的,它们其实与新闻工作无关,它们只不过是向人们提供了一些资讯。资讯并不等于新闻。

笔者前面说过,新闻是对新近发生的或新近发现的事实的报道。

很多资讯，并不具备新闻的属性。比如我们能说一个电视购物频道是新闻频道吗？显然不行。

也有一种情况，比如一个刚到新闻单位的人员，由于时间尚短，还没有来得及申领记者证，但他已经在从事新闻采访工作了，那也可以算是新闻工作者。

广义的新闻工作者，主要是指除了上面所说的"狭义的新闻工作者"之外的在新闻单位工作的其他人员，再加上与新闻单位有着密切联系的通讯员、报道员，以及特约记者、兼职记者等。比如许多地方的县一级部门，常常设有"县委报道组"，县委报道组的成员，通常与市、省的党报有着密切的联系，也经常向它们发稿。这些报道员，也属广义的新闻工作者范畴。

不管是狭义的新闻工作者，还是广义的新闻工作者，他们都应该有合法的证件证明自己是"干什么的"。即便是刚才说到的还没有来得及领取记者证的新闻工作者，新闻单位也应该发给他工作证。这是很有必要的，否则你凭什么说你是记者，或者说你是"见习记者"？

总的来说，我们一般所说的"新闻工作者"，是指在正规的新闻出版单位从事记者和编辑工作的专业人员。

现在是"公民记者"时代。由于网络的崛起，从理论上讲，人人都可以在网络上发表他所采集来的"新闻"。但他们是不能够被称为"新闻工作者"的。

2009年新闻出版总署曾经发布过一个通知：《关于进一步做好新闻采访活动保障工作的通知》。通知指出："要坚持凭合法证件采访。新闻记者证是我国境内新闻记者从事新闻采访活动的惟一合法证件，是新闻记者职务身份的有效证明。境内报刊、通讯社、广播、电视等媒体的新闻记者证，由国务院授权新闻出版总署统一印制并核发，可以通过电话、互联网等方式查验。其他任何单位和个人制作、发放的证件不得用于新闻采访，重大活动期间主办单位制作的一次性临时采访证件必须随新闻记者证一同使用，方为有效。对于伪造、仿制新闻记者证进行不法活动的要严厉打击。"

通知说:"要为合格记者及时办理新闻记者证。新闻机构应及时为符合条件的新闻采编人员申领新闻记者证,新闻行政部门要及时做好服务工作。所有新闻记者在采访活动中应主动向采访对象出示证件,被采访人有权通过电话、互联网等途径核验新闻记者证和核实记者身份,并对新闻记者的新闻采访活动予以监督。新闻机构中暂未领取新闻记者证的采访人员和辅助人员,必须在本新闻机构持有新闻记者证的记者带领和指导下开展采访工作,不得单独从事新闻采访活动。"

(二)"为新闻报道"

"为新闻报道"是记者新闻采访的动机和目的。换言之,记者只有在有了新闻报道的需求时,记者才会从事新闻采访活动。记者通过采访,写出了稿子,还不能算完成了工作,只有当稿子发表了,传播出去了,记者的工作才是有结果的工作。否则,你采访再辛苦,再努力,你自认为你的稿子写得再精彩,没有传播出去,一切都等于零。

记者的采访当然是有"使命"的,他采访某一事件和现象的目的,就是要报道。"要报道",是记者一切采访活动的出发点。没有这个出发点,后面的"通过调查研究""了解客观事实",都是没有意义的。

周恩来曾经有一段非常形象化的话语:"你们记者,要像蜜蜂,到处采访,交流经验,充当媒介,就像蜜蜂采花酿蜜,传播花粉,到处开花结果,自己还酿出蜜糖来。"[1] 这段话语是记者采访目的的准确比喻。

为什么要"新闻报道"?这就涉及传播学理论了。这里就按下不说了。

(三)"调查研究"

其实,"调查研究"等于观察。观,即调查;察,即研究。既观

---

[1] 艾丰:《新闻采访概论》,人民日报出版社,1996,第6页。

之又察之，就是调查研究了。调查和研究是两个不同的概念，要分开来讲。

1. 调查

所谓调查，是指应用科学方法，对特定的社会现象进行实地考察，了解其发生的各种原因和相关联系，从而提出解决社会问题对策的活动。

调查的重心在于"实地考察"。而"实地考察"，就是要通过各种有效的手段，如笔记、录音、摄像、拍照、取样等，再借助于自己的眼睛、耳朵、鼻子、嘴巴、手足等，对相关的人员进行讯问，对相关的现场进行勘察，对相关的物质进行取证，对相关的事物进行亲身体验等。总之，一般来说，在调查过程中花的时间越长，下的工夫越深，运用的手段越多，调查的效果就越好。

从"观"的意义来看，调查，就是尽可能地掌握与事件相关的信息（数据）。调查的目的是为了研究。观而不察，或者调查而不研究，那么记者的活儿才干了三分之一。而这三分之一的东西，也是没有什么价值的东西。

2. 研究

所谓研究，是和三个关键词紧密联系着的。这三个关键词是"搜集数据"（collection of data）、"分析数据"（analysis of data）、"诠释数据"（interpretation of data）。研究的目的主要是两个方面：发现新知和解决问题。

刚才我说的仅"调查"这活儿只干了三分之一，是因为调查是一个"收集数据"的活儿。

我们必须这样来看：调查中，或者是"观"中，也会有少量的"研究"或"察"的成分、因子在里面的。比如在调查中，哪些材料是有用的，哪些材料是无用的，从中取舍的思维过程，你不能说是没有一点研究的意思在其中。反过来说，在研究的过程中，也会有调查的一些成分、因子在里面的。当一旦进入研究的程序，"分析数据"和"诠释数据"成了主要的工作。

由此可见，调查和研究之间，会有一部分，或者说有三分之一的地方是重叠的。

对数据的分析和诠释，是一个"察"的过程。为什么要"察"？是为了在一堆数据中，找出其规律性的、特殊性的东西来。这些规律性的和特殊性的东西，我们用最简洁的句子把它抽象化，这就是理论了。有了理论干什么？是为了更好、更正确，或者说更科学地"还原事实本质"。

（四）"还原事实本质"

在许多关于新闻采访的定义中，都说，"新闻采访"是"了解客观情况"这一层意思；也有的说"新闻采访"就是"调查研究"。我认为，这些说法，或多或少都存在着缺陷，也即仅仅停留在"了解客观情况"是不够的。在中国人民大学出版社出版的《新闻采访学》中，作者蓝鸿文说："从马克思主义认识论的观点来看，新闻采访的对象是客观事物，新闻采访的基本性质，是向客观事物进行调查研究的一种活动。"这种说法的缺陷是，没有把"调查研究"的目的说清楚。在人民出版社出版的《新闻采访概论》中，作者艾丰对新闻采访下的定义是："采访是新闻工作者为新闻报道而进行的了解客观情况的活动，它的实质是一种调查研究工作。"这种说法，同样忽略了或者是淡化了"调查研究"的目的。

笔者认为：新闻采访的目的有两个，一个是"还原事实本质"；一个是"为新闻报道"。前一个目的与记者的关系更大，因为记者其实只要把事实本质搞清楚了，记者的任务也就基本完成了。而把事实本质报道出去，主要还是编辑部的事情了。当然我们从另一个角度看，"为新闻报道"这个目的，必须是建立在实现第一个目的即"还原事实本质"基础上的。

所以我们不管怎么看，这个"还原事实本质"是最关键的东西。而遗憾的是，许许多多的有关新闻采访的定义中，都过于强调"调查研究"，而隐略了"还原事实本质"这层核心意思。

同时我还要特别说的是,"事实"和"本质"还是有区别的。仅仅停留在"了解客观事实"这个层面,还是浅了些。本质是什么?本质是在众多的事实中提炼出来的"精华"、"内核"。我们的采访,只有抓到了事实的"精华"、"内核",我们才可以"鸣金收兵",才算是"大功告成"。

这么说,我们是应该不难理解的。因为"事实"是多种多样的,有时会呈现纷繁芜杂的状态。记者在采访中仅仅满足于了解到了某些事实,我们还是要对他的采访存疑的。记者应该这样回答编辑部主任,或者主编:"我已经弄清楚事实的本质了。"

"还原事实的本质"是记者采访的第一任务。而"见好就收",仅仅满足于已经获得的某些事实,不去探究"事实的本质",是新闻采访的大忌。

《新民周刊》的总编丁曦林说得好:"周刊要求记者一开始就要学会做'选家',培养记者'选家'眼光,在报道巨量的新闻当中挑选读者真正需要的那些,在这个基础上,剥除新闻表面的种种东西,努力挖掘事物的本质。周刊是要透过事物表象挖掘事物本质的东西。"

受丁曦林的启发,我认为:新闻期刊告诉读者的不仅仅是"事实,"而是"事实本质"。

也许,这正是新闻期刊记者的使命和新闻杂志本身的使命。

二 记者采访须具备的素质

美国有一部动画片《布雷斯塔警长》,20世纪80代曾经在中国热播过。许多人至今仍然记得每集片子开头的四句话:鹰的眼睛!狼的耳朵!豹的速度!熊的力量!这是对动画片主角布雷斯塔警长的赞美之词。

但我觉得,作为一个记者,同样应该具备这四个方面的素质。冷静——鹰的眼睛;敏锐——狼的耳朵;迅捷——豹的速度;顽强——

熊的力量。

（一）冷静——鹰的眼睛

鹰的眼睛除了敏锐外，我认为，更多的是冷静。我们从来没有发现一只鹰有过惊慌失措的样子。它总是在空中从容地盘旋着，搜索着猎物；或者是站在悬崖峭壁上，俯瞰着，淡定地等待猎物的出现。

记者，需要像鹰一样的冷静。

举个例子。

1981年3月30日，当时的美国总统里根出席一场工会组织的活动，刚一走出华府的希尔顿饭店，在上车的一刹那，辛克利（暗杀枪手）冲上前，在1秒半时间内朝着他连开六枪。在这"一刹那"，特勤人员麦肯锡以自己的身体为里根挡了一颗子弹，而其他人都吓得趴在了地上，现场一片混乱。

这时，除了"保镖"麦肯锡外，一个叫汉克·布朗的美国广播公司的黑人记者，却镇静地扛起摄像机，把这"一刹那"发生的、震惊世界的政治事件拍了下来。半小时后，他拍的片子在全国电视台播出；两小时后，全世界几乎所有的电视台都通过卫星播出了里根遇刺的新闻。

另一个类似的例子。

1981年10月6日，埃及总统萨达特在开罗阅兵时遇刺身亡。这又是一起震惊世界的政治事件。那天是埃及1973年10月战争胜利8周年纪念日，埃及政府在城郊检阅场进行阅兵式。萨达特总统和一大批政府高官，以及来自世界各国的使节和记者等，都在现场参加阅兵式。

当时的新华社开罗分社摄影记者于小平也在现场采访。

枪击萨达特的枪声响起后，于小平立即意识到出事了。他冷静地调整好光圈和角度，于一片混乱中，拍下了一组萨达特遇刺，以及警卫部队和行刺者枪战的照片。

于小平后来在《一次突发事件的采访》一文中这样说道：

12时40分，空军各种飞机的表演和地面部队的分列式同时进行。12时55分，第二批六架"海市蜃楼"喷气飞机从主席台前低空掠过，迅速爬升，机尾拉出了六道彩色烟雾。

这时，所有在场的人，几乎都仰首向上，记者们的摄影机、照相机的镜头也都对着天空。

当这六架飞机爬到一定高度，准备按原方向飞回时，我的身后左侧（也就是主席台方向，此时我离主席台正中约60米至80米）突然啪的一声，一股黑烟从主席台前腾起。我想，这时放什么烟火！？但紧接着又听到炒豆般的枪声，才意识到是枪击。我立即感到，这可能是兵变，就一面寻找了可以隐蔽的地方，同时把照相机的光圈调整到F5.5（这时，主席台处在阴影中，我用的是300mm长镜头，F5.5是这个镜头的最大光圈。拍摄飞机表演时用的是F16.1/250秒），抢拍了两个刺杀者进攻和射击的镜头。接着，我找到一部小轿车，隐蔽在它的侧后，拍了主席台前的混乱场景和一名受重伤的刺杀者被拖走的镜头。

美国广播公司的记者汉克·布朗和新华社记者于小平都具有鹰一般的"冷静"。用我们的行话说，他们始终是"在状态"的。这种"在状态"的职业素质，造就了在面对突发事件时的那份"冷静"。这种"冷静"造就了一个优秀记者。

相对于日报和电视、广播记者等而言，杂志记者的"冷静"是"双重"的。

杂志记者，往往是做"后新闻"的。

所谓"后新闻"，就是在日报和电视、广播记者，甚至是新闻网络记者抢发过的新闻的"背后"，所留下来的大量"新闻空间"，以及事态"后来"仍旧在延续、发展的新闻。

因此，杂志记者除了在遇到突发性事件后的"冷静"外，还要有众多媒体已对新闻事件报道后，再来重新审视该新闻事件的"本质"的那份"冷静"。

这种冷静，是建立在理性的基础上的。

也举个例子。

让我们先来看看新华社2005年6月25日的一则消息。

安徽泗县百余学生接种甲肝疫苗出现异常1人死亡

新华社合肥6月25日电（记者葛如江、沈翀）记者从安徽省泗县卫生局了解到，该县大庄镇2500名中小学生接种甲肝疫苗后，百余名学生出现异常反应，已有一名6岁的小学生在日前死亡。24日，有关专家对死亡儿童进行了尸体解剖，目前死因还需作进一步的分析和明确。

据介绍，6月16日到17日，泗县大庄镇卫生防疫保健所未经过县卫生、教育主管部门和大庄镇政府同意，擅自与学校联系，组织数名乡村医生，组成8个接种组，对该镇17个村19所学校学生接种了甲肝疫苗，共接种2500人。

17日上午接种过程中即有个别小学生出现头晕、胸闷等异常反应，水刘小学护工胡居仁外孙女也在其中，他说："接种没多长时间，我外孙女就突然手脚发麻、眼发白、站不住，而且出现这样症状的小孩越来越多，我吓坏了，11点两辆救护车过来把这些小孩送到医院。"还有小学生向记者反映，只有4到5个人到学校接种，忙不过来，药发到手里到打针时间相差最长的有1个小时左右。

记者了解到，截至目前泗县已经收治接种疫苗出现异常反应的学生121人，其中重症20人，分别被安排在县人民医院、县中医院和大庄镇医院治疗。由于没有特效药，出现异常反应的小孩病情经过治疗并没有明显好转。

泗县人民医院儿科主治医生潘龙根说，这些小孩心脏、肝脏均受到了不同程度的损伤，有的症状较重，心肌酶谱高达2000多，超标10倍，甚至高于喝农药对肝脏的损伤。目前医院对这些小孩的治疗没有太好的办法，他们的病情仍有反复。

第三章
采 访

　　6月23日下午，出现异常反应的大庄镇水刘小学学生李威经抢救无效死亡。据介绍，6岁的李威在17日上午注射甲肝疫苗，18日上午出现头晕、胸闷等症状。20日到泗县中医院就诊，23日凌晨不良反应加剧，出现发高烧、腹泻、抽搐症状，23日下午转入县人民医院，抢救无效于23日下午2时许死亡。

　　24日，县委宣传部提供给记者的一份材料是这样的：6月23日22时，省卫生厅专家组对李威的死因进行分析，认定死亡原因为重症感染、呼吸循环衰竭所致，建议尸解进一步明确诊断。24日18时，江苏省医学院司法鉴定所对李威进行了尸解。目前，死亡原因尚不清楚。

　　据了解，为了安抚死者亲属，县里有关部门与李威的亲属达成协议，赔偿死者家属9万元。

　　接种甲肝疫苗而出现异常的报道，经过无数媒体的"推波助澜"，一时间成了一件非常恐怖的事件。"夺命疫苗"，成了舆论一致的说法。

　　也正是在这个时候，《观察与思考》编辑部却冷静地保留着自己与众不同的观点。编辑部派出记者孙艳兰，对甲肝疫苗的研制单位浙江医科院的毛江森院士，以及生产疫苗的企业浙江普康生物技术股份有限公司总经理柴少爱等人进行了深入、细致的采访。

　　毛江森的一句话深深震撼着记者的心："绝对不可能的！绝对是另有原因！我跟病毒打交道50年，研究甲肝病毒近30年，自己的'孩子'，我怎么可能不知道它的习性？我们一定要相信科学！我现在担忧的是，由于人们对甲肝疫苗的不信任，三五年后中国极有可能会出现一个甲肝发病高潮！到那时，问题就严重了！"

　　通过记者的采访，编辑部更加坚定了自己的判断：甲肝疫苗本身不会有问题。

　　当时，国家的药监部门已经开始对疫苗进行检测，结果还没有出来，编辑部的一组稿子就此也压在那儿，等待时机。

7月16日，检测结果终于出来了。

新华社的消息说：中国药品生物制品检定所声明，安徽省泗县疫苗事件中所用甲肝疫苗为合格品。卫生部日前将此事件确定为"违规集体接种甲肝疫苗引起的群体性心因性反应"。

于是，《观察与思考》杂志编辑部立即启动发稿程序，以最快的速度，在8月1日的杂志上发了一组稿子，总题目是《疫苗风波冷思考》，其他文章的题目分别是：《一次不该发生的疫苗恐慌》、《危机下的普康态度》、《自信源于科学》、《尊重科学就是尊重生命》、《一支疫苗的独白》、《疫苗事件回放》。

下面是其中领头的一篇文章。

一次本不该发生的疫苗恐慌
记者　孙艳兰

我们的生活，不管计划得多好，总会有些不该发生的坏事情不期而遇。就好像恐怖袭击，谁都不知道下一个目标城市会是哪里。

但是，有一种恐慌，它其实本不该发生，比如由疫苗事件而引发的社会灾害。

曝光、问责、恐慌，突发事件的爆发往往经历这三个阶段。但是，在纷乱嘈杂的指责声和大面积扩散的恐慌之后，事实真相的呈现与反思却显出不合常规的乏力和单薄。

于是，一次又一次的恐慌沉淀在了我们的心里，因无法彻底化解而留下了永久的阴影。

反思一：当公众不再信任

如今，公众面对所处的这个社会，似乎有了一种天然的不信任感。

食品问题，使得我们对食品的信任度低于50个百分点；化妆品问题，使得我们打破了对一些大牌化妆品的盲目迷信；矿难问题，使得我们对生命的消失感到一再的悲伤和无奈……

就此，我们的心理已是极其的惶恐与脆弱，害怕着并静待着下一个危机事件的突然发生。

于是，疫苗恐慌就在如此的大背景下，"轰轰烈烈"而又"顺乎其理"地出现了。安徽泗县的疫苗事件，即为此次恐慌之导火索，且一燃即爆。

6月23日下午2点，安徽省宿州市泗县人民医院肝病病房，李威死了。这个依稀漂亮的小女孩今年只有4岁半。

一个孩子的死让病房外的家长们更加焦虑不安。随后的几天里，陆续有孩子从村医院、镇医院送来，将儿科、内科、外科等几乎所有病床都塞满了。

虽然，医院里已人满为患，病房里充满了浑浊而闷热的空气，但没有一个家长肯把孩子带回家。病房外，男人们围坐成一圈，闷头抽烟，让父亲们发愁的是，疫苗到底给孩子造成什么损伤，会不会出现后遗症。

此时，虽有不少专家发表言论，声明病发原因应为集体心因性反应，但家长们和社会各界对此都产生不少疑惑，即使这是专家说出的话。

因为在当下，每有公共危机事件发生，总有不少的专家各抒己论，有时甚至是南辕北辙，令人难以辨识。

"绝对不可能！绝对跟疫苗没有关系！绝对是另外的病！"该甲肝疫苗的发明者毛江森院士义正词严。但在当时舆论混乱的情况下，也仅被认为是个人的坚持。

生产该疫苗的浙江普康生物技术股份有限公司总经理柴少爱甚至有点发急地说："疫苗在大太阳下晒3天，你们再给我打，我也不怕！"即使是这般的直言不讳，在那时仍起不了多大的作用。

……

这并不是人们的错，也不是老百姓不相信科学，实在是因为长期在各种恐慌中生活的人们，已经没有勇气去单纯地信任谁，而只有无奈地以怀疑来自保。

反思二：当媒体集体犯病

如此时刻，我们的一些以"伸张正义"为标榜的媒体们都做了些什么呢？

很不幸的是，它们集体爆发了"媒体病"。

有嫌疑的3000余支甲肝疫苗，在检验结果得出之前，被部分媒体迅速判定为"问题疫苗"和"夺命疫苗"，一时间成为千夫所指的焦点。

部分媒体为了吸引公众关注，对事件进行匆忙定性或暗示，并渲染注射疫苗之后"孩子肝脏受损程度高于喝农药对肝脏的损伤"等单方面不严谨的说法，使媒体成为群体心理恐慌的暗示者之一。

药品是一个复杂的领域，对复杂领域的报道需要具备更多专业知识的记者，以及相关专业独立和权威的消息源。在结果尚未验证的情况下，媒体不应根据手中已有信息轻易做出最终结论。

人人都有怀疑的权利，新闻媒体有天然的义务维护消费者权利并将其传播。但是，作为拥有巨大社会影响力的新闻媒体自身而言，却不能天然地以为在怀疑的同时就拥有了对责任的豁免权。

今日世界的复杂性显示和一些媒体简单化思维所形成的"粗放的报道"，我们以为这是"媒体泡沫"的主要成因。比如分寸感，只是笼统地说什么啤酒会致癌，牙膏有毒，手机有辐射，如果不讲清楚尺度、分寸和条件，简单地说"有毒"、"有害"，其实也是一种不负责任。

除了媒体应有的责任感，我们还隐隐感觉到在这种"简单化思维"的背后是否也存在着某些不够善良的心理。

是不是有一些媒体人在内心里希望借此推波助澜，以利于抢得关注。只要最终结论未做出，就决不放过炒作的机会，将这十分难得的报道资源百分百地充分利用。

甚至，还有以"曝光"抑或"正面报道"为名，行索要利益之实的实例也遗憾地出现了，记者听闻，安徽当地一家媒体曾多次联系危难中的普康公司，欲借"正面报道"谋求万元回报，但最终未能如愿。

同为媒体人，我们感到的是可耻和汗颜。

正是这些林林总总的"媒体病"，再度加剧了恐慌：威吓了在病床上的孩子们，刺激了那些家长们，也萎缩了疫苗厂家的销售。

而当事实查明，李威的直接死因初步定为自身的"重症感染导致呼吸衰竭"，并证明疫苗本身没有问题。这本该是稳定人心、开展科普宣传的最好时机，可那些媒体却又再次犯病，集体呈"少言无语"状。

同时令我们更为担忧的是，对疫苗的恐惧，还可能产生更大范围的疫苗接种心理障碍。那样的话，传染病或流行病高发的回潮也不是没有可能的。

反思三：当策略欠缺科学

为实现应对日渐增多的突发公共事件统一指挥、有效协调、快速反应、果断解决处置，卫生部门日前启动建设突发公共卫生事件应急反应指挥与决策系统项目。

这就是疫苗事件后得到的宝贵经验和科学策略。

杭州心理危机干预中心主任赵国秋对记者说，阻止癔症蔓延的方法就是对发病孩子实施隔离治疗。然而，当时在泗县收治注射甲肝疫苗后产生异常反应孩子的各大医院，那里的病房和病区已俨然成了孩子和家长的生活区。其实，这种做法并不利于对群体性癔症的治疗。

现在这个季节是肠道感染、伤寒、乙型脑炎等传染病的高发期，这么多的孩子在一起，有一个患病紧接着就会传染给其他孩子。医院绝对不是一个安全的地方，那里什么病菌都有，很容易发生交叉感染，孩子们尽快出院才是正确的处理方法。

专家认为，最好让已发病的孩子单独待在一个封闭的环境里，隔断他们之间的信息交流；对于孩子的父母也要严格约束，禁止他们相互讨论孩子的病情，阻断这些"有害信息"传进孩子的耳朵；另外，也要阻止未发病的孩子与发病的孩子接触，防止新发病者的出现。

如果在接种疫苗之初，就有孩子产生异样反应，若是在正常范围之内就要及时稳定孩子的情绪，或以严肃的语气劝戒孩子不要加剧心理的恐惧。这就需要工作人员经过专业培训，能够科学地知道疫苗的使用。

由此，该事件也暴露出目前疫苗市场接种工作中的隐患和销售渠道及管理方面长期存在的问题，这些都是有关政府部门和疫苗生产厂家必须汲取的深刻教训。

其实，这本是一次不该发生的疫苗恐慌。问题既然出现了，重要的是发生以后如何来应对：接受现实，迅速找出真相，然后想办法一点点地去解决，以正确的方法去处理，把最坏的结果减到最低。

还有最重要的，就是不要被事件所打击，沉沦在悲伤与恐慌当中。在这样的时刻，我们的媒体，我们的有关部门，所做的应该是消除恐慌的加法，而不是令人遗憾的减法。

正因为《观察与思考》的记者在采访中的那份与众不同的"冷静"，才在全国几乎是一面倒的"讨伐""夺命疫苗"的舆论下，写出了令人刮目相看的体现了科学尊严的稿子。

所以，我们说，冷静，是记者在采访时的"第一要素"。只有冷静，才有可能做到客观。而客观，是新闻的"第一生命"。

（二）敏锐——狼的耳朵

敏锐，是采访中的记者必备素质。

狼的耳朵总是竖立在那儿，敏锐地接受着来自四面八方的声音。狼的耳朵是敏锐的符号。

记者的敏锐，应该是贯穿于采访活动的始末的。当你在和采访对象交流的时候,你表面上给人的感觉也许是放松的,当然你的内心,或者说你的大脑是紧张的。你在采访对象面前如果显得紧张,那会给对方带来"不知所措"的尴尬。这样的采访,一定不会圆满。所谓"大脑是紧张的",是指你一旦进入采访的状态,你在提问,或者请采访对象回答问题的时候,你必须敏锐地去捕捉那些稍纵即逝的对你来说是有用的信息。

那些"稍纵即逝"的信息中,也许存在着一座"金矿"。

2009年3月,《观察与思考》杂志的记者来到浙江长兴采访。长兴县委宣传部的副部长向记者介绍了长兴这几年的经济、政治、文化、社会等发展情况。接着记者和副部长有了以下的对话。

记者:刚才我听了您的介绍,令人振奋。长兴这几年的确变化巨大。媒体也一定对长兴的变化有过大量的报道。

副部长:是的,前不久,中央电视台也专门到我们这里来采访。

记者:采访哪些方面的东西?

副部长:我们有一个乡,在土地流转方面做得不错。中央电视台很有兴趣。

记者:我今天来长兴,不是来跟着其他媒体的屁股转的。我非常想发现一些新的题材,并且应该是重要的题材。刚才,您在介绍情况的时候,我注意到了一个东西,那就是你们多年来始终非常自觉地在坚持着走"绿色发展"的道路。

副部长:是的,如果说"科学发展观的实践",是眼下中央对各地的一种"特别要求",那么,我们长兴早在七八年前就已经在坚持"科学发展"的基本原则了。比如,我们为了环境保护和产业结构的优化、升级,关停了大批的水泥厂。这是需要"壮士断腕"的勇气的!现在,长兴的数百家水泥厂,只剩下数十家水泥厂了。而这些经过优化的企业的产值,却大大超过原来数百家企业在的时候的产值。整顿和优化的效果十分明显。现在的长兴，环境保护和经济发展都搞上去了。

记者：太好了！这正是我要的东西！我问一句：这方面的报道，有没有媒体来做过？

副部长：没有。

记者：（非常兴奋）好！我们杂志就来做这篇文章！而且要做大！做出影响！因为时下全国上下都在深入学习实践科学发展观。我们非常需要有这样的典型！长兴的这个角度，就是我要挖掘的"金矿"！

由于《观察与思考》杂志记者的敏锐，使得在采访中，捕捉到了所要的题材。回到编辑部，一个新的报道计划很快出来了。

说起"敏锐"，我再举一个经典的例子。

1982年11月10日早晨8时30分，当时的苏联最高领导人勃列日涅夫猝然逝世，当天苏联方面没有马上透露此消息。路透社驻莫斯科的一位记者注意到了一个情况：莫斯科市电视台预定10日晚上要播放的一场冰球赛，在没有作出任何解释的情况下，突然被取消了，而在原来的时间段，却播出了贝多芬的古典钢琴曲演奏音乐会。在通常情况下，只有在国家的首要政治人物逝世的时候，才会这样做。

路透社记者马上判定：勃列日涅夫逝世了。为了证实他的判定，他还专门打电话给苏共中央委员会进行讯问。随后，记者就这些异常的情况，抢先发出了消息。

无独有偶，美联社的记者也注意到了那天莫斯科电视台的节目突然调整的情况，并且在第二天，记者还注意到苏联在给安哥拉的贺电中，勃列日涅夫的名字消失的情况。"勃列日涅夫自1980年和1981年都在致安哥拉的贺电上签名的，为什么这回没签名？"这位记者感觉到"苏联一定出事了"，于是，立即发出了相关的消息。

结果，路透社和美联社的记者的判断和猜测，很快得到了证实。

11日莫斯科时间上午11时，苏联电视台和莫斯科电台英文广播，以及塔斯社的英文、俄文广播同时播发了苏共中央、苏联最高苏维埃主席团、苏联部长会议关于勃列日涅夫逝世的公告。

这个例子说明,新闻记者需要有敏锐的"新闻鼻"。

记者的敏锐在于他的职业意识,或者说是职业的"在场意识"。这种"在场意识",要求记者始终保持着敏锐地去捕捉有价值的新闻线索的那种状态。"场",就是记者的工作岗位,就像"战场"——"两军厮杀"的地方。在这样的"场"里,记者绝不应该松弛懈怠,他是随时都要出击、射杀和搏斗的战士。因此,他的姿态也是要保持战斗的姿态的。只有具备了"在场意识"的记者,才会比别人获得更多的成功。所以我们平时常说,记者的耳朵,是 24 小时竖在那儿的,尽管有时他是闭着眼睛在睡觉。

杂志记者的敏锐,主要得益于他对周边发生的一切有一个迅速的判断过程。"这个,有报道价值!""那个,没有报道价值!"而杂志记者的这种带有浓厚职业特性的独有的"价值观",来自于他对报道所必需的"生态环境"的把握。

这个"生态环境"就决定了什么东西有报道的价值,什么东西没有报道的价值。

这个"生态环境",就是所谓的报道的合时宜性。

那么怎样做到报道的合时宜性呢?

我觉得要注意以下几个方面的问题。

1. 要及时了解党的大政方针

对中国的执政党——共产党的大政方针,尤其是最近一个时期新的大政方针的了解和把握,是一个新闻出版工作者最基本的要求。

比如中共的十七大以来,贯彻落实科学发展观,是党的头等大事。到了 2009 年,中央又在全国深入开展了学习实践科学发展观活动。那么,作为党的传媒的记者(在中国,传媒业始终是在党的控制之下的,是党的喉舌。因此中国的新闻出版业,就是党的事业)就应该很自觉地并且是很认真地去学习科学发展观的理论。科学发展观理论是中国特色社会主义理论体系中的重要组成部分。科学发展观,第一要义是发展,核心是以人为本,基本要求是全面协调可持续,根本方法是统筹兼顾。这一定义，记者一定要牢记在心。不是我在这里唱政治高调。因为作为党的传媒事业的工作者，你不懂政治，或者对政治不关心，那你就趁早别干这一行。

前面我讲到的《观察与思考》杂志记者在浙江长兴采访的例子，记者为什么会敏锐地抓住"绿色发展"不放呢？就是因为长兴的做法，具有典型示范意义。在当下"学习实践科学发展观"的"生态环境"中，中国需要长兴这样的"自觉地、坚持不懈地践行科学发展观"的样本。

又如浙江省最近提出口号"企业要尽快实现转型升级"。这个口号是在美国的次贷危机引发了世界的金融危机，进而严重影响了中国经济健康发展的背景下提出的，是省委和省政府的重大决策。我们的记者就要在这样的"生态环境"下去发现符合"生态环境"所需的新闻报道线索进而深入采访，写出"合时宜"的报道来。否则，记者在采访浙江的经济发展情况的时候，对"企业要尽快实现转型升级"这样的口号一无所知，那一定是一次以失败而告终的采访。

2. 要及时了解政治、经济、文化和社会热点

除了对党的大政方针的了解和把握，记者还要了解中国的政治、经济、文化和社会发展过程中出现的热点问题。

比如在政治方面，党的干部的选拔，正在越来越体现出它的民主：要提拔的干部的公示；对相当一级领导的民主评议；通过公开考试的方式挑选优秀人才。

比如在经济方面，现在特别主张企业要转变"高投入、高消耗、高排放、低产出"的落后的生产方式，而符合"资源节约型和环境友好型""两型"要求的企业则受到热捧。

比如在文化方面，国学热正在掀起，易中天的"三国"、于丹的"论语"成了国民的热门话题；各地兴起了创办"孔子学堂"的热潮。

比如在社会方面，构建完善的全民社会保障体系，成为民众的热切要求。

如此等等的热点，我们的记者都要及时了解和把握。如果我们的

记者对这些热点不了解，我们不可能准确地把握住读者的兴奋点。这种对热点问题的"冷漠"或者"找不到感觉"，是新闻期刊的大忌，是一种失职的表现。

3. 要关注民生

民生问题，始终是党和政府最关心的问题。这方面的例子有许多，就不再列举了。我们可以发现一个规律，几乎所有的新闻出版物，都是把"关注民生"作为办报办刊的基本方针的。

党和政府最关心的是什么，就是我们记者最要花工夫去关心的东西。如果记者游离于党和政府所最关心的东西，另外搞一套，那一定是违背了"合时宜"原则了。我们不需要这种"敏锐"。

我们要的"敏锐"，一定是要符合"生态环境"的。否则，只有死路一条。

（三）迅捷——豹的速度

猎豹是陆地上跑得最快的动物，时速可达120公里，而且加速度也非常惊人，从起跑到最大速度仅需4秒。

像豹一样迅捷，是新闻期刊记者在采访活动中的一项特别要求。新闻期刊尽管在时效性上不能和日报、电视、广播、网络比，但新闻期刊一般都是周刊、十日刊，最起码也会是半月刊，它也有较强的时效要求。新闻期刊要求记者"迅捷"，是出于以下几方面的考虑。

1. 采访量较大

由于新闻期刊要的是有一定篇幅的深度报道，或者说深度报道需要有一定的篇幅作为其承受的载体，因此记者在采访上花的时间，要比别的媒体记者所花的时间长。比如电视记者到了事发现场，拍一些镜头，就可以回台里了；不回也不行，晚上还要等着播出这个新闻节目。又如，日报记者到了事发现场，也往往是匆匆而来，匆匆而回；为什么？因为他要回报社写稿、发稿，第二天的报纸要刊登他写的消息。由于时间紧迫，一般来说，这些媒体的记者没有更多的时间"滞留"在事发现场作深入的采访。

而新闻杂志的记者,由于稿子不急着要在第二天"见刊",所以,他有相对充裕的时间进行深入的采访。但是,千万不要误会,这样,新闻杂志记者就用不着"豹的速度"了。相反,新闻杂志记者同样需要"迅捷"的采访作风。这是因为新闻杂志记者要在一定的时间内,完成大量的采访,没有"迅捷"的作风,肯定不行。

我常常用一个比喻来说明日报记者和杂志记者采访情况的不同:如果被采访对象是一个鸡蛋的话,日报记者最初只要啄破蛋壳吃一点"蛋白",就可以走人了,而杂志记者仅仅吃到"蛋白"是不够的,他还必须继续往里钻,直到吃到了"蛋黄"为止。这也许就是日报记者和杂志记者的一个鲜明的不同之处。

当然,现在的日报记者,也有钻进去既吃"蛋白"又吃"蛋黄"的,这种情况下出现的记者,往往是日报办的深度报道专版的记者。在平时的诸如"本地新闻"版上,由于所刊发的稿子都是五六百字的消息,记者采取的采访策略,往往是"短平快"。

总之,新闻杂志记者和其他媒体记者,都需要"迅捷"的采访作风。只不过,他们的"迅捷",由于采访和写作所要花的时间的长短不同,也就有了不同的含义了。

2. 为了抢发新闻

新闻杂志常常会碰到这样尴尬的事:杂志的所有内容已经确定,出版流程已经开始"流动",所有的工作都在按照每日的计划进行,偏偏在这个时候,有重大的事件发生了。不刊发这方面的报道,之于一本新闻杂志,实在说不过去;要刊发,时间实在太紧张(杂志的印刷时间要比报纸时间长得多)。为了对读者有个交待,也为了杂志本身在市场上的形象,编辑部往往会决定抢发一些重大的新闻。这时候,编辑部的一场突击战就开始了。而记者"迅捷"的采访,是这场突击战能否取胜的关键。用日报记者的采写时间要求来要求杂志记者完成深度报道的采访,可想而知,杂志记者的"迅捷"意味着什么。

3. 反弹要快

前面说过记者的"在场意识",现在要说的是仅有"在场意识"还是不完美的,还要加上"反弹要快"这一点。

所谓"反弹要快",指的是记者一旦发现了有价值的新闻线索,一定要在第一时间作出"迅捷"的反应。这就像一个气冲得很足的皮球一样,一着地,立即反弹起来。

为什么杂志的记者也要有这种"迅捷"的"反弹"?这就和杂志的"生产时间长",以及杂志的稿子的写作时间长有密切关系。

并不是因为杂志"生产时间长",就可以慢慢来,恰恰相反。新闻杂志的每一个出版环节,都是"将时间挤压得很紧"的,并且是环环相扣的,从而保证能在向读者承诺的出刊日正常出刊。如果在这个"环环相扣"的过程中,某一个环节出现了问题,那就会影响下一道工序的正常运作。正因为如此,编辑部往往要求记者在某时一定要完成采访和写作。也正因为如此,记者的"反弹"一定要"迅捷"。

为了说明杂志在出版流程中,"留给记者的时间是不多"的这个道理,我们以《观察与思考》杂志为例。

《观察与思考》杂志是半月刊,它的"生产过程"是这样的(以当月31日出版的时间为例):

12日 编辑部选题会;

13日、14日、15日、16日、17日、18日、19日、20日、21日 记者采访和写稿;

22日、23日 编辑处理稿件;

24日、25日、26日、27日 美术编辑设计、编辑校对、改样、清样;

28日、29日、30日 印刷;

31日 出版、邮发。

12日这天,正是编辑部上一个出版流程结束的一天,这一天要做两件事,一是将完成后的电子版送到印刷厂;二是要在上午召开下一期杂志的选题会。

在12日的选题会上，记者接受了编辑部下达的采访和写作任务。也就是从这天开始，记者必须迅捷行动起来，因为从13日开始到21日交稿，满打满算（包括双休日在内），留给记者的时间只有9天。

《观察与思考》编辑部有一项硬性要求：记者在每一期杂志上发表的文字总量，不能少于6000字（一个月是12000字）。也就是说，在短短的9天时间里，记者必须通过外出采访，写出两篇到三篇的深度报道。这个发稿量的确是相当大的了。

这样的工作节奏，这样的发稿量，没有"豹的速度"，行吗？

（四）顽强——熊的力量

顽强，是指记者面对各种阻力和压力、超强度的工作量时表现出来的那种意志；也指记者所采写的稿子对于社会的冲击力。熊的力量，我认为是记者所从事的职业特性决定的。做好舆论监督，彰显时代正义，鞭答腐败丑陋，坚持独立主张，这些都是一个新闻出版单位，以及新闻出版从业人员所追求的东西，而这种追求，就需要具备"熊的力量"——顽强的意志。

顽强，表现在以下几个方面。

1. 面对各种阻力和压力

正面的报道，往往是皆大欢喜；而反面的报道，或者叫问题报道和批评报道，往往会遭遇来自各方面的阻力和压力。

举个典型的例子。

先看一篇《杭州日报》记者2007年12月写的消息。

良渚古城遗址的发现实证了杭州5000年建城史
提升了杭州作为历史文化名城的地位
市委书记王国平要求抓好良渚古城遗址保护

"良渚古城遗址的发现，既是中国考古界的一件大事，也是中国历史界的一件大事，意义重大、影响深远，实证了中华5000

年文明史，实证了杭州5000年建城史，实证了杭州无愧于历史文化名城的桂冠，提升了良渚文化在中国文化中的地位，提升了杭州作为历史文化名城在全国的地位。"

12月3日，在良渚古城遗址考古发现情况汇报会上，浙江省委常委、杭州市委书记王国平说。

11月29日，杭州市政府与浙江省文物局在良渚遗址管委会联合召开良渚古城遗址考古发现新闻发布会，正式发布了良渚古城遗址发现的重大消息。

良渚古城遗址总面积290多万平方米，是目前所发现的中国同时期规模最大、建筑水平最高的古城遗址，堪称"中华第一城"。

专家说，这一重大考古发现，将人类文明史向前推进了一大步。

王国平说，保护良渚古城遗址，就是保护中华文明的"根"，就是保护杭州、余杭文化的"魂"。

抓好良渚古城遗址保护工作，一要坚持以良渚遗址"申遗"为目标，在突出良渚古城遗址的真实性、完整性、唯一性和代表性上下工夫，为良渚遗址"申遗"再添新"砝码"。

二要坚持以良渚遗址保护为第一要务，把保护作为一切工作的出发点和落脚点，按照"保护为主、抢救第一、应保尽保"要求，把各项保护措施落到实处。三要坚持以打造"大美丽洲"、建设良渚国家遗址公园为主载体，在深化良渚古城遗址考古发掘工作基础上，把保护、展示良渚古城遗址考古成果与实施两大工程有机结合起来，加快良渚文化博物馆新馆建设，加快良渚遗址保护规划审批，加快良渚国家遗址公园设计方案编制。

将良渚国家遗址公园打造成全国大遗址公园保护的"示范工程"、"样板工程"，让良渚古城遗址得到科学保护，让专家放心、百姓满意。（《杭州日报》记者　邓国芳）

杭州的良渚发现古城的惊人消息经杭州市政府和浙江省文物局联合举办的新闻发布会发布后，立即引起较大反响，当许多人在津津乐道"发现古城"的时候，浙江省社科院历史研究所的两位研究员林华东、罗以民却提出了截然相反的意见：良渚所发现的绝非古城！

当《观察与思考》记者戚永晔得知林、罗二人有不同观点后，立即进行了深入的采访，写出了《良渚古城，八大悬疑》，发表在2008年1月1日的杂志上。

由于文章较长，只能拉出部分文字和小标题给大家看看。

（文章的开头）

2007年11月29日，浙江良渚爆出重大消息：一座距今5300~4800年、面积290万平方米的古城城墙，在原良渚遗址区内被发现。其年代不晚于良渚文化晚期，具体的建筑年代则有待进一步考古确定。考古学家指出，这是长江中下游地区首次发现的良渚文化时期的城址，也是目前所发现的同时代中国最大的城址。有学者激动地称：这座古城，是当之无愧的"中华第一城"。

一时间，诸路媒体竞相出动，对古城的发现、开发、考证做了铺天盖地的宣传。有报道称："夏、商、周的朝代断代史因之改写，'良渚国'的概念，将被引入大众视听"；"此次城墙遗址的发现，对良渚文化的认识甚至良渚遗址的名称都在变化。"

事实真是如此吗？事件过去一个多月，"良渚古城"见诸报端的频率渐渐稀少，当一开始的狂热追捧冷静下来之后，回过头来想一想，对大多数人来说"一夜之间，凭空出现"的良渚古城，还是留给我们很多疑问。观察记者通过深入实地与走访专家，希冀发现良渚古城的悬疑所在。

（文中的小标题）

悬疑一："古城"是偶尔所得还是早有预料？

悬疑二：城墙等于"古城"吗？

悬疑三：良渚"古城"到底有多"古"？

悬疑四:"良渚国"是个什么概念?

悬疑五:"古城"究竟是不是良渚古国都?

悬疑六:"文明之光"还是"文明曙光"?

悬疑七:"杭州的前身"一说是否经得起推敲,良渚文化去往何处?

悬疑八:何时才能为良渚"古城"正名?

(文章结尾)

几个世纪里都被作为"定论"的遗址,由于一次"成功的考古"而被完全改写……

葛剑雄(复旦大学教授)觉得,只能等有了充分的证据,水到渠成,才能真正为"古城"正名。目前为时尚早,还是谨慎些为好。

《良渚古城,八大悬疑》打响了质疑"良渚古城"的第一炮,立即引起社会的强烈反响。林、罗二人也先后在《观察与思考》上发表文章,驳斥所谓的"新发现"。一时,网络和报刊纷纷转载《观察与思考》的文章,舆论哗然。

可以肯定地说,《观察与思考》记者在采访和写作过程中,是顶着巨大的压力的。我们知道,良渚发现"古城"的新闻发布会是杭州市政府和浙江省文物局联合召开的,按理说,它的真实性和权威性是不容置疑的。而且杭州市委和市政府已经把保护和利用"古城"作为重点工作在部署了。市委书记王国平也专门作出指示:"良渚古城遗址的发现,既是中国考古界的一件大事,也是中国历史界的一件大事,意义重大、影响深远,实证了中华5000年文明史,实证了杭州5000年建城史,实证了杭州无愧于历史文化名城的桂冠,提升了良渚文化在中国文化中的地位,提升了杭州作为历史文化名城在全国的地位。"

而偏偏是《观察与思考》的记者"吃了豹子胆",竟然敢写出"顶风唱反调"的文章!

果然,有部门按捺不住了,良渚的所在地,余杭区的宣传部门专门给省委宣传部写了报告,对《观察与思考》进行"讨伐",并请求省委宣传部立即下令制止《观察与思考》继续做这样的文章。

幸亏《观察与思考》的主管部门浙江省社科院的领导开明,认为"就一个考古发现,有舆论提出不同观点,也没有什么不好",事情也就这么过去了。

后来新华社浙江分社记者段菁菁也写了类似的稿子,其标题更加醒目《又是一只"华南虎"?"良渚古城"真伪之争》。段菁菁发的是新华社全国通稿,所以影响就更大了。

2. 面对超负荷的工作量

除了采访中记者要承受来自各方压力外,同样,记者在采访和写作过程中也要承受"高压"。这就需要记者具备顽强的意志,去克服脑力和体力不支的困难。

杂志记者所付出的劳动,日报记者是远不能比的。且不说在采访时,杂志记者和日报记者所付出的劳动强度大不一样,就是在写作中,他们付出的劳动强度也是大不一样的。日报记者写一篇消息,文字不过五六百字,整个写作时间一个小时差不多了。而且消息的写作,也较为简单,只要把五个"W"(何时、何地、何人、何事、何故)写清楚就行了。杂志记者的写作要求就要难得多了。杂志记者要写的稿子文字量通常在3000字以上,多的还会突破1万字。而且文章的样式,通常为综述类或述评类的,写起来特别麻烦。它除了需要掌握大量的新闻素材外,还要有精到的分析和议论。杂志记者为此要花数天时间才能完成写稿的工作。面对高强度的脑力劳动和体力劳动,没有顽强的意志怎么行?

3. 文章本身显现出来的冲击力

熊的力量,还要体现在文章本身的冲击力上。这也是新闻杂志本身的内在规律所决定的。新闻杂志要求,尤其是记者采写的稿子,一定是重点的稿子,编辑部对它的要求是精品的要求。是精品,自然要有它的社会影响力。

《观察与思考》杂志的记者在这方面有过成功的实践,举个例子:

浙江沿海的东南部有个乐清湾。乐清湾的西面是乐清县，北面是温岭县，南面是玉环县（玉环县是一个岛屿县）。它们三个县之间有一片海域，就是乐清湾。

　　乐清湾是一个难得的天然良湾，位于玉环县的大麦屿是浙南最主要的深水港资源分布区，港区水深大多在9~30米之间，最深区达41米，可建1万~5万吨级以上泊位30多个，10万吨级深水泊位4个。

　　更难得的是乐清湾有可待开发的潮汐能源。乐清湾的潮差较大，一次大潮的进潮总量达 21.3×10^8 立方米，湾内有适宜于建立潮汐电站的坝址，装机容量可达55万千瓦。

　　乐清湾33.1万亩的海涂是贝类养殖的天然牧场，这更是乐清湾值得骄傲的自然资源。在乐清湾有各种主要的经济鱼类20余种，其中大黄鱼是主要的鱼类资源，还有58种贝类，60种甲壳类动物，整个乐清湾水质肥沃，饵料生物丰富，十分利于海水养殖，是浙江省蛏、蚶、牡蛎三大贝类的养殖基地和苗种基地。

　　由于乐清湾的水体容量大，东临东海，使乐清湾西部的沿山麓地带的乐清市，因山的走势与海岸平行，北部有山地阻隔，形成热量、水分、温度条件较好的陆域港湾小气候。所以，湾内冬季温暖，春季气温回升早，使乐清湾沿岸地区气候条件优越。

　　乐清湾本身拥有不少天然湿地，湿地本来就是稀缺的海洋资源，有"地球的肾脏"的美誉。

　　面对这么一个"宝贝"，浙江省却要在它的身上动刀——实施"漩门工程"：一期工程先造一条拦海大坝，把玉环岛和温岭连接起来；二期工程和三期工程再在一期工程的西面和东面造两条数公里长的拦海大坝，这样一来，就拥有了大片的海涂，久而久之这些海涂就变成了土地，可以大量开发利用进而发展经济。这项省重点工程的本意还是好的，要发展，没有土地，那就向大海要嘛！

　　可是，当一期工程完成后，严重的环境问题就出来了。

　　下面是《观察与思考》记者韩晓露采写的题为《乐清湾消失？》的"记者调查"中的一段文字：

记者了解到，玉环当年是个海岛，漩门口是个水流湍急的海口，它的作用类似于一个喉口。这使得这个天然的良湾水流交换速度加快，这是形成乐清湾良好水体环境的极为重要的一个天然海口。但是1977年的时候，玉环县为了解决耕地、交通等问题，堵截了漩门口，建成了一条长达145米的堤坝。原本的意图是想通过堵坝促淤，既解决玉环的交通问题，又解决土地资源短缺问题。但是有资料表明，在堵口后的20多年来，并未达到预想的效果，仅仅解决了玉环岛与大陆的连接问题。但这个大坝一堵，却扼住了乐清湾的喉口。导致水体交换缺少了一个出水口。海湾对流消失。

而二期工程的推进，对乐清湾来说，更是雪上加霜。记者在文章中写道：

漩门二期工程是继一期工程以后在坝的西侧，即在乐清湾内北起玉环苔山，连接小青山、鹰公岛至分水山建一条6200多米的拦海堤坝，计划围垦海域56000亩，其中围涂造地32000亩，围海蓄淡24000亩。预计投资3.88亿元，工期5年，已于1997年开工。其最终目的是为了建围海水库蓄淡水，以供玉环县工农业生产和生活用水。但是据省海洋二所的许建平研究员的观点，如此水库根本不可能蓄水。不要说是在几年内，哪怕是20年，30年，有可能永远都蓄不起水。围垦向大海要地才是漩门二期工程的真正目的所在。

……

在乐清市海洋局，乐清市海洋管理局局长伍善庆拿出一张硕大的海域图一边展示给记者一边讲解。自1977年以来，乐清湾的沉积环境起了很大的变化，乐清湾内明显的湾内潮流结构改变了。二十多年来，乐清湾内出现的淤积状况是十分严重的，乐清湾和乐清澳的沉积环境出现的种种新的重大变化状态仍在继续，特别是湾西侧南岳以南一带沿海,有的围堤外面的滩涂比堤内水稻田还要高出三四十厘米,深水港口资源正在逐步退化。乐清湾水体交换期由原来的10天左右变为25天,如此短暂的交换期使湾内海水得不到充分交换,水质逐年变坏,现在原本属于一类海水水质的乐清湾水域,已无一类海水水质,并曾出现多次赤潮。而且,乐清湾减少集雨面积159平方公里,这占据了总集雨面积1044平方公里的15%,减少蓄湖港域40平方公里,约占乐清湾海域面积的8.7%。经过大麦屿断面的纳潮量将减少6.5%。江岩山断面以内纳潮量减少11.8%,水流协沙能力降低,导致湾内淤积进一步增大,不利于乐清湾大麦屿等深水港口的维持。同时纳潮量减少也会引起水体交换不畅,潮汐作用对入海污染物的稀释能力下降,从而进一步加剧海域生态环境的恶化。乐清湾沿岸陆域港湾小气候环境遭受严重影响。水产养殖业受到严重影响。现在,由于海湾原来水动力和物质条件的改变,导致海水盐度骤然降低,而遇干旱时盐度又骤然上升。海水盐度的种种骤然变动,不仅使得湾内生物资源大量死亡,也对围塘养殖产生了极大的危害。

情况是否真的如此严重?

究竟是什么原因导致乐清湾变成环境如此恶化的海湾呢?

……

面对这么一个严重破坏生态环境的工程,《观察与思考》记者自然坐不住了。记者连续多日在乐清、玉环、温岭等地深入调查:

记者手头有数份1994年以来的浙江省人大代表的提案,这些材料的提供者是乐清市委。这些提案中多次提到一个观点,那就是乐清湾现在的水体交接周期变长,水质逐年变坏,湾内沉积加快,海湾沿岸许多围塘外的滩涂淤积比堤内的水稻还要高出30~40厘米,再过上百年将有可能变成陆地,称之为"地球之肺"的海洋湿地将不复存在。

人大代表慎重的提议不可能是儿戏，而且如此提案至少连续3次在浙江省人民代表大会上提出，而每次省有关部门的答复均不能让提案者满意。

这究竟是怎么回事？记者带着满腹的疑问采访了有关人士。

在文章的结尾处，记者发出呼吁：

有关专业人士告诉记者，围海筑坝导致港湾面积缩小，水动力条件改变，水流不畅，淤积加重，水质恶化，一直影响港口、航道和水产业的发展的先例举不胜举。如厦门港，如今已成死水港，现在厦门政府正打算炸坝筑桥，那是付出了血的代价的。还有广东汕头港，由于牛田洋围垦，导致汕头港进港航道淤浅。山东马山湾堵坝，使湾内海参资源几乎绝迹。

更何况，围垦造地的经济收入远不如海洋资源的充分利用的经济收入，据专家估计，1公顷海域养殖对虾的产值与相同面积陆地种粮的产值比约为8∶1。而且，玉环的二期工程现在据记者所见专家预测，能否聚淤围垦实在是个谜。二期工程蓄淡工程连二期指挥部的相关负责同志都无法确定，而省内海洋专家的科学推断认为是根本不可能的事情。整个工程确实如玉环水利局某同志所言，劳民伤财。那为何不悬崖勒马，亡羊补牢呢？

但是记者看见，在漩门二期的另一面，漩门三期已被列项，准备上马。更大的围淤造地运动即将在玉环岛上开始。

有识之士对记者说：我们对不起后代，因为，我们将交给他们一个死去的海湾。有人问：责任在于谁？而漩门二期、三期工程，究竟谁会得利？

……

《乐清湾消失？》一稿发表后，它的"张力"立即体现出来了。浙江省有关部门既感到紧张，又感到巨大的压力。而乐清、玉环、温岭等地的老百姓一片叫好。乐清县多年来的奔走呼号，总算有了一个让有关方面不得不重视的开头了。新浪网等网络媒体和一些报刊纷纷转载《乐清湾消失？》。网络的评论也有数百条之多。

这件事引起了国务院的重视。国务院有关领导人专门作出批示，要求国家有关部门成立专门的调查组对"乐清湾"进行调查。

一本新闻期刊的一篇报道，能够有这样的"冲击力"，算是能够体现"熊的力量"了吧！

三 静态采访和动态采访

新闻杂志记者的采访实际上是在正式报选题之前，就已经开始了。当然这种采访可以是静态采访，也可以是动态采访，更可以是静动交叉的采访。新闻杂志记者采访的这一特性，与日报记者是有所不同的。日报记者的采访大多是"即时式"的，也就是说，往往会在毫无准备的情况下，记者就赶到事发点去采访了。这种情况下，记者往往是没有时间做一些其他准备的。

新闻杂志记者的采访，一定是静态采访和动态采访的结合。

（一）静态采访

所谓静态采访，是指记者的"案头工作"，其目的是通过各种手段，尽可能地获取报道所需要的相关资料。

1. 上网络

通过网络搜索引擎"谷歌"（Google）、"百度"，我们只要打入关键词，就可以非常快捷地搜索到我们所需要的大量的信息。通过网络，了解相关信息，是目前最有效的手段。

有一点需要特别指出的是，网络上的信息真伪混杂，所以我们在搜索信息的时候，一定要多一个心眼儿，即要有"存疑"的意识。通过网络，以讹传讹方面的教训是非常多的。所以，面对网络，我们切不可掉以轻心。

另外要特别提醒的是，对那些"境外"网站，尤其是对那些"对共产党的中国不太友好的"网站，甚至是"与我敌对"的网站，我们在了解相关信息的时候，要非常小心，免得我们中了圈套弄出严重的政治差错。

2. 翻图书

翻阅相关的图书，是记者了解和掌握相关信息的重要手段。在网络没有出现的时候，翻阅图书，便成了记者一项十分重要的工作。比如一个记者要采访一个武术运动员，而记者又是一个对武术一窍不通的人，怎么办？只有赶紧"补习功课"，找来几本与武术有关的书籍，老老实实地从 ABC 开始学起来。只有这样，你才有可能在面对一个武术运动员时，不说，或者少说外行话；也才能写出较专业的稿子来。

3. 查档案

档案是指过去和现在的国家机构、社会组织以及个人从事政治、军事、经济、科学、技术、文化、宗教等活动直接形成的对国家和社会有保存价值的各种文字、图表、声像等不同形式的历史记录。档案是原始的历史记录，这是档案的主要特点和本质属性。因为档案以自身的原始性和记录性特点区别于其他历史遗物和信息资料，所以档案注重原本、原稿和孤本。

不同的采访，需要查阅不同的档案。这是保证记者所写的稿子内容真实性的重要手段。

4. 学文件

学习党和国家的相关文件，及时了解相关的方针、政策，以及相关的精神，是记者静态采访的必不可少的内容。只有吃透了"上面的精神"，我们才有可能对采访有一个准确、到位的把握。比如我们要采访的是和房地产有关的事情，那么，我们就必须对国家的房地产政策有个较为全面的了解。否则就会出现两种情况：一是写出来的稿子给人的感觉"非常外行"；二是可能会游离于宣传报道的口径，在导向上出现偏差。

可以说,"学文件"是记者采访最基本的"功课"。这个"功课"没有做好,其他的"功课"做得再好,也会出问题。

(二)动态采访

所谓动态采访,是指记者离开编辑部直接面对被采访对象,进行观察、提问和记录的行为。

走出去,到现场去,到基层去,到第一线去……总之,到现实中去,是完成采访所必需的。离开这种动态采访,你写出的稿子,就非常值得"怀疑"了:这篇稿子的真实性怎样?有没有抓住事件的本质?它是否具有典型意义?

可见,单靠"静态采访"写出的稿子,一定不会是一篇好的稿子。它注定是先天不足的、"带疾"的、沉闷的"稿子"。

记者只有走出去,才会"豁然开朗",才会发现一个崭新的天地。眼看、耳听、鼻嗅、嘴尝、手触……记者在动态采访中,这些都是必须的。只有这样,"处处留心,处处有意",我们才会获得"第一手材料"。正如有一句行话,叫"7分采访3分写作",或者叫"采访的成功,是作品成功的开始"。

那么,采访的基本方法,或者说基本技巧是什么呢?

有以下几点。

1. 暗度陈仓

一个被采访者,在见到记者的时候,往往会紧张和拘谨,生怕说错话或者生怕说得不好。所以记者在一开始的时候,不要马上提出一连串的问题。如果是一开始就不断发问,很可能会出现这样的情况,比如,记者采访一个企业家。

问:您是什么地方人?

答:温州。

问:您的企业办了几年了?

答:12年。

问：办企业很不容易吧？

答：是的。

问：创业的时候一定很难吧？

答：是的。

问：现在是不是好多了？

答：是的。

问：在您的领导下，企业一定会有好的前景吧？

答：是的。

……

记者的这种提问方式的结果是企业家以 N 次回答"是的"而匆匆告终。这一定会是一次索然无味的失败的采访。

为了避免采访陷入僵局，记者一开始重要的工作不是提问，而是要让对方的神经松弛下来，然后让他慢慢进入状态"兴奋"起来。人一兴奋，话匣子就会打开了。只要对方愿意说了，你的采访就有成功的可能了。

为此，记者一开始不能直奔主题，而是要采取"暗度陈仓"的办法，即你一开始，要和对方先唠唠家常，或者谈一点他特别感兴趣的事情（通过静态采访，你应该知道他的爱好和专长）。如果对方是一个摄影爱好者，那你就和他先"侃侃"摄影方面的事情。通过这种方式，让对方感到遇到了"知音"，是一个"趣味相投"者。通过这种方式的"热身"，为接下来的转入正题做好准备。至于这种"热身"时间的长短，由你根据当时的情况来把握。

当然，也有的采访对象，你用不着"兜圈子"的，对方会很配合的，那你就要省略"热身"，直奔主题好了。

总之，面对不同的采访对象，你就要采取不同的策略。千万不要书生气太重，这反倒会事与愿违，适得其反。

2. 洗耳恭听

学会倾听，是一个记者的基本功。

一旦采访对象打开了话匣子，他往往就会按照他的方式，讲他的那些事和那些观点。这时，记者千万不要去打断他的话，或者表现出"分神"的样子。

其实，他在讲话的时候，对你一举一动的反应是非常敏感的。如果你此时似乎是不经意地拉拉衣服或理理头发或者把目光移到了窗外，对方就会感觉到你的"不耐烦"。这时你要管住你的"潜意识"，千万不要让它溜出来捣乱。

为了保护他的讲话的积极性，你一定要洗耳恭听。这不是一种"做作"，而是一个记者的基本素质，那就是你必须尊重采访对象。当然"尊重"也是一种采访的技巧。这时，你的眼睛必须注视着对方的眼睛，并且时不时流露出"认同"的表情。这样的一种"默契"，一定会造就一次愉快的成功的采访。

3. 见缝插针

记者的采访并不是完全被动式的"洗耳恭听"，其实，在"洗耳恭听"的过程中，记者一直在做着提问的准备。只不过是在寻找最佳的时机而已。表面上看似对方是在一个话题一个话题地讲着，其实，整个节奏，应该是由记者在把握的。一旦对方的讲话出现了停顿，或者某一个细节讲完了，这时，记者一定不能错过提问的机会。如果错过了，你只能等待下一次机会了。因为打断对方的说话，是非常不礼貌的也是非常忌讳的。除非采访时间十分紧迫，你可以为了尽快获得被采访者的信息而"不礼貌"一回。通常情况下，你都得见缝插针地提问。

你见缝插针所提出的问题，尽量不要突然跳出刚才对方所讲的事情的"氛围"去"王顾左右而言他"，也就是说，要尽量和对方讲的事情有一点"血缘"关系。你的问题，一下子跳得太远，对方会以为你根本没有专心在听他讲话。他讲他的，你问你的，一定不会有好的结果。因为你们是貌合神离的，是不和谐的一对。

见缝插针的提问，一定是你刚才听了对方讲的"故事"后，你想把这个"故事"了解得更清楚、更全面、更有生动而提出的问题。

你要让对方感觉到，你在跟着他的"故事"走。这样，他会很得意很兴奋。一旦他开始回答你提问的时候，你就要加快继续提问的节奏，要一气呵成地把你所感兴趣的问题都提出来，直到你满意为止。

可以说一个成功的采访，也一定是一个记者善于见缝插针的采访。

4. 启发式提问

启发式的采访是记者在采访中较多运用的"技巧"。采访对象，并不是个个都能说会道的，大多数情况下，采访对象的讲话，要靠记者去启发。记者在之前做好静态采访后，心中应该有了一个稿子的大致的主题和结构轮廓了。在这样的情况下，为了更好地表现主题，记者才会在事先准备了不少要问的问题。

启发式的采访，就是要打开被采访对象的思路。就是记者在把自己的意图告诉对方，我要的是什么"材料"。

记者在运用启发式采访"技巧"时，往往会问一些这样的问题：

"你再仔细想想，当时你还看到了谁在那儿？"

"你这样做，一定有自己的考虑，那么，你当时是怎么想的呢？"

"当时的天气怎样？有没有刮风，或者下雨？"

"发生这种事情大家一定很震惊，也一定会有不少的议论。你都听到了哪些议论？"

诸如此类的问题，都是带有启发式的，是为了让对方能够讲出更多的有关细节。一篇好的报道，一定要有细节，而且不止是一两个细节。因为细节是文章的细胞。

除了要想获得更多的细节外，想要挖掘到别人没有挖掘到的"材料"，也是启发式采访的目的之一。

越是不善言辞的采访对象，记者就更需要有启发式采访的本事。启发式采访是记者凸现主动性的方法之一。

5. 诱导式提问

诱导式采访是在启发式采访的基础上的又一种被记者经常使用的"技巧"。在记者写作稿子的构思中，记者感到最好有"这方面"或"那方面"的"材料"，以便使得稿子更加出采，此时的记者，就会设下一些"套"，让采访对象往这个"套"里钻。

诱导式采访，是记者根据被采访对象在"那时那刻"会"这样去做"的逻辑推理而设定的要问的问题。

有一次我采访一个盲人女学生，我和她的对话是这样的：

问：你心目中的帅哥是什么形象？

答：（想了想）很难说清楚，帅哥只是一个概念吧……

问：（诱导式提问）那，应该有个比较具体的形象吧？比如，高高的个子、轮廓鲜明的脸盘和五官、结实的身板、富有磁性的说话的声音？

答：听您这么一说，倒也是。我认为，一个帅哥有三点是必须有的，就是你刚才说到的"个子高""壮实""好听的语音"。

问："你认为美丽的东西是怎样的？"

答：也很难说清楚……

问：（诱导式提问）你们盲人的触觉一定是非常灵敏的。当你在触摸一样东西的时候，你认为好看的东西是会扎手的那种，还是比较柔软、圆润的那种？

答：在我们的感觉中，香的、甜的、没有什么棱角的柔滑的东西，是美丽的东西。再引申开去，那些不容易伤害到我们盲人的东西，我们会觉得它们是好的东西。

以上的采访，如果我不用诱导式提问的方式，就很难将采访深入到比较具体的层面，几句"很难说清楚"，接下来你就"没戏"了。不是吗，你要让盲人回答什么是帅哥、什么东西是美丽的，你不是在给盲人出难题吗？但是，只要我们采用诱导式提问的方式，问题就解决了。

当然，我们在采访中，最好还是少用诱导式提问的"技巧"，那些原汁原味的东西，还是要通过启发式提问的"技巧"来获得。启发式提问，往往会获得意外的材料；而诱导式提问，毕竟你事先有了一个假定的东西在那儿了，无非你是要通过对方的嘴来得到"确认"——让对方钻进你事先摆下的"套"，这样，意料之外的东西，往往不容易获得。这是诱导式提问的"先天不足"。但是，作为采访技巧的一种，有时还是很能解决问题的。

6. 抓住"黄金尾巴"

采访进行到最后，似乎"高潮"已经过去了，这时，被采访者也会渐渐地"松弛"下来。当记者收好笔合拢采访本，被采访者的精神防线已经是"全面解除"了。往往在这种时候，对方会主动地和你"谈笑风生"起来。请注意，在这最后的关键时刻，你一定要抓住这所谓的采访结束后出现的，我称之为"黄金尾巴"的时机，表面看是无意地其实是有意地和他聊一些话题。也许真正出彩的东西，会在这几分钟内出现。

我有一次在采访一个劳动模范的时候，我的"圈子"一绕到他的妻子身上的时候，他就这样回答我："她呀，没什么好说的……"对他的回答，我不甘心。我一直在等待时机。到了采访结束，也就是我在收拾包的时候，我和他就有了这样的对话：

问：不好意思，今天耽误您吃晚饭的时间了！要不，我请您到外面随便吃点什么，也好再聊聊？

答：没关系的！我已经习惯了。我的晚饭几乎是天天要耽误的。

问：那你天天要在单位里吃晚饭了？

答：不会的，除非有特殊情况，一般还是要回家吃的，否则，我老婆会不高兴的。

问：这么晚了，你妻子还等你回家吃饭？

答：这是她多年的习惯。

问：你的妻子倒是很贤惠的。那像这种天，这么冷，饭菜都凉了，她会不会管自己先吃？

答：她是从来都不会一个人先把饭吃了的。她说，一个人吃饭，没味道。她一定要等我回来一起吃的。现在家里条件好多了，她就专门去买了一台微波炉。等我回到家里，她马上会把饭菜放到微波炉中加热。这样，等我洗完手，洗完脸，坐到饭桌前的时候，饭菜都摆在上面了。

问：怎么？你回到家还要马上洗手洗脸？

答：这是她的规矩，说是为了我的健康，一定要讲卫生。她老是说在外忙了一天了，脸上都是灰尘，手就更不要说有多脏了。所以，她要求我回家做的第一件事，是"洗手"、"洗脸"。

问：（笑着说）就差帮你洗脚了！她会吗？

答：（也笑了）你别说，她还有一个怪癖呢！

问：什么怪癖？

答：每天早上我在出门前，她会端过来一盆热水，"逼"我洗脚！

问：早上出门要洗脚？

答：我有糖尿病。而糖尿病人的脚是最容易出问题的。所以，她要我出门前也洗洗热水脚，活活血，同时，也可以保持清爽。

……

以上这些精彩的细节，如果我没有抓住"黄金尾巴"的意识，可能永远也得不到的。它对一篇写劳动模范的稿子，绝对是锦上添花的不可多得的好东西。

毋庸置疑，对一个职业意识很强的记者来说，采访的结束，恰恰也是一个新的采访的开始。有许多好的细节，常常会是在记者收起笔合拢本子后获得的。被采访者放松了，你可还远没有到可以放松的时候。

7. 善于观察

记者在动态采访中，除了通过与当事人访谈的方式获得相关信息外，还需要对当事人，以及相关环境的观察。

（1）对当事人的观察。

可以分为对当事人长相、衣着、动作等的观察和当事人的活动的观察。

我们要在杂志上发一篇人物报道，往往少不了要对人物的形象进行一番描绘，这就需要观察人物的长相、衣着、动作等。通过这些描绘，就可以勾勒出人物的一个基本的、富有特征的形象。当然，不应该单纯地为了"形象"而去"写形象"，而是应该注意这么一个原则：对形象的描绘，一定要能为体现人物性格特征进而为更好地表现主题服务。举个例子：

> 我有一次专门来到了山西左权，采访一群盲人。
>
> 这些盲人都是"盲宣队"中的艺人。
>
> "盲宣队"是盲人文艺宣传队的简称，成立于抗日战争时期，当时算是八路军的一支"编外部队"。这些盲人们常常会深入到敌人的碉堡中去，以算命为掩护，获取对八路军有用的情报。
>
> 许多年过去了，老的人走了，新的人又来了，"盲宣队"就这么一直存在了下来。
>
> 在对一个叫玉忠的老年盲艺人采访中，我观察到一个非常独特的细节：他抽烟，但不随便乱弹烟灰，而是把烟灰不停地弹在另一只手的手掌上。抽完烟后，他就把手掌上的烟灰送到嘴里吞了下去……
>
> 我感到非常奇怪，就问玉忠："您的烟灰为什么不弹在地上而要弹在手掌上，还要吃掉它？"
>
> 玉忠回答："我们抽烟的没眼人（当地称盲人为'没眼人'）都这么干。把烟灰放在手掌上，再吃了它，这样最安全了。这样就不会把烟灰弄到人家的床上、锅里了；也不会把烟灰弄到草垛

上引起火灾了……"

由于那只手掌常常用来接烟灰，手掌上结了一层厚厚的焦黄的"东西"……

这一通过眼睛观察到的细节，我把它写到了一篇题目叫《亚妮和十二个没眼男人》的长篇报道中。通过这个细节，我们可以感觉到他们完全与正常人不同的生活方式。

这个例子是所谓对当事人的"长相、衣着、习惯动作等"的观察，还有，就是对"当事人的活动"的观察。

《瞭望东方周刊》2009年第7期上有一组题为《天鹅之殇》的稿子，其中的一篇《鄱阳湖中的天网》，记者这样写道：

38岁的黄先银皮肤黝黑，又高又瘦。几年来，他奔走在鄱阳湖的湿地沼泽深处，寻找并破坏捕捉天鹅的"天网"。

这个被称为"实名举报候鸟遭捕杀第一人"的中年男子有着惊人的视力和体力，可以连续行走数十公里依然健步如飞。为此，县野生动物保护站的工作人员送给他一个外号：草上飞。

……

1月17日下午，在黄先银的带领下，本刊记者随同新建县野保站的工作人员前往湖区深处寻找"天网"。

经过两个多小时的跋涉后，黄先银一阵吆喝，在泥泞的淹没脚面的沼泽地上，他居然跑了起来。当记者终于跟上他时，面前现出一排排巨大的"天网"，看上去足有数百张。每一张网的长度都有30~40米，每排之间有一两里的间隔，而每一排都深入到鄱阳湖心，一眼望不到尽头。黄先银低着头，捧起网边死去多日的鸟……

这段文字中的"38岁的黄先银皮肤黝黑，又高又瘦"，是记者对当事人的"长相、衣着、习惯动作等"的观察，接下来，就是记者对

"当事人的活动"的观察了,如"黄先银一阵吆喝,在泥泞的淹没脚面的沼泽地上,他居然跑了起来"、"黄先银低着头,捧起网边死去多日的鸟"……

这种"观察",单靠访谈是得不到的。

有时,为了更好地了解被采访对象,记者往往会和对方"一起活动"。艾丰的《新闻采访概论》中,在谈到记者观察的重要性时,举了这么一个例子:

> 有一个女记者采访某钢铁公司的女技术员。这位女技术员不仅拒绝介绍自己的任何情况,而且干脆拒绝记者的采访。记者没有见硬就回,同她再三"谈判",最后达成了"协议":你拒绝谈自己,可以。但是我要求和你在一起住几天。你在哪里,我跟到哪里。这一点"人身自由"总是可以给的吧!
>
> 第一天上班,这位技术员一到焦化厂,就赶上炼焦炉发生故障。她不顾一切,穿上工作服就钻进炉子里去修理。经过一个多小时,故障排除以后,她从炉子里爬出来的时候,只有两个眼球是白的,其他地方都成黑的了。记者看到了这一切。下班以后,这位技术员不回家,她去夜校给工人补习文化。开课以前,她同工人亲切交谈着。记者又看到了这些。
>
> 记者就这样同这位技术员共同生活了几天,虽然技术员一句话也没有介绍自己,但是,记者看到的这类生动的事情,比技术员自己的介绍恐怕还要更有说服力。她就是根据这样的材料,写了一篇很生动的通讯。

由此可见,记者的"身临其境",近距离观察当事人的"活动",是非常有价值的。记者把亲眼目睹的事实,告诉给渴望通过记者的稿子也能看到一些活生生画面的读者,这是记者的义务和职责。因此,我们的一些经验丰富的记者常常会对新来的记者说:"去采访,别忘记再带上'眼睛和耳朵'!"

（2）对相关环境的观察。

记者在动态采访中，除了对当事人的观察外，还有一项采访是非常重要的，那就是"对相关环境的观察"。

我曾经写过一篇报告文学，题目是《东海英魂》，讲的是一个叫陈从军的海军东海舰队战士为了救人，跳入大海，结果英勇牺牲的故事。为了写好这篇稿子，我来到了陈从军所在部队实地采访。除了对陈从军的战友的采访外，我还特别注意对"环境的观察"。我深知"借景抒情"的道理，稿子中有不少对环境的描写，以此渲染了当时的特有的氛围。

我在《东海英魂》中，有以下几处的对环境（氛围）的描写：

A. 几只被惊醒的海鸥，从岩缝中仓皇飞出，低低地贴着浊浪翻滚的海面，吃力地扑动着翅膀，发出阵阵的哀鸣，仿佛也在呼唤着英雄的名字："陈从军，你在哪里？"

B. 北纬30度，东经24度的东海海面失去了往日的平静：一排排滔天巨浪，从遥远的天际以排山倒海之势，咆哮着向岸边滚来，发出震耳欲聋的轰鸣；狂涛吼叫着撞击着嶙峋的礁石，溅起弥天的浪花……

C. 天渐渐黑下来。起风了。大海又开始了大幅度的晃动。老人不得不下令返航。

"这里的海底淤泥太硬，手都插不进去，人掉下去定会被海流冲走。没捞到那个年轻人，我真是……"老人的嘴角痉挛着，泪珠滚出眼眶，"这是一个多好的年轻人啊……"

几只海鸟悲哀地叫着，融入远方的暮色。

大海的呼吸声越来越急促，越来越粗重……

……

以上三段与大海有关的文字，是我仔细观察才"抓拍"到的大海的特征。我虽在杭州生活，却很少看到大海，要想准确地描写大海，就一定得亲自到大海边或到大海上去观察去体验。否则，闭门造车，一定是写不好大海的。当然，通过观察写景，不是为了写景而写景，而是为了"托物喻志"、"借景抒情"。何况，人物和事件，如果没有一个特定的环境作为依托，那是不可能出现这样的人物和这样的事件的。人物和事件，一定有一个"生存和发展"的环境的。在了解人物或了解事件的时候，是一点也少不了了解他们（它们）的环境的。尤其是记者采访诸如地震、火灾、洪灾、雪灾；以及突发性的事故如爆炸、坍塌、车祸等的时候，对环境现场的观察，就显得特别的重要了。

例如，《中国新闻周刊》5月19日的那期刊登了以《大地震》为总标题的有关2008年5月12日四川大地震的报道。打头的那篇文章的开头部分，我们就可以体会到记者在地震灾区的那种观察的细腻之处：

北纬31.0度，东经103.4度。

2008年5月12日14点28分，中国四川省汶川县发生7.8级地震。除吉林、黑龙江、新疆无震感报告外，中国其他30多个省区均有不同震感。据不完全统计，截至13日19时，仅四川一省死亡人数达12012人。

……

震中汶川，最牵动人心的地方。强震引起的山体滑坡，堵塞了所有通向这里的道路。尽管温家宝总理下令5月14日凌晨打开通道，但截至14日中午12:00，道路仍在开掘中。《中国新闻周刊》记者已放弃车辆，随部队步行进入汶川。

那些家在汶川的人，也在不惜一切代价赶回。在都江堰，很多人大声呼喊着出租车："我们愿意出500块钱一个人！"为了证实自己没有其他企图——这里已经谣传有人会借去汶川之机抢车，他们掏出自己的身份证，"我的老婆和孩子都在那里！"

……

2008年5月12日17:00，震后约3小时。成都的4路公交车上，移动电视反复播放着《突发事件现场》。当字幕打出"汶川发生8.0级地震"时，一个女孩哭了。

她站在离《中国新闻周刊》记者约3米远的地方，脸的一半被长发遮住，肩膀随着抽泣而颤抖。这个23岁的女孩叫杨红，绵阳县一所高校的大四学生，为了找工作她11日从绵阳赶到成都面试——这让她躲过了灭顶之灾。

但她的家在汶川。"爸爸、妈妈都在那里，大姐刚生完孩子不到一个月。"这个羌族女孩说。

汶川是一个四川盆地西北边缘的小城，距成都92公里。此次地震的震中就在这里，相当于400多颗原子弹爆炸能量的地震波摧毁了这个城市。震后的近一天里，它与外界完全失掉了联系。随后来自军方的消息说，已有直升机在汶川上空盘旋并拍摄了灾难现场。一位飞行员哭着报告："95%的建筑倒塌，躺着的人多，会动的人很少。"共有约10.7万人生活在汶川，其中3万在县城。

杨红试图从都江堰赶往汶川，但这是一件很艰难的事情——成都的主干道交通几乎瘫痪，私家车、出租车、救护车、消防车……如同蜗牛一样，执着地向城外挤去。

4路公交车也被堵住了。"我要下车！我要回家！"杨红拍着车门大声喊。她与《中国新闻周刊》记者一起跳下车，徒步3个多小时才走出成都市区。沿途满是人群，在体育中心门口的大广场上，四五千人聚集着；所有熟食店，包括饼干店和面包店等，食品均已抢购一空。一个公用电话亭前排了几十人的队伍，但一个人打完电话后，老板强行关门，"命都没了，还要钱干什么"？但也有人摆起了麻将桌，用娱乐减轻心中的恐慌。而在北三环的成（都）彭（州市）立交桥边，一块天蓝色的铁皮围墙里，长长的立交桥像是一条扭曲的蛇被打翻在地，而且差不多截为两段，只有些许裸露的钢筋相连。

在城郊拦下一辆出租车后,杨红和记者花了40分钟赶到了都江堰——这里距离汶川约50公里。沿途,余震不断袭来。"求你,别再震了!"每震动一次,这个女孩都会捂着脸痛哭。

……

艾丰在《新闻采访概论》中,在谈到观察的重要性的时候,也有一个例子:

《人民日报》记者金凤同志,解放初期曾经随解放大陈岛的第一批部队登上了岛屿,进行战地的当场采访。当她登上了被解放了的岛屿的时候,岛上的居民已经全部被国民党的军队裹胁走了。记者找不到任何原来岛上的人进行采访。于是,她就用自己的眼睛进行观察。她看见在敌人逃跑方向的沙滩上的片片血迹,她看到插在田里的锄头,她看到渔家桌子上还没有吃完的饭团……敌人用武力逼走老百姓的场景,活生生呈现在眼前。记者完全使用自己观察得来的材料,写了一篇《大陈在控诉》的特写,并获得了成功。

美国国务院国际信息局出版物《独立新闻工作手册》,作者黛博拉·波特在书中也举了一个例子,说明记者深入观察的重要性:

一位前政府官员通过电子邮件送来一个线索,他说应有人去查看一下华盛顿州渡轮上的救生筏装备。埃里克·诺尔德当时是《西雅图时报》的记者,他决定前往调查。

他首先打电话给轮渡系统的安全主管。这位主管刚刚上任,但他提供了前任政府官员的姓名和地址。诺尔德通过电话找到了这位已经退休的前任官员,这位前任官员确认救生筏配备数量不足。

然而,诺尔德远远没有满足于发现了这样一条有价值的新闻;对他来说,工作才刚刚开始。

为全面了解情况,诺尔德需要获得资料,显示每艘渡轮上有多少只救生筏、每只救生筏的承载量以及渡轮的最大载客量。他要通过分析这些资料确定短缺的严重程度。此外,他要亲自乘坐渡轮,与乘客及工作人员交谈。

只有完成了这些调查以后，他才能动笔写报道。

他的调查揭露出该州的渡轮救生筏仅够承载七分之一的乘客，这篇报道被作为头版头条新闻刊出。

采写新闻的过程十分艰辛，既包括收集事实，也包括谨慎地核实事实，以求准确。记者有时亲自目击事件的发生，但更多的是从直接经验者或相关专家那里了解细节。

四 采访的注意事项

（一）配备工具

1. 笔

不要只带一支笔。如果有一支笔不能用的时候，可以立即拿出另外一支笔。否则，你一定会十分尴尬。这种事情的发生，看似小事，但会影响你的采访。这就像你上了战场，敌人上来了，你瞄准好后，在扣动扳机的时候，你才发现枪膛里根本没有子弹！你说，这样的后果是什么？另外，在采访开始后，你还在慌慌张张地找笔，这就会给被采访对象留下不好的影响——这准是一个粗心大意的记者。

即便是有了两支笔，你也要在出门前，在纸头上写写看，看看有没有写不出，或者出水不畅等毛病。

2. 本子

本子要留出足够的地方用于采访时的记录。这种情况出现会令人尴尬：记着记着，本子用完了！没有地方可以再记了！这时，你不得不中断采访，开始手忙脚乱地到处寻找可以用来记录的东西。这样的后果是：使得原本流畅的采访节奏突然中断，影响了被采访对象的情绪和思绪；你的记者形象也会大打折扣。

一旦你估计这本记录本可能会不够用的时候，你最好再备一本新的记录本。

为了在采访开始时能一下子翻到本子的空白处，有经验的记者会在记录本的空白页上插上一张卡片，或者扎上一个橡皮筋。

记者在本子上记录的时候，可以用速记的办法进行记录。速记有几种方法：

一是学会标准的速记本领（这种要求是比较高的）。

二是用缩记的方法来进行速记。例如，可以把"中国特色社会主义理论"，写成"中特论"；"科学发展观"写成"科发观"等。还有所谓的缩记，就是记关键词。而这些关键词是能够让你在采访结束后"追记"起来的一些词语。

三是采用汉语拼音字母和汉字相结合的速记方法。例如，可以把"问题"，写成"WT"或者"问T"、"W题"；可以把金融危机，写成"金R危J"。这种方法，你只要经常去使用它，时间长了，会越来越得心应手的。

3. 录音机

录音机是记者的好帮手。一些重要的采访，录音机可以起到很好的作用。因为，你在本子上记录，难免会有记录不全的时候。还有，如果你只知道埋头记录，就会忽略与被采访对象的交流。有些被采访对象，当你掏出采访本的时候，他就紧张起来，这样也会达不到采访的效果。出于采访最好是给人一种自然而然的感觉的需要，我们常常会采用录音的方法。但是，有一点特别需要注意，那就是，最好不要让对方看到你的录音机。你可以在走近被采访对象前，事先把录音机打开。你也可以在采访将要开始的时候，你趁其不备，悄悄地把手伸进自己的衣袋或者自己的包内，将录音机打开。

也有一种情况，你索性和被采访对象讲白了"我想用录音机做记录，您觉得可以吗？"一旦对方允许，你就可以"大大方方"地录音了。

到底采取"隐蔽的"还是"公开的"录音方法，这就要因人而异，灵活掌握了。

采用录音机是个方法，但我不认为是一个最好的方法。为什么？因为用录音机，你的工作效率会降低。当你采访了一个小时，录了一个小时的音，你回到编辑部听一遍录音，就得花上同样的时间，甚至是超过录音的时间，你为了听清楚说话的内容，可能会反复听。还有，记者过于依赖录音机，那他的文字记录水平，会越来越糟糕。而文字记录，是记者的一项基本功。

那么，我为什么还要讲，采访可以用录音机呢？我的意思是"双管齐下"。既做好"笔录"，又做好"音录"。做好"笔录"是为了提高效率，做好"音录"是为了需要核准一些重要的"关键词"如时间、地点、人名和职务、专用名词及术语等的时候，记者可以通过听录音的方法，将记录下来的文字和录音进行核对。

还有一个好处是，一旦出现采访本丢失或损坏，我还有录音在；反过来，录音机出现了意外，我还有采访本在。采访本或者录音机出现意外的情况，我们在实践中都会碰到的。这方面的教训不少。

4. 照相机

现在是读图时代，人们更加愿意通过"读图"的方式，来形象地、快捷地了解信息。因此，杂志的图片的"占地面积"越来越多，并且越来越受到重视。这种新情况的出现，就要求我们不再分什么"文字记者"或"摄影记者"了。数码相机的"流行"，有了让"文字记者"同时成为"摄影记者"的可能。只要对文字记者进行新闻摄影方面的培训，让他们掌握一些基本的新闻摄影知识，文字记者是完全可以拍回质量较高的新闻图片的。

对此，一个杂志记者，在动态采访中，一定不要忘记自己还有拍照的使命。拍什么呢？你可以拍当事人活动的照片，你也可以拍事件发生地环境的照片。在拍这些照片的时候，最好能够拍到一些"细节"。还有，照相机的拍摄"尺寸"最好调设到较大的"档位"上。因为你拍回的照片，可能还要进行必要的裁剪，也许能用的只是照片中的一小块。如果尺寸定的太小，裁剪出来的局部的照片就会不太清晰。所以，记者拍回的照片，一定要给图片编辑留有"动手术"的余地。

还有，要提醒的是，你在准备带上照相机的时候，一定要检查照相机的电池是否有足够的电能。最好是在出发前,将电池充足电。否则,很有可能出现"鬼子上来了,可我却发现枪里没有子弹了"这样让人"捶胸顿足"的事情。

有些一瞬间出现的东西,你没有抓拍到,那是极其遗憾的。因为这种"一瞬间",可能永远也不会再重复出现了。为此,你在出发前,一定要仔细检查你的"装备"。

5. 望远镜

一般情况下,望远镜不一定用得着,但在一些特殊情况下,它就变得非常重要不可缺少了。比如一些重大的事故和一些重要的场合,你不可能靠得很近去采访,此时,你就可以拿出望远镜进行远距离的观察。你可以看清远处的人的活动情况,甚至可以看清一些人的表情、神态。

《高倍望远镜下部长们的那些"小动作"》是一篇某媒体记者写的博客文章,从中倒是可以看到,用望远镜"观察",有多么的"奇妙"。

今年正值换届年,内阁部委面临重组,首脑即将换届。如果有一张首日封上,有内阁部长的签名,不但珍贵,而且颇有历史记忆意味。

这样的首日封、纪念封,三十年来,已经有不少,有的由私人收藏,有的办展览时亮相,总有在民间见天日的一天。

而这期间,还有更珍贵的纪念封,那就是部长自己收藏的纪念封。部长亲自收藏同僚签名的纪念封,相信不但珍贵,而且令部长本人亦会珍惜,流出市面,流入民间的几率会非常小。

部长们在换届到来之间,如何签名留念,有哪些"小动作",我的同事罗洪啸和凌馨,昨天专门用高倍望远镜观察包括周小川在内的部长们签名时的一举一动,这特写非常有趣和好看。

她们在使用望远镜时,我正在大厅采访,下次有机会,我也用望远镜观察一下,我想观察部长们用的什么样的笔。有人说,从使用的笔中可以看出人的性格,这个难度好像比较大。

以下是我的两位同事在望远镜中观察到的部长方阵签名的情形。

昨天,列席的部长们似乎要轻松许多。会议间隙,便见一位部长奋笔疾书。

用高倍望远镜一看,原来这位部长"批示"的,是一叠"两会"纪念封。只见他一张一张地签完,便转交给身边的另一位部长继续"批示"……但会议间隙时间短,部长们似乎发现以这样的速度签名,在会议结束前无法让22位列席部长全部签完。他们很快改变"策略",开始一排排地"流水作业"——四人同时签名,签完几张迅速交换。

最终,坐在第一排的部长们终于都完成签名,纪念封被分发到各位部长手中。也许是因为发改委主任马凯等人在主席台就座,纪念封分发完以后,似乎还多出几封。一番推让之后,中国人民银行行长周小川珍惜地把这"天降馅饼"夹在自己的文档中。

部长们的"创举"引起身边一位解放军代表的注意。邻座的部长便"慷慨"地拿出自己的纪念封,指点着上面的名字热情地讲解起来。

……

瞧,在特定的时间,在特定的场合,面对独特的人物,望远镜发挥了多么重要的作用!所以,一个具有职业意识的记者,你的包里,最好放一架望远镜。如此,你一定会受益匪浅。

6. 包

有一位孕妇非常有想法,在接近临产的时候,她在家里准备了一个"应急包",里面毛巾、手纸、洗手液,以及婴儿用品等一应俱全。她说:"谁知道我什么时候就突然要去医院了,所以,必须早做准备,免得到时手忙脚乱。"果不其然,她离预产期还有几天的时候,她的肚子就提前开始"发动"起来。此刻，她说一声"要生了"，叫老公拎起那只"应急包"，及时赶到了医院。后来，她总会把这"应急包"的好处，告诉小姐妹，让她们到时也要早些做好准备。

类似的"应急包"对一个职业记者来说，无疑是十分重要的。当然，记者的包里，放的是笔、本子、录音机、照相机、望远镜、充电器、手提笔记本电脑；记者证、身份证、通讯录和银行卡等。为什么要有这样的包？因为记者常常会突然接到采访任务，需要立即出发，如果你这时说"哎呀，我的充电器还在家里呢"，还要回家去拿，那就会耽误采访任务的完成。

另外，这个包也是有讲究的，不能是什么"LV"之类的奢侈品包，但也不能是一只过于随便的包。你的职业是新闻工作者，那你的包应该和你的身份相匹配。

（二）讲究礼貌

无论你要采访谁，你都要讲究礼貌。在面对高官、权威、名流时，你要彬彬有礼；在面对平民百姓时，你同样要彬彬有礼。这是一个记者的基本素养。你对人尊重，别人也会对你尊重。

怎样做到有礼貌呢？

1. 你要采访某一个人的时候，尽量事前预约

杂志记者和报纸记者在采访上是有些区别的，报纸记者一般是打"短平快"，遇到什么，就采访什么，即兴式的味道要浓一些。而杂志的记者，在采访前，对某一个选题，编辑部往往已经做过一些"策划"，要采访谁，采访什么内容，事前已经有一个大致的考虑了，所以，记者一般不会"仓促上阵"。那么，记者在采访前，就有时间与被采访对象预定"采访时间"。没有预定，做个"不速之客"，是非常不礼貌的。这样的采访，由于"先天不足"，效果也不会好到哪里去。

2. 约好了采访时间，你就必须准时"到位"

提前到和迟到，都是不礼貌的。一般而言，前后的误差在3分钟为好，并且是尽可能提前3分钟，而不是迟到3分钟。

守时，是一个人有信义的最重要的表现。如果一个人老是在约会中迟到，这个人一定是一个"以我为中心"的，非常自私的人。我们从心理学的角度去分析，一个迟到者，之所以会迟到，其实，他的潜意识里，一定有这样一种力量在促使他迟到，这种力量是"我今天就是要迟到"。按照弗洛伊德的理论，一个犯错误的人的任何解释都是没有用的，因为他的潜意识，就是存心要想犯这个"错误"。犯这个"错误"，他是"快乐"的。

为了保证不迟到，记者一定要对在路上可能出现的各种"情况"，有一个预先的评估，比如堵车会堵多长时间？"打车"打不到，再换乘公交车还来得及吗？诸如此类的问题的出现，你一定要有一个对付它的"预案"。这样你在时间上就要预留好一定的"提前量"。不怕早到对方的地方，早了，你可以在周边逛逛，也可以去趟洗手间，或者找一个地方看看报纸。总之，你提前到了对方那儿，主动权就在你手里了。然后，在一个你认为合适的时间，你再去轻轻敲开被采访对象的房门。

3. 见到了采访对象，记者就要热情地和对方打招呼

"您好！""能采访您，非常高兴！""您好！今天要耽误您的时间了！"诸如此类的礼貌用语是少不了的。

要不要握手呢？这个问题还是有讲究的。遇到男性采访对象，可以握手；而遇到的是女性采访对象，如果对方没有主动伸出手来表示要和你握手，那你就不要和她握手，而此时，你可以向她微微鞠躬，以表示敬意。

我在网络上搜索到一段文字，是专讲"握手的礼仪"的，把它放在这里，仅供参考。

握手在日常生活中，是一种经常使用的礼节方式，不仅常用在人们见面和告辞时，更可作为一种祝贺、感谢或相互鼓励的表示。

尽管对绝大多数人而言，握手只是两个人之间双手相握的一个简单动作，然而在握手礼的背后，对于握手的顺序、时间和力度、忌讳等方面的把握，同样有着很多的学问。

握手的顺序：

在交际场合，握手时伸手的先后顺序讲究颇多，一般的顺序是等女士、长辈、已婚者、职位高者伸出手来之后，男士、晚辈、未婚者、职位低者方可伸出手去呼应。若后者"先下手为强"，抢先伸出手去，却得不到前者良好的回应，场面会令人难堪。而朋友和平辈之间则不用计较谁先伸手，一般谁伸手快，谁更为有礼。另外，在祝贺对方、宽慰对方，或表示谅解对方的场合下，应主动向对方伸手。

有客来访时，主人应先伸手，以表示热烈欢迎。告辞时等客人先伸手后，主人再伸手与之相握，才合乎礼仪，否则有逐客的嫌疑。

在公共场合，如果你需要与之握手的人士较多，应注意握手的顺序，先同性后异性，先长辈后晚辈，先已婚者后未婚者，先职位高者后职位低者。也可以由近及远地依次与之握手。需要提醒的一点是，男士和女士之间，绝不能男士先伸手，这样不但失礼，而且还有占人便宜的嫌疑。

握手的时间和力度：

握手的时间要恰当，长短要因人而异。握手时间控制的一般原则可根据双方的熟悉程度灵活掌握。初次见面握手时间不宜过长，以三秒钟为宜。切忌握住异性的手久久不松开，与同性握手的时间也不宜过长，以免对方欲罢不能。

握手时的力度要适当，可握得稍紧些，以示热情，但不可太用力。男士握女士的手应轻一些，不宜握满全手，只握其手指部位即可。如果下级或晚辈与你的手紧紧相握，作为上级和长辈一般也应报以相同的力度，这容易使晚辈或下级对自己产生强烈的信任感，也可以使你的威望、感召力在晚辈或下级之中得到提高。

握手的忌讳：

忌用左手。握手时须用右手，尤其在和外国人握手时，慎用左手与之相握，如果是右手有手疾或太脏，需用左手代替右手时，应先声明原因并致歉。

忌戴手套。与人握手时，不可戴着手套。

忌不专心。施握手礼时应专心致志，面带微笑看着对方，切忌左顾右盼、心不在焉。

忌坐着握手。除非是年老体弱或者身体有残疾的人，握手双方应当站着而不能坐着握手。

忌顾此失彼。在握手时如果有几个人，而你只同一个人握手，对其他人视而不见，这是极端不礼貌的。同一场合与多人握手时，与每个人握手的时间应大致相等，若握手的时间明显过长或过短，也有失礼仪。

在采访结束后，记者的礼貌，也是必不可少的。"今天真的不好意思，耽误你宝贵时间了！""谢谢您今天接受我的采访！"诸如此类的礼貌用语，记者都要学会使用。千万不要采访完了，抬起屁股就匆忙走人。一个没有礼貌的人，一定是一个不受欢迎的人。下次，你万一要补充采访，那对方很有可能不睬你了。

（三）打扮得体

记者的穿着打扮，要符合记者的身份。同时在不同的场合，也要有不同的穿着。

有一次，我要去采访一个叫岛村宜伸的日本著名政治家，他是日本自民党的"党魁"之一，曾经连续担任过两届日本的农林水产大臣，也曾经是日本前首相中曾根康弘的秘书。当时他在大连参加一个亚洲地区的部长级会议。

那是在夏天，而且我要去采访的时间又特别急促。我来不及回家去取西装，就匆匆登上了飞机。与岛村宜伸的会见安排在午后的 1 点 30 分。我在宋青宜女士的引领下，在套房的会客厅等候岛村宜伸。宋青宜女士是日本华侨,是岛村宜伸的干女儿。当时还有《人民日报》记者"西装革履"的于青在。

这时候,我感觉到了一些尴尬:宋青宜女士和于青,都身着正装,而我却穿着短袖体恤。我对宋青宜女士说:"我要赶飞机,来不及穿西装了……"宋青宜女士看看我,轻轻地说了声:"就这样了,没关系的,老爷子那儿我到时会解释的。"

正说着,岛村宜伸从里间出来了。他一身黑色的西装,白色的衬衣配以紫罗兰色的缀以细小白点的领带;头梳理的"一丝不苟"。已经是70多岁的老人了,但仍旧给人以十分精干的印象。他慈祥地和我握手。后来我发现,我的和他握过的手上,那股淡雅的香水味,"经久不衰"……

相比之下,我的着装实在是太"土气"太不"合适"了。幸亏岛村宜伸并没有流露出丝毫的不快来。也许是因为他的干女儿在场,他给了她面子。

这件事对我来说,是一件非常不应该出现的事。因为我平时是非常讲究着装的。它对我来说是一个教训。

在有些场合,你就不能"西装笔挺"了。比如,你要采访运动员,你不妨也穿一套运动服;而当你采访农民工的时候,你最好穿得朴素一些,随便一些。这样,反而可以和采访对象拉近距离。

当然,不分场合,都是一身名牌,那是最俗气的。一旦遭到被采访对象的反感,那你的采访一定不会顺利。尤其是一些女记者,如果打扮的"花枝招展",那就非常不符合记者的身份特性了。

得体的穿着,是采访成功的开端。

第四章 写作

一 什么是新闻写作

我认为,所谓的新闻写作,是指记者将通过采访获得的新近发生的和新近发现的事实,按照新闻体例的要求,写成文字稿的活动。

这个定义可以分成几个层面来理解。

(一)新闻写作,一定要在掌握事实的基础上进行

我们在前面已经讨论过什么是新闻了。我们知道新闻是指"新近发生和新近发现的事实的报道"。这个"报道"是以事实为依据的。没有新的事实,也就无所谓"新闻"了。同理,记者没有掌握新闻事实,新闻写作就无从谈起。所以,掌握新闻事实,是新闻写作的第一步。新闻事实是新闻写作的基础。

至于什么是"新近发生"的?什么是"新近发现"的?我已经讲过了,不再重复了。

(二)新闻写作,必须符合新闻体例的一般要求

新闻作品是有其特性的。并不是所有的文章都是新闻作品。新闻作品(这里主要是指文字作品)原则上主要有消息、通讯、评论三种体例(或叫样式)。而特别要指出的是,期刊上多见的是通讯和评论

这两种体例。

1. 什么是消息

消息，是一种狭义的新闻体例。它的特点是：用简洁的叙述语言和简短的文字篇幅，来报道某一个新闻事实。

所谓"简洁的叙述语言"，是指这种叙述性质的语言是不用修饰的，是一看就一目了然的"大白话"；强调"叙述"的语言，是指消息切忌记者直接出来发表议论。所谓"简短的文字篇幅"，是指消息的文字一般都简短，大凡不过千字，常见的是三四百字。所谓"一个"，是指消息这种新闻体例，一般都是一事一报。所谓"新闻事实"，那就是消息报道的是"事实"。

消息的标题，应该是用最简短的文字来"提示""最核心的新闻事实"。消息的标题一定要能够回答"谁，怎么了"（如：四川地震了）或者"谁，是什么或干了什么"（如：中国举办奥运会）。它的整个句子，大多为一个完整的主谓宾结构。它所表达的，一定是一个完整的意思。

消息的主体，应该是一种"倒金字塔"结构。"倒金字塔"的上部，是导语，通常是消息的第一句话或者是第一个自然段。所谓导语，是指用简短的文字，写出消息中最重要的事实，鲜明地提示消息的主题思想。它，一般只有几十个字。

消息的"五要素"，即何时、何地、何人、何时、何故。也有称其为"五个 W"，即 when（时间）、where（在哪儿）、who（谁）、what（是什么）、why（为什么）；有的"学派"认为还应该再加一个 H 即：how（怎么样）。这就是"六要素说"。

2. 什么是通讯

通讯是一种广义的新闻体例。说它"广义"，是指通讯拥有众多的"兄弟姐妹"，如特写、见闻、侧记、巡礼、故事、专访、调查、综述等。

通讯，是指运用叙述、描写、抒情、议论等多种手法，具体、生动、形象地反映新闻事件或典型人物的一种新闻报道形式。

通讯的标题，可以是实的，即明白地告诉读者"怎么回事"；也有虚的，如《飞来飞去的使者》，但有时为了弥补主题的"虚"，记者往往会再加一个副题，如"——记外交官欧阳川明"。

通讯的结构，有横向结构、纵向结构、纵横交错结构等。在后面，我会对其具体展开讲解。

通讯在写作上比较自由，只要把握"真实性"就可以了。如果你虚构了，那就属于小说而不是通讯了。

报告文学是一种比较特殊的，介乎于通讯和小说之间的体例，有的作家把它说成是文学作品，而新闻工作者把它说成是通讯。我觉得各有道理：从文学性的角度看，它倒是可以算是文学作品；从"真实性"的角度看，它应该是新闻作品——通讯。现在我们看到的报告文学作品，由于其中有了许多虚构的成分，严格讲，它是不应该算作新闻作品的。因为新闻作品的"灵魂"是"真实"。

3. 什么是新闻评论

新闻评论属于议论文，但议论文不一定是新闻评论。

新闻评论，是指针对新近发生的和新近发现的事实而发表观点并展开说理的一种新闻体例。

新闻评论有三个要素，即论点、论据、论证。

新闻评论"立足"的一个前提是，必须针对新闻而展开议论。没有新闻，你的议论就属"空穴来风"。

有了新闻的事实后，你才可以去"有的放矢"。这个"有的放矢"的过程，就是表明观点、摆出事实、讲情道理。说得再简单些，就是"摆事实、讲道理。""摆事实"，就是你要说明自己观点的时候，一定有"证据"，也就是"论据"；"讲道理"，就是在掌握"论据"的同时，为了更好地表明你的观点即"论点"，就要从各个角度，各个层面去阐明你的观点，这就是"论证"。

（三）新闻写作，是将"事实"按"体例"写成文字稿的活动

这里说的"写成文字稿"，是记者新闻写作的目的。"写成文字稿",是"写作"最起码的要求。记者如果搞出来的东西,不是文字稿,那也就无所谓"写作"了。说"新闻写作"是"活动",是因为写作是一个没有完成的过程,是动态的。如果这个过程停止了,而且有了结果,那这个结果不能叫"新闻写作",而应该叫"新闻作品"。这似乎是容易理解的。

二　新闻期刊文章的主要体例及写作特点

翻开中国的有较大影响力的新闻期刊,我们会发现,有这么几种文章体例是用的较多的,它们是:新闻综述、新闻述评、人物通讯、调查报告、报告文学、时政评论。

(一) 新闻综述

新闻综述是对新闻事实进行综合叙述的一种文体。它也是新闻期刊最常见的一种文体。

新闻综述有三层意思:首先,它是新闻文体的一种,因此强调其新闻性。其次,它具有"综合"的特性,它是对不同角度不同层面的同类新闻以及相关材料的综合和再加工。再则,是它的"述",它要围绕主题,把事情叙述出来。

现在我们的新闻期刊中有不少这样的文章,它们是靠对现有的材料进行综合而写成的。

发达的网络,海量的信息,以及获取信息的低成本和便捷,都为完成一篇新闻综述创造了条件。事实上也是如此。比如我们在报道四川大地震的时候,从杂志的实际情况看,我们不一定非得像日报记者和电视记者那样,千里迢迢赶到四川去采写最新的新闻。只要我们所掌握的信息是可靠的(比如是新华社,或者当地党报发布新闻),我们完全可以对这些信息,按照我们自己的设定角度,进行筛选、整理,从而完成一篇有较大信息量的,视野更宽、角度更广的新闻综述来。

《观察与思考》2009年2月1日发表的《国外农产品产供销经验》

（记者刘静）一文，应该说是一篇较为典型的新闻综述稿。

高效、专业的产供销体系

美国的农产品市场经过一百多年的发展，已经形成了一个高效率、现代化的农产品流通体系。在农产品流通领域，"农工商、产供销一体化经营"的特点尤为突出，个体农户已经走出了孤立封闭的生产运营圈子，加入"大农业"运行轨道。

美国的农业生产以家庭农场为主。全美大约有209万个大小农场，其中家庭农场约占总数的87%，美西部加利福尼亚、俄勒冈和华盛顿三州农场数达到15万多个，农产值1041亿美元。在此庞大的数字背后，体现了美国农业生产高效率、现代规模化经营的理念。

美国90%的农场主平均拥有土地在10000亩以上，农业生产的地域分布明显，不同农产品根据各地的自然环境特点，分别在不同的州进行生产，每个大型的农场都有专门的储存、包装、分拣的设备和工厂。

农场主以农业合作社为主要形式，以企业经营为依托的模式，进行集约化、专业化和规模化生产。全国有150多万农场主参加了"全国农场主联盟"和"美国农业联合会"，还有众多农户参加了不同类型的农业生产与销售合作社。这些合作社的定义主要是：拥有共同所有权的人们在非盈利的基础上为提供他们自己所需要的服务而自愿联合起来的组织。它通常具有法人地位，通过其成员的共同参与来实现其经济目的。在一个合作社中，投资、经营风险、盈利和亏损，都由其成员根据他们使用合作社服务的比例来合理分担并实行民主管理。

在整个生产过程中，社会化服务中介组织在提供各种农用物资和商品，推广应用先进的农业机械和农业技术，帮助农场主解决各类融资、贷款等方面，都发挥着重要作用。

美国农产品生产和营销是分离的，通过"四位一体"（行业协会+专业合作社+龙头企业+专业大户）的形式，经由合同关系明确双方的责任与义务，建立严格的经济责任和稳定的业务关系，把加工、流通、销售环节完全让给专业厂商来经营。这样既能减少各环节之间的交易费用和减少许多中间环节，降低了经营成本，又能加快产品进入加工和投放市场的速度。

包括美国在内的多个发达国家都有专门的组织协助农产品物流业务，其组织化、专业化、规模化程度较高，如日本的农协、美国的行业协会、荷兰的花卉拍卖协会（VBN）、瑞典的合作社都是一些很有影响力的组织，他们在加快农产品流通中所起的作用至关重要。

以日本农协为例，它是一个拥有强大经济力量的民办官助型农民群众经济团体，作为组织农产品进入流通的关键性组织，它把各个分散的农户组织起来，极大地增强了农民作为卖方的讨价还价能力，保护了农民的利益。基层农协在产地一般都建有农产品集贸所，负责本农协成员产品的集中、挑选、包装或冷藏，然后组织上市。农协不仅为其成员解决产品销售、运输等问题，他们还将批发市场内的购销信息及时传递给农户，引导生产。

农产品"电子化"销售

目前，世界各发达国家的农产品物流信息化程度普遍较高。日本的大规模零售店都安装了EOS系统（自动定货系统），与交易对方联机，并有VAN（附加值通讯网）将食品工业和批发业联结起来，从而大大提高了流通效率。日本的批发市场也装备了完善的信息设施，实现了全国乃至世界主要批发市场的联网。

在鲜活农产品的零售服务上，利用电子网络销售近年来也十分盛行。消费者只要发一个邮件，运输公司就可及时送货上门，保证质量。据统计，日本在2003年利用网上电子交易的人数已达2186万人，是1998年的8倍，交易规模已达320000亿日元，是1998年的50倍。

在欧盟，已经建立有较完善的电子虚拟的农产品物流供应链。如荷兰，安装有世界最先进的拍卖系统、新式电子交换式信息和订货系统，通过网络连接农业生产资料供应商、生产商、种植主、批发商、零售商，形成农业供应链，以便对供应链上的各个环节进行实际操作，向商界和消费者提供品牌农产品供应商和零售商，完成客户网上订货所需要的物流活动。由于网络访问者可以共享供应链上的信息，信息透明度、准确度和及时性都得到提高，供应链变得更加活跃，及时改进物流计划、管理、调配、优选等操作也更加现实。

成立于1848年的芝加哥期货交易所是美国农产品各市场主体了解市场行情、获取价格变化信息的直接窗口，而方兴未艾的农业网站、信息咨询公司也为农民了解信息提供了方便的途径。美国提供农业信息服务的商业性系统近300家。肯塔基州建立的全美第一个农用视频电脑系统，用户通过个人电脑，即可存取该系统大型数据库里当前市场价格、新闻和其他农业信息。根据统计数据显示，有85%的农民上网，16%的农民从事网上购买业务，农业电子商务占总电子商务的8%，在各行业中列第5位，美国还建有全国农作物品种资源信息管理系统，可在全国范围向育种专家寻求服务。

完善的硬件设施配套

由于农产品保鲜期短，便利快捷的运输、合理的流通网点分布对于降低农产品损耗、提高农产品流通交易效率至关重要，因此，在促进农产品流通过程中，各国政府都十分注重发挥公共设施服务功能的作用，不断完善基础设施的改造，优化网点布局。

美国的交通运输设施建设十分完备，一些农产品收购站、仓库和加工厂都建有专门的铁路线。美国农产品78.5%从产地通过配送中心直接到零售商，农产品物流环节少、速度快、成本低、营销效率高。

日本特别重视农产品物流硬件设施建设，如农产品批发市场的开设实行严格的审批制度，中央批发市场、地方批发市场以及其他批发市场须根据《批发市场法》和各种条例进行建设。市场开设者主要是地方公共团体、株式会社、农协、渔协等。为了使市场内物流顺畅高效，批发市场配备有完善的保管设施、冷风冷藏设施、配送设施、加工设施等，并灵活运用计算机信息处理技术，已实际演化成农产品物流中心，物流功能强大，吸引了大型连锁超市进场和批发商共同参与买卖。日本的食品配送中心大都建有低温和常温仓库、包装加工设施等，开展电子商务配送、加工、小包装分解、分等分级、配套备货等业务。

欧盟每年从财政专门拨款对改善农产品运输、储存、加工和销售的项目进行补贴，包括修建道路、码头、仓库（包括冷库）和市场等基础设施，此项补贴占欧盟农业基金的25%，在某些基础设施较差的地区甚至可达30%~50%。

目前，除发达便利的海运、铁路、公路运输外，欧盟各国大规模的农产品批发市场布局也非常合理，如荷兰拥有包括欧洲第三大航空港谢尔伯机场在内的6个航空港和鹿特丹港，其中鹿特丹港靠近重要的蔬菜和水果的种植地区，港区四周高速公路纵横交错和通往内地的水路运输网络非常发达，而且靠近欧盟国家水果进出口中心所在地巴伦德雷赫，可以迅速便捷地将荷兰58%以上的蔬菜与花卉等鲜活植物运往巴黎、伦敦、香港和东京等世界各大城市。由于其充分利用交通设施便利的优势，荷兰的花卉产业目前已占领了全球65%的花卉市场。

政府扶持和法制规范

为使农产品流通能够保持协调、灵活、高效的运转状态，提高农产品交易的效率，各国都建立了完备的法律法规及市场条例对农产品流通进行规范。如日本于1921年颁布了《中央批发市场法》，将中央批发市场的开设、管理、交易等纳入了法治轨道。随着经济的发展和批发市场地位的日益提高，日本又于1971年将《中央批发市场法》改为《批发市场法》，将地方批发市场也纳入法制轨道，以后每隔5年修订一次，各地方政府和有关部门也依据该法制定了系列的地方法规，如《食品流通审议会令》等。

美国政府对农民生产不直接干涉，但对公共领域却有严格而有力的规范性措施。他们要求转基因产品必须进行申报，定期或不定期地检测土壤、河流中有害物质的含量，严格控制养殖场废料的排放。

另外，政府还提供权威性的信息服务。美国农业部有10万人分布于全国各地，农业统计系统对各农场每一块耕地上所种植的作物品种、面积、长势、产量都了如指掌，所获取的信息经过汇总处理，由政府定期发布，指导农户生产经营。美国政府长期以来重视对农业和农村教育项目的投资，1998年推行旨在提高农民素质的"新农民计划"。政府还通过价格支持措施、关税政策、对发展中国家进行食品援助等方式为国内过剩农产品寻找出路，每年用于出口补贴的预算在600亿美元以上。

美政府为扩大、保持农产品出口在国际市场中的份额，推行了一系列农产品出口支持政策，一是出口信用担保计划，以促进农产品出口、降低生产商销售风险。据了解，美政府每年提供30亿美元的出口担保。出口担保具体包括：商业出口信贷担保计划，卖方信用担保计划，设施担保计划；二是市场开发计划，以推进美国产品销售全球化。具体有市场进入计划，国外市场开发合作计划，优质样品计划，新兴市场计划，网上协助出口商行动，全球市场战略；三是技术贸易壁垒计划，如生物技术与农业贸易计划，特产农作物技术支持计划。四是出口补贴计划，对农民出口产品给予直接补贴，同时实施出口增强计划，对奶制品出口进行奖励；五是食品援助与发展计划。总体而言，美国每年用于农业上的各类补贴总计达1000亿美元。

美国也制定了一套《商品交易法案》对商品流通的每一个环节进行规范，随着经济的发展，在1974年美国又对该法案进行了较大的修改，到1992年又4次进行了修订补充，其中把靠不公开情报进行内幕交易定为重罪。由于这些国家有法可依和执法严谨的做法，有效地保护了正常贸易者的利益，维护了公平竞争高效率的自由流通秩序。

当然，新闻杂志的记者能够深入第一线，采集到第一手的材料，再加上现成的搜索到的材料，这样糅合在一起，进行所有的材料的重新整合，那当然是最理想的了。

利用现有的材料（主要来自于网络）的"采访"，我们称其为"静态采访"；记者亲自出动到一线采访，我们称之为"动态采访"。我在"采访"一节中对此已经讨论过了，这里不再赘述。

在利用网络信息，采用新闻综述这种文体写作时，要注意以下几点。

1. 要明确主题

因为我们面对的信息是海量的，我们不可能把所有的信息都放到文章中去，我们必须在海量的信息中，捞取我们认为是有用的信息。这个捞取的过程，就是筛选的过程。而我们靠什么去筛选，就是要靠我们事先设定的主题去筛选。如果我们的主题是模糊的，不明确的，那么，我们就无法进行有效的筛选，即便是已经筛选好了的材料，可能也是不太到位的材料。所以，明白我们要什么，不要什么，是"静态采访"的关键。

2. 材料的来源要可靠

现在网络上，人云亦云的东西太多。真的信息和假信息都在一起，鱼龙混杂。由于媒体在选用信息时的不慎，选用了虚假的信息，从而造成不良影响的事例不胜枚举。

案头上放着我刚刚收到的一份浙江省新闻出版局编的《报刊审读与管理》（第16期，总第1046期），刊登了一篇转发新闻出版总署新闻报刊司编发的"情况通报"：《华西都市报》、《青岛早报》刊登有关我护航舰队虚假新闻被严肃查处。

事情是这样的：我国海军首次远征护航的消息宣布后，一个叫童其志的自由撰稿人从互联网下载资料并随意编造成"新闻"，提供给了《华西都市报》。《青岛早报》从《华西都市报》购买了这一假新闻，也刊发了出去。结果，这一假新闻在网络上迅速传播开来，从而产生了极其不良的负面影响，一些国外媒体对此大肆炒作，干扰了我国舰船远征索马里护航的正常工作。

有鉴于此，我们在选用网络信息的时候，一定要十分谨慎小心。要注意，网络上险象环生：处处是陷阱，处处是地雷。

还有一点要特别提醒：境外网络上的信息，一定要格外小心。一些杂志上出现的政治问题，大多是选用了境外网络上的信息。要选用网络信息，最好还是在几个大的官方网站上去搜索。但是请注意，即便是官方网站，也要小心。因为它们也常有选用其他网站和小报小刊信息的可能。他们错了，你千万别跟着错。

3. 尽可能选用新鲜的材料

网络上的信息，除了很多是虚假的以外，还有许多是时过境迁的东西。这方面的问题不注意，就会闹出许多笑话来。例如，一年前，某人还是环保局的局长，而现在已经调到交通局去了，由于你不知道他的工作调动情况，在报道今年的环境保护的稿子中，还在引用他当环保局局长时说的话和做的事，那就有问题了。别的不说，至少读者会对此表示非常不满。由此，也会影响到杂志的声誉。

因而我们在引用现有材料的时候，对待关键人物和关键人物的职务、时间、地点等，一定要非常小心。

4. 避免累赘和重复

当我们在编辑处理新闻综述之类的文章时，往往会发现作者的稿子写得冗长和啰嗦，给人一种反反复复，绕来绕去的感觉。这种现象出现的主要原因是材料的过于堆砌和罗列。

如要表现某个事情时，要用许多的例子（材料）来加以叙述。其实这是没有必要的。材料的选用，一定要有详有略，详略得当。千万不能平分秋色。

与之相反的一个新的情况，也要引起注意，就是用一块材料来说明一个问题。如果在讲述职场女性遭遇性骚扰的综述性文章中，只用了两三个例子，尽管这两三个例子选用得非常详细和全面，但作为一篇新闻综述性质的稿子，就显得单薄了些。这就要在例子的选用上，一定要既丰满，又突出要点。例子少了，并不是精炼。关键是要详略得当。

新闻综述类的稿子，一定要以信息量取胜。但信息量并不等于芜杂和纷乱。好比一棵树之所以成为一棵树，是因为它既有树干，也有枝叶。只有树干而没有枝叶不是一棵完整的树；只有枝叶而没有树干也不是一棵完整的树。

文章也是如此。

（二）新闻述评

新闻述评是一种对新闻事实夹叙夹议的文体。

新闻综述和新闻述评似乎在形式上较为接近，但二者还是有实质的区别的。新闻综述，属于新闻报道范畴；新闻述评则属于新闻评论范畴。新闻综述是以对新闻事件的叙述为主；新闻述评则是以对新闻事件的评论为主。

新闻期刊的新闻述评，现在用得越来越多。这主要是由于新闻期刊本身的属性所决定的。对于新闻期刊，读者不仅有了解新闻事件全貌的需求，更有了解新闻事件本质的需求。要了解新闻事件的本质，仅仅停留在新闻事件是不够的，它需要经过理性的思辨。理性的思辨过程就是对新闻事件进行分析和研究的过程。这种过程，就需要借助评论。

1. 新闻述评的评论方法有两种，一种是以借他人的嘴来发表评论为主，另一种是以作者直接站出来发表评论为主

（1）以借他人的嘴来发表评论为主。

以下是一篇典型的"以借他人的嘴来发表评论为主"的新闻述评。

此文发表在 2009 年 2 月 9 日的《瞭望东方周刊》（记者米艾尼）上，题目是《谁揭了政府的"短"》。

既然刑事和民事案件都可以在很大程度上向人民群众公开，为什么行政诉讼的案子不可以向老百姓公开？

2002年的一天，北京市石景山区人大常委会召开工作会议，专门听取区法院行政审判工作报告，同时邀请全区行政执法部门的负责人参加。

石景山区人民法院副院长安宏壮对那次会议记忆深刻："会议气氛十分严肃，所有参会人员受到的触动都很大。"

报告会的主题是人大常委会听取区法院对行政案件情况的汇报。安宏壮说，在报告会之前，他们就已经接到了区人大常委会的指示，要"不留情面"，不用"某单位"这样的字眼，直接"点名道姓"地对行政机关的违规执法进行通报。

"当时《行政诉讼法》已经实行很多年了，行政机关在诉讼中确实存在一些问题。报告上，我们谈到了这些问题，并涉及一些具体行政部门，他们的主要领导就坐在旁边，我能看出来，开会的时候他们确实是有些坐不住了。"安宏壮对《瞭望东方周刊》说。

这次报告会，政府部门显然处在了一个比较被动的位置上，报告会刚一结束，法院领导就听到了一些抱怨。

一些政府部门的领导很生气，"你们这是要干什么，有什么问题为什么不用其他方式沟通"，"这不是出我们的丑么"……

安宏壮对此有所担心，"法院的作用除了通过诉讼监督行政部门的执法工作以外，还应保障、支持和促进政府提高依法行政工作水平，法院和政府之间应有一个良好的沟通机制。"

经过与区政府的沟通，一项新的制度应运而生。

2004年7月13日，区政府召开专门会议并最终达成《关于建立区法院定期向区政府通报行政诉讼情况制度专题会议纪要》的规定，根据这一规定，区法院每年两次向区政府进行行政案件通报。

"我们不是批评，是建议，不是微观解决个案问题，而是宏观通报整体诉讼情况。"安宏壮这样解释建立通报制度的初衷。

石景山区法院可以说是"第一个吃螃蟹的",并且尝到了甜头。4年多之后,从2009年开始,北京市高院决定在全市推广这一做法。

一个巴掌拍不响

对任何人来说,接受新事物都需要一个过程。"通报制度"被政府接受,也是循序渐进的。

安宏壮对《瞭望东方周刊》说:"一开始的时候,我们是向区法制办进行行政案件的通报。案件审理的情况、案件的特点,特别是行政机关在执法活动中存在的问题,我们都会以建议和意见的方式提出来,然后由法制办向主管副区长汇报。"

很快,区里就看到了这些意见的重要性。"后来开会的时候,区里的主管副区长就直接参加通报会了。现在,情况又变了,区委要求法制办向全区行政机关和执法单位通报行政诉讼案件的情况。"安宏壮把这项制度的发展分成了三个阶段,"这个制度还会继续深化的。"

石景山区副区长刘国庆也表示了同样的意思:"以后合作的层面还有很多,比如开通报会的时候,也可以把问题比较多的行政部门叫来一起说嘛!"

显然,"通报制度"是一件"两情相悦"的事情,两方面都表现出积极性。至于原因,刘国庆说:"法院通报给我们的一些情况,我们开始也很震惊,作为主管部门,很多情况我们都不是很了解,我们想知道问题出在哪里。"

有一件事情给他留下了深刻印象。

"由于我们没有镇政府,也没有乡政府,只有街道,而街道没有宅基地的审批权,所以就产生了大量的宅基地纠纷,从法院的通报里我们了解到了这个情况,很快就开始研究对策,并设立了一个宅基地审批的主管部门。这件事情,实际上是法院的通报,督促了我们行政部门机制上的改革和创新。"

"一个巴掌拍不响,我们双方都有需求,这件事情才能比较顺利地进行到今天。"刘国庆对本刊记者说。

压力之下的动力

石景山区法院行政庭副庭长滕恩荣向本刊记者摊开的一份内部调研报告中写着:

"从2004年8月1日起到2008年7月底,4年的时间,区法院共向政府进行了8次行政案件情况通报。共通报了161件行政诉讼案件和58件行政非诉讼执行案件。"

"4年来,区法院通过通报制度向行政机关指出行政执法中存在的问题或瑕疵共13个,提出建议与意见10余条。"

虽然滕恩荣一再解释,通报是一种建议,不是批评,也不针对个别行政单位,但是实际上,区政府非常清楚问题出在了哪些部门。对于一些具体行政部门来说,每年两次的"通报",还是有不小的压力。

滕恩荣讲述了他经历的一件事。在一起非诉讼案件中,某行政机关对当事人作出一项具体行政行为后,当事人不服,提出行政复议的申请。在复议过程中,该机关非常"配合"地和当事人达成了和解,并承诺不再执行原来的行政行为。

当事人乐呵呵地撤回了复议申请。不料,几个月后,该行政机关又换了个事实和理由,重新向法院申请强制执行原来的行政行为。也就是说,行政机关"出尔反尔"了。

"当事人一下子就急了。老百姓的想法就是,你政府有没有公信力啊,说话不算话啊!"滕恩荣说,"我们经过审理,裁定对该行政机关的申请不予批准。后来我们把该行政机关缺乏公信力的做法在通报会上进行通报,区政府高度重视,立即责成有关部门予以整改。该行政机关于通报会的第二天就将有关整改计划反馈给了区法院。"

"现在这种类似的现象在石景山区已基本消失了。"滕恩荣说。

滕恩荣向本刊记者提供的这份内部调研报告还显示,行政案件通报制度实施之后,行政机关败诉率虽有一定反复,但总体呈大幅下降趋势。据区法院统计,通报制度实施之前的2003年,行政机关败诉率21%,2004年行政机关败诉率降为13%,2005年行政机关败诉率反复为17%,2006年行政机关败诉率再次降为13%,2007年行政机关败诉率大幅降为5%,其中区属行政机关败诉率为零,2008年上半年行政机关败诉率再次为零。

通报令行政机关不得不注意自己的"脸面",从而提高执法水平。"对具体部门来说,有了问题,当然有压力,但是这也是他们前进的动力。"刘国庆说。

公开比通报更重要

"通报制度有利于政府更好地实现依法行政的目的,也能够更好地保证老百姓的合法权利。"北京大学行政法学家姜明安曾参与了《行政诉讼法》的起草,对石景山区法院的做法,他大部分是赞成的。

但是,他对《瞭望东方周刊》说:也应注意另一种倾向。"一个政府,没有人跟它打官司,不说明它就是一个好的政府。我们现在有一种很不好的趋势,好像败诉率为零,就说明这个部门工作没有问题,这是不对的。我们不能过度夸大这个事情,更不能让它成为一种标准。否则每一个行政执法机关,都可能会想尽一切办法千方百计地降低败诉率。"

办法有很多,"最简单的方式,就是不让当事人起诉。或者,他们会掏国家的腰包来'平事'。这都是妨碍司法公正的,不能因为有了压力,让行政诉讼这个门槛越来越难迈了。"姜明安说。

在这一点上,安宏壮强调说,这四年中,他们也在时刻注意避免这样的弊端。"尽管我们和政府之间进行案件通报,也需要特别注意,不能到最后,法院和行政部门之间建立起某种不健康的关系。另外,我们绝对不做事前对某一类案件的沟通。比如拆迁办要拆房子，估计到可能有人要诉讼，就事先来跟我们沟通，这个我们肯定是拒绝的。"

石景山区法院的经验印证了透明的力量，不过在姜明安看来，这还不够。"其实公开比通报更重要。既然刑事和民事案件都可以在很大程度上向人民群众公开，为什么行政诉讼的案子不可以向老百姓公开？"

这篇新闻述评较长，我还是"硬着头皮"把它搬到了书上，主要意思是想拿出一篇完整的稿子来给大家看。大家看后，就会非常清楚：这是一篇几乎完全借助于他人来发表评论的新闻述评稿。为什么说"非常清楚"？因为所有人的议论，几乎都是用引号"引起来"的。许多杂志的记者，喜欢用这种"借助他人的嘴来发表评论"的方法来完成新闻述评的写作的。

（2）以作者直接站出来发表评论为主。

以下是一篇典型的"以作者直接站出来发表评论为主"的新闻述评。

此文发表在2009年2月16日的《观察与思考》上，题目是《中国人为什么不花钱？》（记者夏燕）。

最近，消费不振的话题被学者、政界和产业界屡屡提及，且被视为经济增长中最大的障碍。其中的焦点是"中国人为什么不花钱？"

中国人不花钱，或许可以表现为两个方面。

其一，中国人没有钱花。这是居民收入不振的问题。经济增长而居民不增收的现象已经持续多年。其二，中国人不敢花钱。教育、医疗、住房、养老等方面的压力太重，让人不敢过分地消费，造成储蓄率过高。

但消费需求是否真的无法启动？

显然答案是否定的。

递减的人均收入增幅

为了考察一个国家和社会的进步，经济学家引进了两个统计口径："GDP"和"人均收入"。

前者用于描述一个国家和地区年度经济活动的总量；后者用于描述人们从他们的经济活动中获得了哪些收益。

1978年，中国的GDP为3645.2亿元，2007年为246619亿元，增长了67.6倍，剔除物价因素，大致增长了15倍。同期，城镇居民人均可支配收入从343.4元增长为13786元，农村居民人均纯收入从133.6元增长为4140元，增幅分别为大致40倍和30倍，剔除物价因素，分别增长了大约9倍和不到7倍。

由此可以得出两个结论：其一，中国GDP的增长速度高过人们收入的增幅；其二，城镇居民的收入基数要比农村居民高，而且增速也快。但当前所面临的"内需不足"，其原因正是GDP的增速高过了收入的增幅。

过去三十年，中国在"效率"上无出其右，在"分配"问题上，虽然人们的收入也取得了长足增长，但并没有充分分享到经济效益的提升。时至今日，人们突然发现，分配问题上的这一容易被忽视的现象竟然反过来成了经济进一步发展、效率进一步提高的最大障碍：内需不足。那么，超过人们收入的这部分财富究竟去了哪里？

一种观点认为，人们创造的财富被三部分分享：劳动者拿走工资，国家拿走税收，资本拿走利润。其中个人工资会被统计入"收入"，资本利润中的分配给股东的部分也会被统计入"收入"，剩余部分就是税收以及资本利润中不分配的部分。

2007年，中国不含关税、耕地占用税和契税的税收总额为4.9449万亿元，再加上7584.6亿元的关税，国家拿走的那一块大致为5.7万亿元；城镇居民和农村居民拿走的收入总额为11.2万亿元；在总额24.66万亿元的GDP中，除去以上两块，剩下的资本和存货，其值为7.76万亿元。

如果上述分析成立，那么中国人每创造 100 元的财富，个人能拿到的只有 45.4 元，23.1 元流入国家财政，31.5 元变成资本和存货（其中 7 元流出国外，变成中国的资本输出）。

可是，既然 GDP 的增速分别高过城乡居民的收入增幅，那么收入占 GDP 的比例为什么还能基本保持稳定？

主要的原因还在于城市化。大量的人口从农村居民变成城镇居民，这一部分人口的收入增幅超过了 GDP 的增幅。于是，总体上就表现为人们收入占 GDP 的比例大体不变。

1978 年，农村人口占全部人口的比例为 82%；1988 年为 75%；1998 年为 67%；2007 年为 55%。平均每年大致下降一个百分点，且呈加速度下降状态。数亿中国人从农村来到城镇，使得城镇居民总收入占全国居民总收入的比例从 1978 年的 35% 上升到 2007 年的 79.1%，这维持了收入占 GDP 之比大致稳定。

那么，为什么在人们收入总额占 GDP 的比例大致不变的情况下，以前没有出现"内需不足"？

原因在于资本积累。1978 年，全国固定资产投资额为 356 亿元，2007 年，这一数字为 13.7 万亿元，增长了 385 倍，而同期的 GDP 增速为 67.6 倍。持续高速增长的资本积累，产生了大量的产能，这些产能最终超过了人们的有效需求，于是产生了基于产能过剩的"内需不足"。

值得关注的是，这种持续高速增长的资本积累是由中国人的高储蓄率支撑的。1978 年，居民存款余额为 210.6 亿元，当年的居民收入总额为 1647 亿元，存款余额与收入之比为 12.75%；1988 年，这一比值为 53.5%；1998 年，该比值上升为 131.5%；2007 年的比值为 157.1%。

从上述比较中还可以得到一个结论：在过去的三十年里，人均收入的增幅在逐渐递减。即使剔除物价因素，这个结论也基本成立。在最近的十年，这个现象尤为突出。

"倒金字塔"

改革开放后三十年来，中国经济的总量翻了好几番，人均GDP超过2000美元，生产率也有长足提高，但这些鲜亮的数据却无助于改善内需，不能不令人怀疑，问题不是出在财富的产出环节，而是出现在财富的分配上。

数据揭示了中国经济增长与内需不振并存的悖论。中国劳动者报酬占GDP的比重已由2000年的51.4%下降到2007年的39.7%，7年之中下降了11.7个百分点。

两个用来衡量贫富差距的指标同样惊人。根据亚洲开发银行统计，中国收入最高20%人口的平均收入是收入最低20%人口的平均收入的11.37倍，基尼系数则达到了0.4725。

财富分配的两极分化对扩大消费是非常不利的。

一个"倒金字塔型"的社会中，少数人掌握了大多数财富，富豪们能够带动消费，但随着边际效应递减，他们对消费的贡献会下降，并且一定低于"橄榄型"社会里中产阶级对消费的贡献。况且，一个收入差距过大的社会，不稳定的因素也会增加，有钱人会选择把自己的财产转移到安全的国家。但对本国来说，只是黯淡的预期压制消费的又一个证明。

从这个角度看，如果不能避免收入差距持续拉大，并且实行更加公平的分配，提振内需就只能停留在愿望的阶段。

有学者认为，考虑到中国存在严重的就业问题，缩小城乡收入差距的首要任务，是要将农民从农业转移到工业部门。然而，由于当前海外订单减少导致了企业破产或者减产，制造业的工作机会在减少，这对增加农民收入很不利，也让分配问题变得更加迫切。

如今，虽然经过了三十年的改革，但政府和整个经济运行情况的透明度，都还需要进一步完善。许多有利可图的行业目前处于行政垄断状态，行政权力通过设置审批门槛，控制着社会的经济活动。这些都是收入差距拉大的主要原因。

在当下的中国，一些旨在改善部分群体生活的措施还是远远不够的，需要的是更深刻的变化。

三座"大山"

事实上，从常年居高不下的储蓄率来看，中国人其实可以为消费做出更多贡献。但正如罗素所言，因为人是有理性的，所以为了未来的福利，可以牺牲眼前的享受。

有这样一个著名的故事，说的是美国的老太太早早贷款买房，中国的老太太则是攒了一辈子买房。结果，美国的老太太住一辈子房，中国的老太太一辈子才住上房。

这个故事曾经蒙蔽了许多中国人，其实换个角度看，中国人确实不可以像美国人那样，因为中国人没有美国人那么富裕。中国人的钱除了平常过日子，更重要的是救急，以及图个心里踏实。这次仍在持续的金融危机证明，中国老太太的谨慎也很值得效仿。

许多人都有这样的感受，一辈子找钱，一辈子钱不够用。年轻人好不容易买了房，又有了小孩；小孩从幼儿园到大学，几十万是必需的；如果要出国，费用则更高；当然，还有许多额外的支出。

因此，中国人之所以要在当下坚持存钱，是由许多原因决定的。

当前中国正在着力解决而过去又经常被搁到一边的是，相当部分中国人被排除在社会保障制度之外，即社保水平很低。农村居民和没有退休金的城市居民，必须自己筹划养老。他们所能够依靠的，一是子女，二是储蓄。为养老而储蓄，是中国人继"养儿防老"之后的第二个最深入人心的方案。

除了"存钱防老"，中国人还必须"存钱防病"。

国家和农民共同出资建立的新型农村合作医疗制度，只是在大病时提供一部分住院和治疗费用。在农民急需的门诊保障方面，"新农合"无所作为；而且这一制度建立的时间短，资金总量小，还有待完善。城镇职工和城镇居民的医疗保障水平虽然比农民高，但相对于中国的医疗费用而言，很难让人有安全感。由于政府投资不足，医院和医生都倾向于给病人最昂贵而不是最合适的治疗方案，这尤其加重了疾病的经济压力。

昂贵的教育收费同样是中国储蓄率居高不下的原因之一。

总的来说，可以得出这样的结论：由于政府在公共事业上投入不足，一个理性的国民就必须克制眼前的消费，而把大部分收入存进银行，以备未来生活所需。

这是中国人不敢花钱的直接原因。

而综观近几年里中国高层提出的政策，这个原因正在逐渐得到缓解。

容闳的启示

其实，从另外一个角度看两个老太太的故事，也可以得出双方在消费决策上的某种差异。

由于金融发达程度不同，中国人往往根据已实现的收入决定消费多少，由"过去的收入"决定今天该花多少，而美国人则是根据未来的收入决定今天该花多少钱。

也就是说，中国人的消费预算取决于当年以及过去已到手储蓄的收入，等收入到手才花，甚至到手了还有50%要留到今后花。相比之下，美国人的消费预算由当年和未来收入的总折现值来决定，未来各种收入的折现值实际上是个人财富在今天的总值。

这样一来，即使今年的可支配收入低，但只要未来的收入期望增加得足够多，财富的增长照样可以不仅把今年的收入都花费掉，而且还敢借钱花。

换句话说，中国人是根据"收入流"来花钱，而美国人是根据"收入流"加"财富存量的增值"花钱。

为什么会有这种差别？实际上，随着经济增长，中国的土地价值、房产以及其他资产价值都已实现了大幅度升值，但中国人仍然无法更有信心地花钱，其症结就在于：市场化程度和金融的发展程度。

有一个关于容闳的故事。

作为中国的第一个留美学生，容闳从耶鲁大学毕业后，在海上坐船5个多月，终于在1855年初回到老家澳门，见到了阔别10年的老母亲。

按照容闳的自述，回家后他与母亲见面的情况是这样的："我告诉她我读的大学是耶鲁——美国一流大学之一，所学课程需要4年完成，这就是我在美国呆了这么久而未能及早回国的缘故。

我还告诉她，我获得了文学士学位——与中国的秀才头衔相仿，凡获得这一学位的人被理解为一流人才。母亲带着孩子般的天真问这学位能换多少钱，我说它不能马上就换成钱，但它能使一个人在挣钱方面比那些没有受过教育的人要挣得更快更容易些。我告诉母亲说，我所受到的大学教育本身的价值远超过金钱，不过我相信自己是能挣得很多钱的。"

这段故事不只在近代西学东渐史上意义重大，而且从根本上展示了"人力资本"的含义。容闳的学位和学问到底值多少钱？如今人们知道，它的价值等于容闳未来收入流的总折现值。

问题是，就像容闳母亲所问的，"这学位能换多少钱？"也就是说，如果不能把这笔财富变现、至少部分变现，在他母亲看来，这又有什么意义？

所以，关键还是在于这时候的金融发达与否。金融发展的作用之一就是让人们有办法把未来的收入流提前变现，使人力资本变成活的财富。

当然，由于人本身不能作抵押，必须通过用其他实物资产作抵押品，所以直接的效果是让人们变相把未来的劳动收入证券化。

比如，住房按揭贷款、汽车贷款。虽然表面上是用买的房产和汽车作抵押，但真正依靠的是未来的收入流。这种提前消费的好处是把人力资本变活了，以不至于在年轻最能花钱、最想花钱的时候偏偏没钱花，而等老了不能花钱也不想花钱的时候偏偏钱又花不完。

不得不承认，在金融发展程度上，中国一直滞后于欧美国家。

直到1998年，才陆续在几十个大中城市推出住房按揭贷款及汽车贷款，缓和了城市家庭的部分储蓄压力，让消费预算大大拓宽。但到目前，这些金融品种广大小城镇、乡镇和农村居民仍然很难享受。

然而，让各种资产通过证券金融品种流通起来，其效果不仅能够改善资产的变现能力，提高资产价值，金融交易本身也是一个创造财富的过程。也只有在这种情况下，当前收入的增加才能不仅影响当前收入，还能提高对整个未来收入流的预期，产生更高的财富效应，使人们更加愿意消费。

这也是一篇完整的稿子。我们不难发现，这篇稿子和前面《瞭望东方周刊》的那篇稿子，是两种写法完全不同的稿子。这篇稿子，记者夏燕从头到尾都在不停地针对新闻事实发表评论。它是一篇典型的"记者直接站出来发表评论"的新闻述评稿。

2. 新闻述评在写作中要特别注意述与评的"水乳交融"

新闻述评，兼有新闻报道和新闻评论的功能。在报道某一新闻事实的同时，也阐明了多方人士的观点以及记者自己的观点（其实记者的观点就是编辑部的观点）。在报道新闻事实的时候，要遵循一个原则，即"述"是为"评"服务的。"述"是为了更好地"评"。"述"好比是火箭的推进系统，一节脱落了，还有一节，直到把卫星送上太空。发射火箭的目的是为了发射卫星，这颗卫星，就是"评"。反过来，卫星要上天，是少不了这一节一节的推进系统的。

在具体的写作中，"述"与"评"的关系一定要处理得非常和谐，达到水乳交融的程度才好。

在《高级新闻写作》一书中，作者周胜林说道："对于文章中的观点和材料的关系，在一些人中间曾经有过不同的意见：有些人强调要重视观点，有些人强调则要重视材料。这些话都不能说错，而且他们也赞同观点和材料的统一，但实践上往往各执一偏，难以统一。于是，在写作实践中就产生了两种情况：有些文章空洞抽象，概念、观点、条条多，缺少具体材料，没有例证，因而既不能令人信服，也难以启发人的思考；有些文章则不善于概括，堆砌资料，缺乏经过分析得出的观点和结论，看起来杂乱无章，茫无头绪。邓拓认为这两种现象反映了两种片面性，正确的方法应该是观点和材料相组合，虚与实相结合，而这个结合，必须经过一番把观点和材料融会消化的过程，而不是简单的相加和凑合。'这只有经过创造性的精神劳动才能成功，决不是生拉硬凑、加减乘除就能成功的'（《燕山夜话·观点和材料》）。这话讲得非常深刻，确是他自己长期发奋挥毫的经验之谈。他还举古人作的形象化比喻为例：有的人所学如一仓钱币，纵横充满，而不得贯以一绳；有的则有绳一条，而无钱可贯。'以线贯钱'的说法，和我们平时讲的'红线串珠'相似。这些比喻虽然很形象地说明了一部分道理，但比喻总是跛足的，写作不能简单这样相'贯'相'串'，而需经过一番创造性的精神劳动，使观点和材料水乳交融，才算达到了理想的境界，从而创造出一个全新的'产品'。"[1]

和"水乳交融"相反的就是"油水分离"了。近些年来，有人花了不少钱，研究如何在汽油中加水，以解决能源不足的世界级难题。媒体也对此进行过不少的报道，但是，直到今天，我们还没有真正看到过有谁将这项研究搞成功了。油水不融，这难倒了不少科学家和企业家。

我们在写新闻述评的时候，一定要避免油水分离的现象出现：新闻事实和评论"格格不入"。为什么会出现这种状态呢？最主要的原因是，你对新闻事实还没有真正了解清楚，或者说你还没有抓住新闻事实的本质特征。你只是知道了一点属于皮毛的"新闻事实"，就大发议论，那必然会说得不在点子上，或者说的是属于那种不疼不痒的东西。

---

[1] 周胜林：《高级新闻写作》，复旦大学出版社，1997。

另外一个原因是，你本身的思考还没有到位，或者说没有一个新的深度。你的思想是浅薄的，浮躁的，你的"观点"怎么可能和"材料"去"交融"呢？

还有一个重要的原因，是在文章的观点和材料在"编织"过程中，逻辑导向上出现了混乱，以及因果关系出现了不和谐。比如，你要想说明一个道理，但你列举的材料不太对路；而材料和材料之间，它们的关系又出现了诸如互相矛盾的、"异质化的"的东西，这样，就会出现"油水分离"的情况了。

《食品安全：人类共同的课题》，是我写的一篇新闻述评，发表在《观察与思考》上。我觉得这是一篇观点和材料结合的"还可以"的一篇新闻述评。我们来剖析一下。句子下加线的是材料，即新闻事实，也是该文的论据；文字加黑的，是观点；其他便是说理的论证性的文字了。

21世纪人类的主要问题之一是食品安全问题。 这里的食品安全有两层意思：一是指是否有足够的食品来让人类摆脱饥饿；二是指在摆脱饥饿的同时让人类获得有利于健康的食品。

如今，我们必须看到这样一个事实：<u>世界上仍有7.77亿人处在饥饿中，并且平均每天有两万多人死于饥饿。联合国儿童基金会发表的2007年年度报告说，因贫困导致的饥饿和疾病等原因，每天有26万不满5岁的儿童死亡，而非洲每6个就有1人死亡。</u>同时，我们也必须看到这样一个事实：由于化肥和农药的使用，也由于食品在送上餐桌前已经遭到过多次的污染，我们每天都在不知不觉中吃进大量的不利于健康的食品。<u>世界卫生组织披露，全世界每年有高达数十亿人（次）发生食源性疾病，即通过摄食进入人体的病原体，使人体患感染性或中毒性疾病。</u>发展中国家、非洲地区的国家，这种情况当然尤其严重，但发达国家同样存在这种"食源性疾病"。<u>如美国每年约有7600万例食源性疾病病例；而日本1996年发生了大肠杆菌0157：H7食物中毒事件，约</u>

9000多人中毒……

获得足够的、有利于健康的食品，是人的基本权利。

在强调食品安全的同时，我们要摈弃和制止发达国家对正在为食品安全做出不懈努力的发展中国家的歧视。从人类共同利益出发，发达国家有义务帮助发展中国家解决食品安全问题。这才是真正坚持了"人权至上"的人类社会的基本原则。

中国是一个发展中的国家，正在走着一条对内构筑和谐社会，对外倡导和谐世界的发展新路。从对内的角度看，中国为了确保食品安全，制定了十分严格的保护基本农田的政策；在食品的加工、运输和保存等方面，制定或正在制定严格的质量保障、监督制度。毋庸讳言，目前中国在食品安全方面，还存在这样和那样的问题，但这些问题，都是发展中的问题。

任何国家在发展中，都会存在这样和那样的问题。美国、日本都是这样走过来的。甚至可以这样说：即便是美国、日本等发达国家，也难保证没有食品安全问题。事实是：最近闹得沸沸扬扬的所谓的中国的"毒水饺"、"毒包子"、"毒鲍鱼"事件，最终调查的结果，都与日本的有关方面有着密不可分的干系。而中国倒是替日本的有关方面十分委屈地背了回"黑锅"。

在替人背"黑锅"的时候，人们不仅要问：难道日本的食品就一定"纯净无比"了吗？

事实并非如此。比如前年，日本有家近百年历史的著名西点老店不二家承认，其公司的埼玉工厂，在4种西式糕点的制造过程中使用了过期的牛奶。该公司当时还"供认"：在过去7年中，共有18起类似事件发生，并且有些事件是在相关员工、课长甚至工厂厂长知情的情况下发生的。这一消息被媒体曝光后，日本消费者十分震惊。

现在，特别值得警惕的是：**强调食品安全，常常反倒成了一些发达国家对发展中国家进行"妖魔化"的手段。**这不仅成了一些发达国家将食品安全问题作为人权问题，对发展中国家进行政治上的攻击的借口，也成了一些发达国家从经济上扼制发展中国家食品出口的借口。于是，一些发展中国家的出口食品，遭到无理的"封杀"。这对发展中国家是十分不公平的。也使得食品安全越来越成为一个远远超出其本身范畴的重大国际性问题。

  好在面对此次"饺子事件"，除了日本媒体的过度炒作，造成日本人对中国食品的"恐慌外"，日本国内还是有"不同"声音。如日本的一些食品专家曾指出，"饺子事件"纯属个案，发生的几率很小，况且事情真相还没有水落石出。又如，日本的一位长期与农业和食品打交道的著名政治家也曾对他的中国朋友说，即便事实真的是中国的食品在生产过程中出了问题，我们也不要去'攻击'他们。我们日本也会有这样的事情发生的。在解决食品安全问题方面，我们只不过是早走了几年。只要中国需要，我倒是愿意帮助中国在食品安全方面做些力所能及的事。

  理性地看，日本的这位政治家的客观积极的态度，应该是可取的。

  在食品安全上，发达国家和发展中国家要建立一个"了解—沟通—理解—互援"的机制。这个机制的建立，有利于人类的根本利益。正因为食品安全问题，是人类的基本命题，所以，为了我们人类的生存和发展，我们理应打破国界，相互帮助，共同来解决属于我们共同的问题。

  食品安全问题解决了，人类才会真正和谐相处；而人类的和谐相处，才是人类和自然和谐相处的基础。

  现在，人类在面对地球的温室效应时，已经有了一个良好的开端。3年前问世的，由日本积极倡导的，中国积极参与的《京都议定书》的实施，就是这个良好开端的标志。用国际公约这样一个形式，凝聚世界上的各种力量，来解决人类共同关心的重大问题，是一种非常好的方法。全球的食品安全，也可以有一个国际公约。

  中国和日本可以携起手来，倡导制定一个类似《京都议定书》这样的国家公约。中国是一个有13亿人口，占世界人口近1/5的发展中国家，日本是一个二战后迅速崛起的经济位居世界第二的发达国家。中日同处在亚洲，又拥有共同的文化——东方文化；而且，在经济上现在已是"你中有我、我中有你"，如目前日本在冷冻食品方面对中国的依存率极高，在日本的学校、医院和老人院等地，中国产食品的占有率高达70%至80%。离开了中国食品，日本的一些中小企业、超市、流通行业等将遭受沉重打击；日本人的生活成本也将大大提高。由这样两个国家来领头倡导推出一个新的国际公约，这必将成为人类发展史上最精彩最具价值的篇章。

通过对上文的解剖，我们可以看到这篇新闻述评，有一条清晰的，并且是层层递进的"议论"的"情节发展"脉络。在"高潮"——终点，作者用"中日共同来推出一个新的关于食品安全的国际公约"这样的建议，作为收尾。这个"尾巴"，与文前的"头"——"21世纪人类的主要问题之一是食品安全问题"这一核心观点，有了一个很好的呼应。提出了问题，又提出了解决问题的建议；论证过程又是一气呵成，所以，读者读后，便有一种"畅快"的感觉。这就是"水乳交融"的好处所在。

（三）人物通讯

新闻期刊不同于新闻报纸，报纸上唱主角的是时效性很强的（一般"本报讯"都是昨日发生的新闻）文字篇幅较短的消息，新闻期刊这种特殊的载体，比较适合刊发文字篇幅较长的新闻作品。在杂志上刊发的人物通讯，文字篇幅较长，一般会在三五千字，长的还会达到1万字。

所以，人物通讯，是新闻期刊的重要体例之一。

人物通讯，是指采用叙述、描写、抒情、议论等手法，通过对人的所思、所为的有选择的展现，将其具有时代特色的价值观告诉读者的一种文体。

这是我对人物通讯下的定义。

我在参考别人的"定义"的时候，发现种种的不足，比如，我在网上搜索人物通讯定义时，有人为人物通讯下了这么一个定义："人物通讯是以人物为报道对象，反映一个人和几个人的思想、言行、事迹，在一个主题贯穿下容纳着丰富的材料，着重以人物的精神面貌来感染、教育读者的一种通讯。"

我认为这个定义中，存在着几处毛病：其一，"反映一个人和几个人……"的说法就有些啰嗦了，用"反映人……"就可以了，因为这里的"人"，是一个数量未确定的概念，一个人也是"人"，多个人，也是"人"；其二，"思想、言行、事迹"，在并列上有问题，因为"事迹"应该也包含着"思想、言行"的；其三，"在一个主题贯穿下容纳着丰富的材料"，这似乎是一句多余的话；其四，"着重以人物的精神面貌来感染、教育读者"，其实用了"感染"，就不要再用"教育"了，再说，"教育"这个词，也太"强势"了，这种"居高临下"的架势，会令人反感。

我提出"人物通讯，是指采用叙述、描写、抒情、议论等手法，通过对人的所思、所为的有选择的真实的展现，将其具有时代特色的价值观告诉读者的一种文体"这样一个定义，是基于以下几个层面的考虑：

首先，"采用叙述、描写、抒情、议论等手法"的提出，是相对新闻的另一种主要体裁消息而言的。

消息的写作，一般是不用描写、抒情、议论的。消息是一种客观报道，在写作上要尽量用最简洁的语言来"平静"（不带记者个人情绪）地"忠实"（还其真相）地叙述事实，而不能将记者主观的东西加在事实上。

人物通讯就不同了。它的写作"宽容度"是：只要你不虚构事实，在写小说时你所调动的"十八般武艺"，都可以在写人物通讯时使用。这是人物通讯写作上的一个非常重要的特点。因而我把"采用叙述、描写、抒情、议论等手法",放到了人物通讯的定义中。

其次,"对人的所思、所为的有选择的真实的展现"的提出,有三层意思:其一,"所思、所为",这把人的活动都包括进去了,这样就比较全了;其二,"有选择",是强调要用典型化的方法,而不是简单罗列人的"故事";其三,"真实的"强调了人物通讯写作的最基本的原则——它是不能虚构的,否则就不是新闻作品了。

再者,"具有时代特色的价值观"的提出,也是非常重要的,它强调的是人物本身的新闻价值。如果这个人物的身上没有"时代特色",我认为也就没有必要去报道这个人物了,因为我们是新闻期刊,而不是一般的"人物传奇"类的杂志。新闻人物,一定有"时代特色"。"价值观",就是人物的精神风貌。如果不表明人物的精神风貌,那这篇人物通讯就一定是一篇没有生命的,或者说是没有思想的文章。这样的文章,新闻期刊就不应该发表。

在人物通讯的写作中,要注意以下几点。

1. 材料要紧扣主题

在人物通讯的写作中,记者在面对一大堆材料时,有一个材料的取舍的工作要做。虽然这一大堆材料都与要写的人物有关,但是,请记住:有关,并不等于有用。有没有用,谁说了算?主题!和主题有关的,是有用的;与主题无关的,是无用的。在与主题有关的材料中,我们还要看材料与主题的关联度有多大。有关联,但关联度太小,那么我们也应该放弃那种材料。

一篇人物通讯要写得精彩、写得生动、写得紧凑,就要舍得"放弃"。只有当我们的材料都是紧扣主题的,都是能为突出主题"建立功勋"的,我们才能写出好文章来。

2. 材料要详略得当

即便是我们选定的材料,都和表现主题有着密切的联系,那么在材料的铺陈上,也有一个详略得当的"技术问题"要解决。我们平时说,文字一定要干净、要洗练,但并不是这也不要,那也不要。这样的结果，岂不是"只有主干，没有枝叶"了吗？这样的文字表面上似乎很精炼，其实这种精炼"太过了"。这不是我们要的精炼。精炼，不等于不要材料。

在材料的运用上，高明的做法是"详略得当"。若是我们有 N 块材料都可以用来表现人物的某一些方面的精神风采的，此刻，我们要做的是，不要将这 N 块材料，用同样的"面积"，把它们连接在一起，而是应该"有详有略"地去处理这 N 块材料。一般来说，这 N 块材料中，取出一两块材料，将它放在一块较大的"展台"上，详细地展现；其他剩余的材料，此刻就没有必要"详细"了，而是可以将它们简洁地排列在一起，做一个"配角"就可以了。

在材料的运用上"平分秋色"，结果反而会给人累赘、拖沓的感觉。"有详有略"，反而会产生一个良好的节奏感。一些被凸现出来的材料，反而会在人们心中留下深刻印象。

3. 要用细节说话

细节，是文章的细胞。没有细节，文章就没有血肉。

所谓细节，就是指作品中对一些富有艺术表现力的细小事物、人物的某些细微的举止行动，以及景物片断等的具体细腻的描写。另一种类似说法：细节描写是指对作品中的人物、环境或事件的某一局部、某一特征、某一细微事实所作的具体、深入的描写。细节是刻画人物性格、推进情节发展、表现生活环境的重要因素。

"于细微处见真情。"运用好细节描写可以增强作品的真实性和感染力，有利于深化文章的主题。

4. 议论要"画龙点睛"

人物通讯的写作中，记者往往会"忍不住"站出来发表议论。这是应该被允许的。人物通讯不像消息，在写消息的时候，我坚持认为，记者是不应该直接站出来发表议论的。因为，你记者的议论，并不是客观事实本身。你的议论只是一家之言，代表不了事实。而消息就是对事实的报道。这是原则。写人物通讯时的"政策"，就宽松多了，是可以用议论这种表现方法的。

但是，我们在议论的时候，一定要做到两点：一是少议论；二是议论要"画龙点睛"。"少议论"的意思是，"言多必失"。你要是说得太多，很难说你所说的都是"金玉良言"。也许，正因为你话太多，才暴露出你的思想上的一些"浅薄"来。通常，你还是少说为佳。少说，不是不要说。你要么不说，一说，一定要说得非常在理，说得恰到好处，这就是所谓的"画龙点睛"了。

再说，人物通讯这种体裁，议论在其中的运用，应该是很少的。它毕竟不是新闻述评。所以，我的观点是"惜议"、"慎议"。

5. 不要刻意拔高

在人物通讯的写作中，刻意拔高人物的思想境界，是非常忌讳的。这种"刻意拔高"，在早些年非常流行。那时是有"高、大、全"的政治要求的——凡事写人物，一定是为政治服务的。明明是一个小事，却硬要"膨化"为一个惊天动地的大事，这是非常搞笑的。

其实，刻意拔高，应该是我们写人物通讯的一种忌讳。这种为了某种需要而刻意的"拉扯"，一定会出现"中空"，这样的人物，一定是失真的，不可信的。

还原人物本色，才是最好的人物通讯的写作"技巧"。通过我们真诚的笔触，真实地刻画出人物独有的那种"所思所为"，塑造一个有血有肉的，活生生的人物形象，才是我们写人物通讯的"宗旨"。因为，越是实在的、真实的、平凡的东西，越能打动我们的心。那种人物的"震撼力"，只有当读者在他的"所思所为"中"发现了自己的影子"的时候，才能会被读者"接收"到。距离的拉近，共鸣（或者说是"审美"）于是就产生了。失真的，高不可及的，一定会遭到读者的排斥，甚至反感。

（四）新闻调查

新闻调查，是指记者通过独立的取证，披露被某些人和某些组织故意掩盖的，损害公众利益的事实的一种文体。

这个定义有以下三层意思。

1. "独立的取证"

这里强调的是"独立"和"取证"。所谓"独立",是指记者不受编辑部以外的任何人或任何组织的干扰,完全是记者的"独立的行为"。这是记者职业使命使然。只有在"独立"的前提下,"取证"的行为才可能是客观、公正的。记者调查的目的是"取证",而不是凭空遐想。由于记者是独立的调查,所以在"取证"中,会困难重重并且是"危机四伏"、"险象环生"。尽管如此,记者还是要坚持不受干扰的"独立"的立场,来实现"取证"的目的。

2. 是"被某些人和某些组织故意掩盖"

这里强调的是,记者要"取证"的是被"故意掩盖"的事实。越是被"故意掩盖",记者就越需要坚持独立的调查,并且越有"披露"的价值。这是成正比的。

掩盖事实真相,大多是权力部门的行为。权力部门为了自身的利益,往往要对某种损害公众利益的事实进行"掩盖",以期"瞒天过海"、"逍遥法外"。于是,他们会采取各种措施,对事实进行掩盖。

据有关资料称,1953年美国发布10501号总统令,对保密制度作了严格规定,扩大了保密范围。保密文件的数量,仅国防部即达24万件,国务院200万件。肯尼迪时代曾经在国防部长麦克纳马拉手下负责宣传报道事务的希鲁贝特1962年曾经指示下属:在五角大楼工作的所有人员,凡是接受记者采访、接到记者电话的,无一例外,必须将谈话的内容如实报告长官。希鲁贝特还称,一旦发生核战争,必要时政府有制造谣言的权利。进而在1966年,他在西贡对美国记者说:"如果认为美国官员对你们讲的话都是真的,那你们真的是傻瓜了!"随着美国社会的保守化,1970年以后,政府对新闻报道的限制越来越严格。里根当选总统的1981年,修改了情报的自由法,对于情报的公开,进行了更大的限制。1983年,为了防止将政府内部的情报泄漏给新闻媒体,要求处理机密文件的职员,必须接受测谎器的检查。

中国为了打造"透明政府"形象,最近几年采取了不少措施,如各级政府都建立了网站实行"政务公开"。这自然是一件大好事。政府的信息公开，符合人民的"知情"要求。但是，也会有政府部门，为了"遮丑"而封锁消息的。比如，出现了严重的生产事故、官员集体受贿等，一些部门就会竭力掩盖事实，甚至还出现了收买记者的"丑闻"。

举例来说，2009年5月，陕西淳化县许多移民户向媒体反映：由政府补助、村上给他们统一建设的搬迁房，还没有入住就出现地基下陷，墙壁断裂，个别房甚至成了危房。为此，陕西电视台《今日点击》栏目记者到淳化县进行了调查采访。对于"是否存在强制统建"、"建设中是否有工期过短、偷工减料"、"导致房屋质量出现问题的原因究竟是什么"等问题，相关部门一律躲躲闪闪、遮遮掩掩。而同时，县扶贫办还硬要塞给记者一万元"封口费"，希望记者放弃采访。

尽管如此，还是有正义感的记者，排除各种障碍，将被掩盖的事实披露出来。

新闻调查的魅力也就在这里：它将真相告白于天下。因此，新闻调查报道的冲击力也是巨大的。

比如著名的"水门事件"新闻调查，是《华盛顿邮报》于1972年6月18日开始的，历时22个月。它的不依不饶的追踪调查，最终导致美国总统尼克松辞职。

3. 是"损害公众利益"

某些人或某些组织的行为，只要损害了公众利益，就一定会引起公众的强烈的不满和反弹。公众为了捍卫自己的权利，就一定会非常关注事件的真相。正因为公众的"欲知而未知"，记者就更应该担当起揭露真相，并把真相告诉"欲知而未知"的公众。这正是记者的神圣使命。

从另外一个角度讲，新闻调查的报道，可以争取到更多的读者。有了读者，一家期刊社才能立于不败之地。因为读者是"上帝"。

在推行"新闻调查"上，杂志是有着好的传统的。刘明华在他的《西方新闻采访与写作》（中国人民大学出版社，1993）一书中介绍道：

美国新闻史上有两次大的揭丑浪潮。一次是19世纪末20世纪初,另一次是20世纪60年代至80年代。两次高潮都是在社会矛盾尖锐、社会动荡不安的情况下出现的。

第一次揭丑浪潮,杂志为先驱。当时"揭露性杂志盛行一时,杂志在揭露贪污、腐化、犯罪以及奸商操纵市场方面走在报纸的前头"。

19世纪末20世纪初,美国经济垄断加剧,贫富分化严重。1891年,估计至少已有120人拥有1000万美元的资产,到1920年,人口中5%最富有的人占有全国总收入的1/4,占有投资总股息的一半和85%的股票及债券的红利。1893年出现的经济危机进一步加剧了社会矛盾,工人处境恶化,大企业公司和金融集团拥有巨大权力,政治腐败,社会犯罪严重。在这样一个大的背景下,新闻界,特别引人注目的是杂志界,对社会弊端进行了大量的揭露。当时最著名的杂志是《麦克卢尔杂志》。1893年由麦克卢尔创办的这家杂志,在20世纪初的揭丑报道中发挥了先锋的作用。1903年它刊登了著名的林肯·斯蒂芬写的《城市的耻辱》、艾达·塔贝尔写的《美孚石油公司的历史》、雷·斯坦纳德·贝克写的《工作的权利》。这三篇报道分别揭露了市政腐败、石油大王洛克菲勒在竞争中的不当行为,以及煤矿业残酷镇压工人罢工的情况。由于揭丑活动的盛行,1906年美国第26届总统罗斯福,送给揭丑记者一个"淘粪者"的雅号。

揭丑活动为什么会由杂志率先发起并推进呢?经过对"历史"的了解,我们可以知道,晚于报纸半个世纪才出现的杂志,到了1880年已经发展成为一支传媒业中的有生力量。当时广播电视还没有出现,而报纸为了及时报道新闻而"疲于奔命",根本无暇顾及那种费时费力的长篇报道的采访。这正好为杂志张扬它的优势留出了空间。杂志记者可以为了获取一个真相,不惜耗时多日;杂志的页码又多,可以容得下记者详细调查得来的材料。杂志原本的缺点,反倒成了它的优势。于是，骑在揭丑报道这匹黑马上的杂志，突然就这么冲入了读者的视野。

其实，中国在20世纪70年代末和几乎整个80年代，杂志曾经在"揭丑"之类的报道上，产生过极大的影响。当时此类热点报道、深度报道，被称之为"大特写"。

在当时的林林总总的杂志中，尤其是青年类的杂志更是"一马当先"，成了最受读者欢迎的杂志。当时的共青团浙江省委主办的杂志《东方青年》，它在最辉煌的时期，发行量曾经达到60万份。一些对社会热点的报道，如《中国选美热》、《温州的超前消费》、《失去尊严的三天》等"大特写"，都是当时的上乘之作。

当年青年类杂志的红极一时，主要原因：一是年轻人办刊，敢想敢干，较少拘束；二是当时的报纸较少，都是党报，非常谨慎，而且版面又少，大多还是4个版的"对开"报，没有更多的版面用来刊登"大特写"这样的长稿。而杂志版面多，为了刊登"大特写"，可以不惜版面。到了21世纪，都市类报纸崛起，厚报时代来临。数十个版的报纸，已经司空见惯。报纸版面多了，"大特写"之类的长稿，也有了一席之地。都市报的崛起，使得青年类杂志的"黄金岁月"一去不复返。此时，新闻调查之类的报道，也成了都市报的一大"卖点"，如《南方都市报》等。

除了上面讲的新闻调查的报道外，我们现在的杂志上更多见的是一种"广义的新闻调查"，如杂志上通常见到的"记者调查"（《观察与思考》）、"调查"（《瞭望东方周刊》）。这种报道，相对于真正意义上的"新闻调查"，似乎还差点火候。这其中最重要的原因是，由于我们的"新闻报道纪律"的存在，常常会使得记者的调查中途夭折。

现在我们的所谓的"新闻调查"，其实往往是记者的一次就某一个新闻事件，进行较为深入的采访的记录而已。真正以"揭丑"为使命显示特色的新闻调查的出现，还有待于我们的舆论监督环境的改善。

我们在采写新闻调查这样一种文体的时候，要注意什么？

1. 要有强烈的职业正义感

要搞新闻调查没有正义感是不行的。不少记者对社会上的丑陋现象熟视无睹，缺乏报道的热情。当然这种热情的缺乏，是多种原因造成的。但我认为，有热情总比没有热情要好。记者应该是"热血男儿"，至于那些对什么都"无动于衷"的记者，我认为已经到了该"退役"的时候了。记者的这种热情，或者说是一种职业的"冲动"，来自于记者的职业正义感。

新闻工作者的使命是将那些与公众的利益休戚相关的真相告诉人们。我们有不少新闻期刊的办刊方针，就是"关注民生、彰显正义"。

有了正义感，记者就会有胆略去和有权有势者"角斗"。这样的记者坚信，"真理在自己一边，没有什么可以害怕的"，于是才会不怕来自各个方面的压力。通常情况是这样的，丑陋和腐败的背后，一定会有权力在支撑。到最后，记者一定是在和权贵斗争。好在我们的社会越来越文明，越来越开始学会"坚持真理"。在阳光下，记者永远会得到公众的支持；而那些搞阴谋诡计的权贵们，他们只能是可悲地在见不得阳光的阴暗角落里活动。一见阳光，立马灭亡——这就是他们的下场；而坚持真理的记者，最终一定能取得胜利。因为记者背后有人民。

2. 在了解事实真相过程中，一定要"穷追不舍"

记者在从事调查取证的过程中，要采取"层层剥笋"的方法。这是一项十分艰难的工作。出于对权贵们的恐惧，许多人一般是不敢接受记者的采访的。他们生怕"引火烧身"。这时记者要更多地采取"秘密访问"的方法。保护处于弱势的被采访者，也是记者的职业道德的要求。一旦通过调查，打开了一道缺口，记者就要"穷追不舍"。随着调查的深入，困难也会越来越大。越是接近真相，事件的"后台老板"就越会暴露，记者的阻力也随之增强。这也意味着，事件的真相大白于天下的日子快到了。这时，对记者而言，一定要咬紧牙关，坚持下去；如果此刻半途而废，反而会招来祸害。

3. 要坚持客观报道

新闻调查的立命之本，是坚持客观报道。在面对强大的压力下，"客观"这两个字就显得十分重要。所以，记者在写稿的时候，下笔一定要十分慎重。没有搞清楚的东西，不要写到稿子中去，或者说，没有证据作为支撑的事情，不要出现在稿子上。这有两方面的考虑：一是为了保护自己。在写新闻调查的时候，你要假设一下，如果对方把我告上了法庭，成了被告，我如何面对？"我不害怕，我胸有成竹"，那就说明你是有底气的。这种底气之所以获得，就是因为你掌握了事实。事实是记者的保护伞、护身符。二是公众需要了解真相，你提供的"事实"的确是事实，那你也就不辱使命了。公众对某一事件调查的期待，不是你的"似是而非"，而是你的"证据确凿"、"铁板钉钉"的事件的真相。

4. 要防止出现舆论的负面效应

由新闻调查的文体的特殊性所决定的，往往是"揭丑"的报道。我们有时称之为"批评报道"或"反面报道"。这种报道具有"双刃剑"的特性。你揭露了社会某些领域的丑陋，自然好，因为这有利于弘扬社会的正气，有利于社会的进步；但是，你在揭露的同时，一定要对这种揭露的后果，或者叫报道的社会效果作出评估：它会产生什么消极的效应？

假设我们在进行一次有关"甲肝疫苗事件"的新闻调查时，披露了许多不为人知的黑幕，我们的甲肝疫苗在实际使用中，有许多不规范的地方……这种报道的负面效应是，人们由于缺乏对甲肝疫苗的科学认识，以为甲肝疫苗会"夺人性命"，结果都拒绝接种甲肝疫苗，那么，这样的后果是非常严重的，若干年后，中国就有可能出现甲肝病的高发期。

所以，充分估计到报道可能出现的负面效应，尽可能地避免这方面的负面效应，也是记者的职业所需要的。

（五）人物专访

人物专访，是杂志上用得较多的一种文体。

人物专访，特点是一个"专"字；重点是一个"访"字。

人物专访，是记者就某一方面的问题，对有关人士进行的采访。

正由于是一次事先带着问题的"专门访问"，人物专访才有其自身的特点。

就其体例而言，有两种类型：

一种是记者和采访对象之间对话式的，我称之为"问答式专访"；另一种是记者始终在场，一边和采访对象对话，一边讲述从采访中了解到的有关采访对象的"所思所为"，我称之为"复合式专访"。

1. 问答式专访

问答式专访是什么样子的？我举个例子。这是一篇发表在2009年4月2日《中国新闻周刊》上由记者唐磊写的专访刚卸任的中国女排教练陈忠和的稿子，题目是《陈忠和：1金1铜仍想证明自己庆幸下课多正面评价》。

下课后第四天，陈忠和在福建体工大队所在地接受了《中国新闻周刊》专访。他说新的工作任命还没有下达，他将不会带领福建女排打全运会，"我只是看完球，给她们（福建女排）点一下，鼓励鼓励。"

春节期间，陈忠和一直很用心地准备述职报告，这是国家体育总局对中心中层干部的新要求。已经从奥运会的"阴霾"中恢复的陈忠和，憋着劲要带着中国女排继续往前。但很快，陈忠和开始察觉到，他执教女排最看重的基础——信任，已经开始动摇。

《中国新闻周刊》：今年年初你曾私下表示，要继续担任中国女排主教练，后来又说不想干了，为什么？

陈忠和：我当时是觉得如果大家能够信任我，我再豁出去拼一拼，也没问题。只要能够信任我，我还是一直没变的。但是迟迟没有宣布任命，我觉得主教练难产肯定有一些什么问题，证明有一些不同的声音，可能对我有一些不信任感。当时不太想继续再干了，我想还是让一些年轻人来干。

《中国新闻周刊》：业内一直有质疑你的声音，你是想用自己的行动征服他们吗？

陈忠和：奥运会后不同声音比较多，但是，我就是一口气想证实一下自己，我行。

首先我要被人信任，如果球员不信任我，带起来就很累；中心（排球运动管理中心）如果不信任我，我的工作就很困难了。但这几年我比较满意的就是他们都比较信任我。

《中国新闻周刊》：担任主教练8年，在两届奥运会上取得一金一铜，为什么你还在乎某些人的不信任，想要去继续证明？

陈忠和：这次我还是想得很开，倒不是说非常强烈的愿望，我心态也非常好。所以我这一段时间根本没去考虑它，顺其自然。

这次下来我真的很开心，包括我家人，在奥运会之后都坚决反对我再干了，包括小孩，说我50多岁了，这么辛苦30年，就算再拿个冠军又算什么，还不一定拿得到。

我的排球生涯太长了，也应该好好休息一下了。从我自己的想法当然我是想休息一下，但如果组织有需要我还是可以复出的。

《中国新闻周刊》：任命宣布后，你会关心媒体、老百姓对你的评价吗？

陈忠和：有时也会关心一下，朋友也会讲，基本上我看得比较淡。一个主教练下课（正面）反应少有这么大，所以我非常庆幸。我这几年也比较低调，做人也是比较正直，对事业勤勤恳恳、兢兢业业，况且没有什么其他的让人家感觉生活等各方面的不满意，所以应该来讲大家对我的评价很高。

排球界大部分人对我是肯定的，球员也说陈导是我们最好的教练，我很开心。

从这段文字，我们可以清楚地看到，问答式专访是一种比较简单的采访，记者只要围绕几个问题提问，由采访者一一作答就行了。因此我认为，问答式专访，是一种更接近于"原生态"的专访，给人的印象特别真实，特别朴实，也特别亲切。在我们现在这个崇尚简约的时代，问答式专访是一种被杂志广为采用的新闻报道体例。

2. 复合式专访

复合式专访是什么样子的？我举个例子。这是一篇发表在2007年7月16日《观察与思考》上由记者戚永晔采写的专访沈广隆剑铺铸剑大师沈新培的稿子，题目是《文化铸剑：沈新培》。

"铸剑是门学问，可以让人倾注一辈子去钻研的学问。每把剑从原料到成品需经过28道工序，但主要在浇铸、锻磨、淬火、养光4道。"

在沈广隆剑铺听沈新培大师侃侃而谈，让人有种跨越时空的错觉。多年的铸剑生涯让沈大师老而弥坚。身体硬朗、说话铿锵有力，完全看不出已及耳顺之年。

而他一生的历程，也像是经历着浇铸、锻磨、淬火、养光的过程。

浇铸：家学高古渊源深

杜甫曾经说过："作诗本吾家事。"那是因他有个会做诗的爷爷杜审言。但如果他看到了沈氏五代铸剑的家学渊源，也许会改口说："铸剑乃沈家事。"

沈新培说，早在清咸丰年间，他祖爷爷沈朝庆的沈家铁铺就在当地有了名气。虽然当时沈氏铁匠以打农具为主，但已经从打农具的经验里总结出一套打铁的诀窍，练下了打剑的基本功。

厚积薄发，在积累了一代人的打铁经验之后，沈新培的爷爷沈庭璋于光绪十八年（1892）挂牌开创"沈广隆剑铺"。

因为沈氏打剑功底深厚，又积极进行技术创新，将原始的土钢铸造改成纯钢铸造，所以打出的剑在当时质量上乘，一时声名鹊起。

"我爷爷打出的剑，曾创造出洞穿3枚铜板，敲断对手宝剑的记录。解放前后，我们'沈广隆'还曾为蒋介石、毛主席等多人铸剑。在剑界一直保持着很高的声誉。"谈起家族的辉煌历史，沈老有着掩饰不住的自豪。

"出生在这样的家庭，就好比钢水炼出来就被浇铸进了剑模子。"沈新培这么总结家庭对他铸剑起步的影响。

锻磨：香火单传只一门

"其实小的时候，父母亲想让我走读书当官的道路。"沈老眯起眼睛，仿佛在回忆一个很久远的故事。

"可是生在这样的家庭，血管里流的都是铸剑的液体。很小很小的时候，我就在剑炉旁边看大人打剑。别的小孩看一会儿就玩别的去了，我还是痴痴盯着，一看就是半天，大人们都说'这孩子是个剑痴'。后来读书了，可我对学堂里教的东西没兴趣，常常逃学回家看大人打剑。父母亲一心想要我好好读书，怎么能容许我这样老是逃学。有一次我又逃学回家看打剑，我爸发了狠，痛快地打了我一顿，还亲自拎着我回学校。没想到第二天我又逃学回来，跑去叔叔家看打剑了。"

谈起这些已经过去了半个世纪的往事，沈老露出孩子般天真的笑容。

一家人就这样被"小剑痴"沈新培弄得哭笑不得。没多久，沈新培的父亲沈焕周觉得"小剑痴"心思不在读书上，就干脆把他从学校里接回来，专心传授他造剑手艺。这一年，沈新培小学还没毕业。

"俗话说：'初学三年，天下无敌；再学三年，寸步难行。'我刚开始学打剑的时候，手艺不精，胆子挺大，为此不知道犯了几回错，挨了父亲几次打。"沈老饶有兴致地讲述着当年父亲传授他手艺的点滴。

就是在那段苦乐相交、有着梦幻般色彩的少年岁月，培养了沈新培的铸剑功底，正如经过了千磨万锻的宝剑，日后方得以成其大器。

淬火：百尺竿头路未尽

"我只有小学文化，所以打剑打到一定程度，就明显感到底气不足了。"沈新培实话实说，非常直率。"要成为铸剑大师，肚子里必须有货，眼界必须宽广；否则，就永远参不透剑的真谛，顶多只能算个剑匠。"

1983年，沈新培离开龙泉剑厂，开始重振"沈广隆剑铺"的招牌。但这时剑界的技术水平和材料质量都远远超过祖辈时代。再想做造剑界的领头羊，已是千难万难。沈新培虽然在工艺上开发创新，改进磨剑手法和淬火方法，但仍旧不能让打出的剑一鸣惊人。

经过一段时间的彷徨蹉跎后，沈新培把眼光瞄向了剑的文化内涵：他研究篆体字帖，把龙飞凤舞的意蕴融入剑饰雕刻；他研究《介子园》等画谱，把古画的风骨结合进铸剑；他甚至还研究《周易》、八卦图腾，以阴阳五行相生相克之道铸剑，使宝剑天生有了刚柔相济、并吞六合的气势。

无疑，沈新培开创的"文化铸剑"道路取得了成功。几十年的学术和技术双面钻研让他从铸剑匠蜕变成铸剑艺术大师——一个集锻造、精加工、冷冲压、金属雕刻、特种热处理、艺术木工、书法、绘画设计于一身的大师。所以他铸的宝剑，既有古剑风，又有新创意。

如今的沈新培常常拿自己的经验告诫儿辈们："只有注重自身的文化涵养，才能让宝剑也沾染上文化气息。就如造剑的必备工序——淬火，必须经历水火交融，接受各种人文环境的熏陶，才能真正成为大师级的人物。"

养光：龙泉千年铸剑魂

1988年，"沈广隆剑铺"被列入"中国百年老字号"史册；1992年，沈新培本人亦被录入《中国人物年鉴》。已故全国人大常委会副委员长楚图南题词称誉沈氏宝剑："剑气冲霄汉，青光照人间"。著名武术家邵善康亦赞词："试锋昔传欧冶子，论剑当推沈广隆"。

如今沈氏铸剑已是声名在外，但沈新培却急流勇退，把剑铺当家人的位子让给了他儿子沈州。他说："我儿子像我，对铸剑有兴趣，也有悟性。从小我就注意培养他铸剑的手艺。我常常想啊，祖辈三代的手艺传到我手上，绝不能失传。今天我总算能放心地给列祖列宗磕个头，告诉他们我家小猴孩儿已经被我培养成第五代传人。"

但退居铸剑二线的沈老并没有停下脚步，他把生活重心转到了培养新人上。除了儿子沈州之外，他还向更多的人宏扬龙泉剑道，对年轻人提出意见："现在的孩子们，学习环境好，文化底子扎实，是我们那辈人不能比的。但他们缺少磨砺，就好比一块没有经过锻磨的剑铁，再怎么淬火养光，还是不能成为宝剑。"

就龙泉剑的发展和未来岁月的打算，沈新培说，"龙泉人要珍惜祖先创下的这块名牌，绝不允许个别人粗制滥造，败坏龙泉剑的名声。我个人想在有生之年写一部铸剑的书，把铸剑心得留与后人，弥补龙泉有剑无书的缺憾。再就是铸一把一吨重的巨型宝剑作为龙泉天下第一剑的标志。如有可能，我还想筹建'龙泉剑文化园区'。"

结束本稿的采写后，观察记者试写了一首七绝送给沈老："家学高古渊源深，香火单传只一门。百尺竿头路未尽，龙泉千年铸剑魂。"沈老看后连连说"好好好"，并欣然送了一个题目：传承文化，锻造未来。

这种复合式专访的特点是，记者把"访"这件事，巧妙地融于被访者的独白和记者的叙述之中。同时，被访者所回答问题的话语，在记者的叙述中自然而然地穿插，从而通篇中"回答问题"和"记者说事"，一会儿将时空拉到记者和被采访者对话的"此时此刻"，一会儿又将记者的笔触因为被访者的叙事，而又落到了"彼时彼刻"。这种时空的切换和跳越，使得这种复合式的人物专访的行文，显得生动活泼,富有魅力。它正好克服了"问答式专访"呆板和过于简陋的毛病。

3. 人物专访的一般特性

(1)人物专访的对象一般是有一定社会地位的、一定社会影响力的官员、专家和名流。

杂志在决定是否要对某人进行专访的时候,往往会有一个评估的过程,即这个人值不值得记者用"人物专访"的形式去进行访问。

一般而言,适合做"人物专访"的对象,应该是个"人物"。也就是说,这个人是有一定"分量"的,读者是会对他感兴趣并且买他账的。假如记者所专访的人物分量很轻,那就压不住"台面"。读者对他会不屑一顾。这样的"人物专访",就失败了。

比如我们准备了一组关于"房地产大滑坡"的稿子,编辑部考虑最好再搞一两个人物专访,用以增加整组稿子的分量,而这时我们的记者却"专访"了两个名不见经传的"人物"来谈"房地产大滑坡"。这显然是不合适的。"房地产大滑坡"是一个重大的话题,在安排"人物专访"的时候,不是中国目前较为知名的"房地产问题专家",是不可能具有"权威性"的。

人微言轻,杂志在考虑专访对象的时候,也一定要考虑到这一客观事实。

人物专访的"专"字,是包含着"专门"的意思的,而这个"专门",就是指经过慎重选择而"特意"进行的一次访问。

正因为如此,人物专访的对象的选择,一定不能随意而行。

(2)人物专访的对象所回答的问题,应该是非常"专业"的。

正因为是杂志社"特意"准备的一次"专门"的访问,所以被访者所回答的问题,一定要"专业",有较高的"含金量",不能令读者失望。读者对"专访"而来的信息,是有很高期待的,否则,读者是不会对"专访"感兴趣的。

专访,是记者为了解某一方面的"专业问题",而采取的"特意"的"专门"的行动。

专访的这种个性是很明显的。专访，是有"使命"的，那就是读者需要得到那些来自"权威"的声音，而这个任务需要记者来完成。被专访的"专家"若回答不了"专业"问题，那这种专访就是毫无意义的了。

让在某一方面最有发言权的人，回答读者最想知道的事情，是记者在使用"人物专访"这种"武器"时，必须考虑明白的问题。

（3）人物专访的对象也可以是公众较为关注的。

除了专访"专业"人士外，人物专访这种形式，也可以用于公众较为关注的人物。这些人物，倒不一定就是有着较高社会地位的官员、或者某一方面的专家，那些公众关注的热点人物，如演员、作家，以及一时媒体正在对其"聚焦"的人物，如一个需要得到社会救助的残疾人等等，也可以为杂志"锁定"的专访对象。一句话，只要是公众对其有兴趣的，对他的现在景况和过去的未曾披露的"故事"，"欲知而未知"的，杂志都可以采用人物专访的形式，对其专访一回。

还是这句话，人物专访所访问的人，一定是杂志社经过考虑后，认为值得去"专门""跑一趟"的人。不是读者"欲知而未知"的人，不在编辑部专访的视野之内。

三　文章的结构技巧

熟悉和掌握文章的结构，是写好文章的重要一环。

当我们已经有了相应的写作素材后，接下来的问题就是怎么写？也就是我们平时所说的如何谋篇布局。

这就要涉及文章的结构了。

以我的写作实践和经验，新闻杂志的文章的结构，有以下几种。

（一）横向结构

横向结构的文章，它的几个版块之间的关系是一种横向的、平等的关系。如一篇介绍某企业的文章，它由甲乙丙丁四个小标题四段文字组成,甲段文字讲的"企业科研"方面的事情,乙段文字讲的是"企业文化"方面的事情,丙段文字讲的是"企业高层"方面的事情,丁段文字讲的是"企业销售"方面的事情。我们分析可见,这四块内容之间的关系是平行的关系,而没有一个层层递进、环环相扣,不断发展的关系。而且它们之间的位置,也无所谓谁重要或谁不重要;先后的顺序也是可以随意排列的。

举个例子,2009年4月21日《新世纪周刊》发表的记者汤涌的文章《一个间谍的自我修养》,就是一篇较为典型的"横向结构"文章。

> 这个行业容忍不了错误。
>
> 这就是情报工作,从事这类工作的人员,一般被称作间谍。
>
> 《潜伏》里余则成曾经教育过翠平:梦话可能会害死自己和好几名同志。以此让游击队出身的翠平能够认识到言行要足够谨慎,不能露出马脚。之前,当周围的人提到共产党、八路军等名词时,翠平就会勃然变色,还会在西餐厅里喊着要吃捞面条。
>
> 这是文艺创作,这样戏剧性的场面是观众所喜欢的,不过在真实的谍战当中,姚晨这种相貌的女人根本就无法被派去搞情报——标志性的大嘴,会让她成为一个令人记忆深刻的人。
>
> 拥有平常的外貌有助于从事秘密工作,这并非玩笑,一战期间,戴高乐曾经5次从德国战俘营里越狱都失败了,原因就是,想要抓一个外号叫"两米"的大个子,实在是太简单了。
>
> 一个好的情报人员必须要有许多独特的品质,还要坚持学习业务,才有可能尽量保全自己并提供情报。
>
> **忍受孤独**
>
> 一个好间谍必须能够忍受孤独寂寞,工作之余不能四处找人聊闲天。就算不聊天,随便写日记也可能暴露自己。
>
> 二战时期的美国为了反间谍,曾经发动了数万名邮政检查员(多数是警惕的家庭妇女)来负责开拆各类邮件,其中一位检查

员发现了一封可疑的信件，这封信所寄往的地址，是国外反谍报人员提供的"间谍地址"。

这封信看似聊一些普通家常事，但明信上同时又用密写药水写了暗信，内容是纽约港商船舰队的护航配置，这样的信件自然不会写真正的发信人地址，联邦调查局唯一的线索是：打字机。他们排查了全纽约的同一品牌打字机，几乎要累死了。

不过这位德国间谍显然有点太寂寞了，在先后截获了他的十几封信之后，一位美国特工仔细阅读了明信部分的内容，尽管里面有虚构内容，但小说总有原型，这位间谍描述的自己非常热爱生活，已婚，有一条得过瘟热病的狗，7点到8点之间上班，有漂亮的菜园子，最近换了一副眼镜，是一个空袭民防人员，还有，他是一个外国移民。

特工们查询了1914年以来纽约移民部门的全部资料，寻找和此人的签名（虽然是假名字）的相同笔迹者，终于在第4881张，发现了笔迹相同的人，跟踪之后发现，他真的有病狗、菜园子、搞民防，于是特工逮捕了他。

抓走这个棕色头发、溜肩膀、名叫欧内斯特的间谍时，他的许多邻居都来宽慰他的太太，因为他看上去非常老实，样子极其普通。该间谍招供出了另外一名间谍，他们都被判了30年有期徒刑。

注意防盗

有些时候，因为法律和政治的原因，反间谍人员无法公开搜索某个间谍的住处，这个时候他们往往求助于秘密行动。

在珍珠港事件之后，美军海军情报官威利斯·乔治曾经领导过一支职业偷盗小分队，专门偷偷潜入纽约的领事馆盗取文件碎片和灰烬。美国的反间谍人员很少，这时候的乔治连撬锁都不会。

他找了全纽约最好的锁匠、开保险柜的专家、一个语言学家、一个会拍微缩照片的摄影家。此外还向英国的情报部门借来了一个"五十多岁的老处女"，据说这位大姐精通打开所有蜡封的信，用个暖瓶或者火锅就能拆开，拍摄完毕还能轻松复原，就连紫外线检查都发现不了。

这支半业余队伍成功地进出了领事馆数次，有一天被一个警惕的警卫所察觉，万幸他们穿着清洁工制服。后来乔治就多次深夜在楼道里弄出响动就跑，让这个优秀警卫打电话叫来领事。领事多次被吵醒之后，警卫被辞退了。

多次得手之后，上级要求这支小分队去芝加哥侦查一个间谍嫌疑人，这个体面的商人有可能操纵着一个纳粹间谍网。此时，这支队伍已经有了许多新技术，比如学会无声工作以防备录音机，在落满灰尘的信封表面，用放尘枪来喷洒炭粉和滑石粉做的灰尘。这支队伍化装成测试大楼倾斜度的工程人员，潜入了4小时，并成功地拍摄了近2000页的文件。

这次潜入成功地蒙蔽了间谍，他的一切物品都看上去像没有动过一样。不久之后，他和他的情报网被一网打尽。

睡着和灌醉

在不恰当的时候睡着和喝醉，在情报工作中很容易出事故。即使像周恩来这样谨慎的人，也曾经有过睡着丢失了东西的记录。

1946年6月7日，周恩来坐马歇尔（美方调停国共内战的代表）的专机去延安，把一个记事本放在了衬衣口袋里，开会太累，他在飞机上睡着了。没想到衬衣口袋没有盖，本子就丢在了飞机上。本子上记录的最重要的一样东西，是熊向晖在南京的地址。

熊向晖是胡宗南的秘书，1936年秘密加入中国共产党，是周恩来亲自安排的一个重要情报员。当时周恩来希望找一个名校学生、出身名门、不怕牺牲的好青年打入敌人内部，熊向晖18岁就获得了胡宗南的赏识，后来胡宗南大举进攻延安时，毛泽东带着党中央在几十万敌人中间穿来穿去，毫无畏惧，主要就是因为熊向晖把几乎所有作战指令都告诉了周恩来。

周恩来丢失本子之后立刻向中央请求了处分，同时让熊向晖到上海躲一阵。当时周秘密会见了熊，对他分析了局势：如果十几天之内没事，你就可以回来，那就说明马歇尔没把本子交给蒋介石，如果是马歇尔交给蒋介石，蒋亲自吩咐了查办，只怕这事就一查到底了。

不久，马歇尔的人把本子封在盒子里送回给周恩来。十几天后，熊向晖回到南京，有惊无险地渡过了这一关。

胡宗南也曾经试图灌醉周恩来。1943年，胡奉了蒋介石的密令，准备进攻陕北边区，熊向晖报告了这一计划，于是周恩来和毛泽东提前识破了胡的阴谋，蒋出于国际压力没有开战。

当时周恩来到西安跟胡宗南交涉，胡宗南就组织了黄埔同学聚会，打算用"学生敬老师"和"太太团"来灌倒周恩来。不过他派去接周恩来的人，正是熊向晖，于是在出门之前，熊向晖用英语轻声提醒："今晚小心，别喝醉。"

当晚周恩来面对一群敬酒的黄埔家属，和蔼地说："谁能说清楚黄埔精神包括什么，我就跟她喝。"

结果，他一杯都没有喝成。

熊向晖最后全身而退，被胡宗南送到美国去读研究生，1949年回国之后，成为新中国的外交官。1991年，他把自己潜伏在胡宗南身边的这段历史写成回忆录公布于众，台湾许多当事人一片哗然，当时的"行政院长"郝柏村把这篇回忆录印了数千份，给需要保密的干部学习参考。

远离贪婪

《潜伏》里的谢若林让很多观众印象深刻，他只认钱，不管是卖给共产党还是国民党情报。他对钱的贪婪甚至到了信仰的地步。在间谍界，谢若林并非异类。现实中，就有些人和谢一样，以出卖情报为生，没有任何原则和底线。比如一战时期的著名间谍玛塔·哈丽。这女人是个脱衣舞娘，和其他听电台或者拆信封的情报人员相比，也许更符合人们对女间谍的想象。她1914年被德国情报人员盯上，收下了2万法郎，据说她提供的情报曾经让法国多损失了 5 万士兵。不过她当时早已不再年轻，并非那种长于色诱的尤物，而是利用老客人和过去的交际圈获取情报。

1917 年，玛塔也为法国人提供德国人的情报，不过最后她被法国判处死刑，法庭没有采信她 1917 年帮法国军方提供情报的证据，不承认她是双面间谍。

另一个贪婪的间谍则是一个被德国人称作"西塞罗"的家伙，此人真名叫迪罗，二战期间在英国驻土耳其大使馆当男仆，由于他擅长唱歌剧，很受大使的信任。不过他的父亲是被英国人杀的，所以他很想给英国人点颜色看看。

他在大使喝醉之后偷配了一把保险柜钥匙，然后联系上了德国人。他用照相机拍下了诸如德黑兰会议上关于第二战场的讨论、开罗会议报告等诸多重要材料，把这些资料陆续卖了 150 多万英镑。后来大使开始觉得有间谍存在，就在保险柜里安装了一条电线，如果有人意外打开，就会弄响警铃，不幸的是，这个警铃的安装工作就是由"西塞罗"完成的。

这个男仆后来因为在德国大使馆担任秘书的英国女间谍举报而落网，他的下场，却仅仅是被开除。后来，有人在酒馆见过他，据说他移居到了一个拉美国家。而德国人给他的钱，则几乎全是德国人自行印刷的英镑假币，一文不值。

细节问题

细节决定成败，从事间谍活动一定要特别小心细节。

二战时期，德国人曾经组织过一群假的美国大兵，以袭击盟军的后方。他们找了几个在美国生活多年的德国人，来训练和带领这些队伍，他们都能说漂亮的美国英语，几无破绽。他们的队长特别提醒士兵们，要用英制单位、立正的时候千万不要磕脚跟，那是普鲁士风格的立正，美国人绝对不做。还有敬礼，一定要松松垮垮、吊儿郎当，太标准了就像德国人。

然后这些假大兵穿上美军制服（多数还是宪兵制服），到盟军后方去搞乱交通、破坏铁轨和电线，袭击油库。电影《坦克大决战》就曾经描摹过这支特殊部队。根据日内瓦公约，穿敌军制服作战属于间谍行为，被抓住之后是不享受战俘待遇的，可以被立刻枪决。

这些假大兵初期取得了一些成就，不过很快就被真的美国人发现并且抓捕了许多，有的人和美国人一遭遇，就被美国人开枪乱打。有一位美国军官曾经问过他警惕的手下："为什么你能发现这些人是德国人？"

该军士非常得意地说："他们说自己是从3英里外走过来的，怎么可能呢？咱们美国大兵超过半英里就一定要坐吉普车的。这么不怕累，肯定是德国人了。"

小心演员

除了敌国特工之外，还有一类人也需要间谍特别小心，那就是演员。二战期间，英国人就曾经用一个陆军中尉成功地扮演了蒙哥马利，欺骗了许多以中立国公民身份活动的德国间谍。

由于战争，许多各类职业的男人都应征入伍，其中就包括克里雷顿·詹姆斯中尉，他当过25年的演员，却在战时在军饷部给士兵们发工资。当他接到电影摄影队的尼文上校的电话，告诉他要拍反映陆军生活的电影时，非常高兴。

不过到了约定的地方，一位在反间谍部队（IC）工作的上校却告诉詹姆斯，他得扮演蒙哥马利，以欺骗德国统帅部。尽管比这位将军的年纪小很多岁，不过两人的相貌惊人地相似（这位英国陆军最高指挥官长着一张典型而普通的大叔脸），中尉和将军还都在澳大利亚生活过。职业演员詹姆斯中尉很快就让自己变成了蒙哥马利。

詹姆斯被派去访问直布罗陀，在那里受到地方贤达、各类商人的接待，这里面有许多人都是德国人的情报员。英国人故意让他们向德国发回消息，证明蒙哥马利在这里，将领导一次在法国南部而非诺曼底的登陆，这些人都熟识蒙哥马利的相貌，但是詹姆斯演技出众，所有人都发回了错误信息。

并不是只有活人才能担任演员工作，英国人甚至用一位死者成功地欺骗了德国人和意大利人，1943年，盟军准备攻打西西里岛，为了把德军的兵力引向别处，英国人征用了一位死于肺炎的男人。

这位死者的肺部有积水，这让人以为他死于溺水。英国人称他为"威廉马丁少校"，在他的身上放上了关于撒丁岛登陆准备工作的文件、银行账单、情书（专门折叠了很多次，让人觉得都快翻烂了）、情人照片、戏票、买戒指的发票——以便让一切更逼真。然后把这具尸体丢弃在了西班牙附近，中立国西班牙找到了尸体，通知了英国领事，当然德国间谍也成功地复制了"马丁少校"携带的文件。德国人果然把部队调到了撒丁岛，艾森豪威尔轻松攻克了西西里岛。

二战结束之后，整理德国档案的英国情报官曾经吃惊地向高层汇报："我们的绝密文件因为军官溺水而丢失，居然还有这样的事！"只有参与了这场戏的官员哈哈大笑，从那些德国人汇报给希特勒文件的重视程度上，他们知道马丁少校才是世界上最牛的演员。

大规模的战争早已结束，冷战时期的谍战也落下了帷幕，不过各国之间互相刺探情报的事情，仍旧每天都在进行，各国的间谍都必须小心翼翼地做到两件事：首先是发回真情报，其次是保全自己。

我们从这篇稿子的小标题就可以知道，几块材料之间的关系是"横向关系"。鉴定是否属于"横向关系"，主要是看这些"块"和"块"之间是否存在着"递进关系"，或者"先后关系"。而"忍受孤独"、"注意防盗"、"睡着和灌醉"、"远离贪婪"、"细节问题"、"小心演员"这六块材料之间，并不存在"递进关系"或"先后关系"。如果我们将六块材料的顺序打乱，也是无损于文章的质量的。

这种结构，是一种最为简单的结构，也是初学写文章的人最容易掌握的结构。

在实践中，我常常会对新来的年轻记者说，"你准备好了几个筐？每个筐里面你准备放什么东西？"当我说这样的话的时候，记者在构思的文章的结构，就是横向结构。

横向结构有它的天生的缺点：它是一种无法体现深度的结构。因为，结构本身就限制了记者思想的不断向纵深开掘。它在表现主题的时候，力量是分散的，并且是平分秋色的。它追求的是四平八稳、面面俱到。所以新闻杂志不喜欢这种结构，也较少采用这种结构的文章。

(二) 纵向结构

纵向结构的文章，它的几个组成部分之间的关系是一种不断延伸、不断发展、步步攀登、渐渐深入的关系。我有时候会把它说成是"阶梯型结构"，因为它的"逻辑脚步"是一步一步往上走或者说是往前去的。它们的甲乙丙丁四个段落中，后一个段落是前一个段落的延伸、延续和推进、拓展。如一篇写企业发展的文章，甲段文字讲的是当年他们几个人是如何创业的，乙段文字讲的是企业办起来后"掘到第一桶金"的故事，丙段文字讲的是企业后来遇到的一场危机，丁段文字讲的是企业如何战胜困难，冲破危机，完成了一次"浴火重生"……这种结构，通常是有一条"情节线索"或"情节脉络"的。它是发展的、不断演绎的。

2009年4月16日《观察与思考》发表的记者戚永晔的题为《杭州打造"中国第一街"：市井杭州的理想呈现》一文，是一篇较为典型的"纵向结构"的报道（此文较长，我在选用时对其作了删改）。

> 2008年3月25日，杭州考古又有重大发现。在中山路改造过程中，杭州市文物考古所在中山中路112号老字号鞋庄"边福茂"旁发掘出了一个60平方米、2米多深的考古坑，从下至上依次出现南宋、元、明、清、民国时期的路面。
>
> 作为一条承载了近千年历史的长街，中山路厚重的文化历史

信息又一次呈现在大众面前。

　　这样一条积淀深厚的长街，已经不能用常规意义上的价值去衡量。杭州市市委市政府在历史的十字路口，果断地提出了"复兴中山路、有机更新城市文化"的战略构想。市委书记王国平说，中山路是杭州的"金字招牌"，几年之内，要把中山路打造成"中国城市生活品质第一街"。

　　那么，这样一张巨大蓝图，最早是怎么形成的？它包含了多少人的意见，又体现了多少人的努力？今天蓝图已经绘制到哪里了，未来它又将如何？

　　带着这些问题，观察记者展开了深入调查。

最初构想：保存老杭州的文化风貌

　　2007年4月23日，杭州市府大楼会议室，市委书记王国平、市长蔡奇等领导和诸多专家学者聚集一堂，听着一位精神矍铄的老人侃侃而谈关于老杭州的回忆。

　　"老底子的杭州，住家院子里有天井，这个时节天井边的墙壁上都爬满了蔷薇，漂亮得很……我希望，今后建设的过程中，能够多点考虑恢复这些老杭州的东西，保存老杭州的文化风貌。"

　　这位老人，就是杭州市城市规划专家咨询委员会委员、享有盛誉的学者毛昭晰。

　　他们在讨论的问题，就是中山路的整治和改造。

　　几百年来，中山路一直处在杭州商业文化中轴线上。车水马龙、行人繁多，是杭州人逛街、购物的首选去处。这种繁华在清末民初达到鼎盛，随着沪杭铁路的建成，洋广商货大量进入杭州，中山路俨然成了时尚发布中心：去孔凤春香粉店买鹅蛋粉、生发油，到方裕和南北货店称点南货，到张允升鞋帽庄置顶帽子，去胡庆余堂买点膏丹参药……

　　"50年前，像中山路这样的道路比比皆是，但现在不多了，有可能的话，要应保尽保。"杭州市委书记王国平感觉到每个人心里深深的"中山路情节"，做出了这样的承诺。于是，一场始于"保存老杭州文化风貌"的中山路改造策划开始了。

上海同济大学教授项秉仁率先带领他的团队做出了城市设计方案。他们提出，中山路改造的设计范围以中山路为中心，北至体育场路，南至清河坊鼓楼，南北全长3.6公里，总面积约84.7万平方米。

项秉仁教授认为，中山路应该分为三个空间段落和八大特色主题功能区，打通杭州历史发展的"文脉"。其中中山路南段因为文保建筑和历史建筑分布集中，传统街道空间保存较完整，所以定位为"传统准步行功能区"；中段因为保留较为集中的传统民居院落，所以定位为"传统风貌功能区"；而北段是现代城市空间，遗留少量历史建筑碎片，所以定位为"商贸功能区"。

……

一次可以期待的大手笔，在该会议之后呼之欲出，老杭州们听说中山路将获得新生，雀跃不已。2007年4月23日这个日子，注定将载入中山路变迁的方志里。

艺术铺展：复兴特色城市空间环境

尽管同济大学项秉仁教授领衔的团队在中山路改造中做出了漂亮的策划方案，可大家还是觉得同济的"成品"离杭州人心目中的中山路尚存距离。

杭州市建委城建处处长张和平直言："我们的目标不仅仅是让外国人到了中山路惊呼'这就是中国'；我们更高的目标是让杭州本地人到了中山路惊呼'这就是杭州'。"

有人建议：是不是让杭州本土的设计策划团队来试试看？

于是，历史的重任落在中国美术学院肩上。

2007年7月，中国美术学院接受中山路综合保护策划任务，由美院院长许江教授牵头，副院长宋建明教授担任艺术总监，经过下属6个团队、10来个学院、200余名专家3个月不分昼夜的调查、走访、构思，一份"建筑历史博物馆"的构想摆到了杭州市主要领导及各有关部门负责人面前，并得到普遍肯定。

杭州市建委透露，美院方案最大的亮点是本着"历史资源保护与城市环境整治相结合，城市景观要素系统整合原则和历史风貌保护与激发城市活力相结合"的三个原则，突破了传统城市街道仿古改造"旧包新"的樊篱。把中山路的改造面拉大，突显立体的城市空间环境。

这么一来，使中山路最初"保存老杭州文化风貌"的构想也得到了升华。把今日城市品质的提高、彰显市井趣味、提倡多种业态并存的思路纳入这条老街里。

另一个亮点，美院还计划重现南宋御水街的风貌。南宋时御街上有两条水系，中间的街道专供皇帝出行，两侧供百姓行走。中国美院计划在鼓楼到西湖大道的步行街上，沿着中山路的一侧开凿一条水渠，从西湖或中河引水，使整个步行街区的水景相连，同时在渠上可以建造66座极具江南特色的石板桥，增添古城城市生活的魅力。

决策者被美院的"复兴"理念吸引了，因为这不是简单的"仿古"和"复古"，而是把今天的现状也纳入历史的变迁里去，与前者相比，是更科学、更具文化力，同时也更有利于中山路商业、旅游业的开发。

建设部门当即表示，在城市设计方案的基础上，杭州制作业态调整规划、绿化、亮化的规划、动静态交通的规划等等，让中山路综合保护与整治的条件尽可能成熟。

2007年10月26日，杭州召开中山路综合保护与有机更新工程专题会议。会议确定，整个保护工程以中山路为中心，北至环城北路、南至清河坊鼓楼，南北全长4.3公里，区块总面积约87公顷。

中山路改造想法提出后的半年，具体的方案才得以成其雏形。

深入思考：城市有机更新方案介入

在初步确定整个保护工程范围的同时，另一个方案的介入也很吸引眼球。

那就是走在全国前列的杭州式"城市有机更新"概念。

何谓有机更新？简言之，就是城市改造中尊重历史，遵循街区的原真性、整体性和持续性，反对大拆大建。

也有人打了个比方，"有机更新"就是把城市作为一个生命体来对待；如大拆大建，会把城市的"生命信息"丢失，中断"生命链条"，最终使其死亡；如果不顾这里的历史脉络，盲目引进一些新事物，也会使"生命体"产生排斥反应。

城市历史街区的保护应当坚持城市有机更新的理念，平衡保护和发展两者间的关系。即一方面要保护历史街区原住民生活的延续性，同时要积极改善历史街区中的城市基础设施，使历史性城市和区域适应当代生活的前提，以此才可以使历史街区的保护成为长效机制。

杭州市建委城建处张和平处长认为，中山路的整治将不同于以往简单的道路工程，也不同于以前大拆大建的旧城改造，它是一种综合保护与有机更新。按照这样的理念，中山路将成为杭州历史文化街区的保护之轴、整合之轴、延续之轴；突显三大关键词：原真性、整体性、延续性。

2007年末，在城市"有机更新"的思路下，规划人员做出了更大胆的决定——进一步扩大中山路的改造范围。把原来南至鼓楼的界限一下子推进到万松岭路口。这样，整个工程全长就达到了5378米；因为是整个街区整体保护，所以东西会根据街巷（坊）的纵深程度适当外延，宽度100米至500米不等。包括南宋太庙遗址、严官巷段御街、凤山水门等一大批重点文物遗址也成了未来中山路的有机组成部分。

已经划定的中山路改造区域东靠中河中路，西临杭州最繁华的商业街延安路，纵跨杭州最老的两个城区——上城区和下城区。方案将中山路分为三个空间段落：中山路传统步行街区（鼓楼广场—西湖大道）、中山中路传统风貌街区（西湖大道—庆春路）、中山北路商贸街区（庆春路—体育场路）。

这样大规模城市有机更新的系统策划，在全国尚属首次。

广纳意见：市民的眷恋不舍与期待

2007年12月10日至12月23日，"中山路综合保护与有机更新策划"在庆春路258号，杭州城建陈列馆（红楼）二楼展出，向市民和游客征求意见。10多天里，来观看公示的人非常多，一天有数千人。

政协委员张学勤建议保留原来的门牌号码。他说，清河坊的改造保留了很多的老建筑，但没有很好地保留沿排建筑的立面，全部改成了排门建筑，在一定程度上失去了老街原本的味道，建议中山路的整治一定要借鉴这一经验，保护好老建筑的原有立面，并沿用老街原本的门牌号码。"像中山路18号，是双墙门的建筑，这在现在的杭州城里是比较少见的立面，应该很好地保护下来，而中山中路116号的工商银行，就是中国农工银行的旧址"他认为沿用原本的门牌号码，是让大家"根据原有的档案编号，打开历史"。

还有很多市民提出，希望改造后的中山路不要变成名品街，远离了百姓民生。策划人员的回答是，中山路与杭州现有的特色街定位都不同。

也有一些市民担心，如果把中山路的原住户搬迁，对"以人为本"的街道文化来说，会不会失去了原有的味道？

有关人员对此承诺，中山路改造，要让杭州人在"老房子里过上新生活"。原住户可以选择性地搬迁，新的杭州人也会入住，在这个基础上发展蔓延，就会形成一种新的中山路人文生态。这与保持中山路复合型的市井生态并不矛盾。

杭州市房管部门表示，与危旧房改善一样，这次中山路综合保护与整治，也将采取"鼓励外迁、允许自保"的政策。市民有权利保护私有财产，但也有义务保护杭州的历史建筑。

2008年1月11日，上城区与市规划局向市委、市政府提交了《上城区城市发展战略规划》。规划里强调了注重地域文化，大力弘扬吴越文化、南宋文化、西湖文化、钱塘江文化、吴山文化、市井文化等本土文化，保护和弘扬非物质文化遗产在如今城市建设中的重要性。而中山路正是结合了这些本土文化的结晶。

吸纳各方意见，充分考虑广大民生，成了2008年中山路改造的新主题。

设计动工："四宜"标准的城建课题

2008年2月，《杭州中山路旅游发展总体规划》亮相。根据这一规划，未来的中山路将主打商业牌、旅游牌。沿路13处文保单位、29处历史建筑、2处历史文化街区和3处历史地段，将构成一个规模宏大的"建筑历史博物馆"，具体设立23处小博物馆，划分为建筑遗址类、历史文化类、名人轶事类、民居文化类、商业文化类、当代艺术类等6类，内容涵盖杭州从南宋到近代的市井民俗文化、士大夫文化、宗教文化、古代出版业、近代医药业、历史名人故居、当代艺术展示、原生态作坊、传统老字号等。凤凰寺、于谦故居、朱淑真故居、种德堂、胡庆余堂、浙江兴业银行和鼓楼等，都将成为中山路的历史文化亮点。

除了"中国城市生活品质第一街"之外，中山路又将成为"杭州老字号第一街"，保留业态74家，提升151家，调整230家，恢复老商号17家，引进全国百强老字号11家，把深厚积淀的历史文化、商业文化、民俗文化、建筑文化用有机更新的理念重新展现出来。

在中山路的交通改造中，策划者们还提出了"幽巷、雅街、漫城"的概念。"西湖大道—鼓楼段为步行街，庆春路—西湖大道段设置为限时车行的步行街区，恢复御街的浅水小道，就是要恢复起杭州人优雅的生活状态，可以在这个漫城里漫游。"现场的工作人员介绍，今后有可能还会推出自行车漫游路线。

值得一提的是，设计人员将这些历史遗存、街巷结构、风俗庆典等因素为中山路描绘了鼓楼晨曦、古井寻幽、宫桥漾波、吴山环翠、清河华坊、小河氤氲、凤凰古寺、修义新瓦、仁河夜市、枕河勾栏、西教故地、不夜天水12个特色景点。比如，现在的吴山夜市将被保留下来优化为"仁和夜市"。两年后，当你从南到北走过杭州中山路，将如同穿越历史，穿越一个充满文化味的景观群落。

决策者们说得好，杭州西湖是美的、有广泛口碑的景点，但要把杭州的国际旅游搞上去，一个西湖是不够的。就像飞速奔驰的汽车，需要四个轮子共同前行，中山路张扬市井文化，体现地方民俗，恰巧与国际旅游"采风"、"休闲"的内涵吻合。带来大量旅游人流的同时，也带来了整个城市业态振兴、商务发展的契机。

2010年上海世博会的主题是"城市让生活更美好"，未来中山路作为世博会近在咫尺的城建范例，必将吸引世人更多的目光。

我们从这篇文章中的小标题就可以清晰地看出，它的整个结构线索是"不断发展"、"不断推进"的——最初构想：保存老杭州的文化风貌；艺术铺展：复兴特色城市空间环境；深入思考：城市有机更新方案介入；广纳意见：市民的眷恋不舍与期待；设计动工："四宜"标准的城建课题。我们还可以从文章中找出它的"时间顺序"：从2007年的4月到2008年的2月。

可见，此文的展开，完全是按照故事的发展和时间的延伸而展开的。它是一篇较为规范的"纵向结构"文章。

这种结构，要求作者的思维是开放的、活跃的。

我教给记者一个办法，就是不断设问："怎么了——又怎么了——还怎么了——结果怎么了……"。这其实就是一个运用纵向结构写作的"公式"。我要求记者，要尽可能地穷尽问题。穷尽问题的过程，就是一个不断开掘的过程。只有当问题问完了，你的文章的主要内容也就差不多了。《观察与思考》杂志是一本强调思想深度的新闻杂志，当然，这种不断设问的纵向结构的文章，在杂志上用得最多。

(三)纵横交错结构

纵横交错结构是一种复合结构,其中,既有横向结构,又有纵向结构。是"你中有我,我中有你"。驾驭它,需要有较高的结构把握技巧。如某篇文章总体上属于横向结构,但在其中的某节中,它又出现了纵向结构的"模式"。反过来,某篇文章总体上是纵向结构,但在其中的某节中,我们又发现了横向结构的"影子"。

有个记者要写一篇关于杭州茶叶经济的稿子,问我该怎么写。我问她:"涉及杭州茶叶经济的,有哪几块内容?"她说:"除了茶叶本身作为商品以外,至少会涉及'茶馆经济'、'茶饮品,包括茶保健品经济'、'因茶而带出的旅游休闲经济'、'茶文化经济,如与茶有关的出版经济和演出经济'、'茶用具经济'等。"我说:"这几块内容,它们之间的关系,基本上是属于平行关系,那么,对于这篇文章来说,其中第二块,就可以把这些内容都放进去。单就这块的结构来说,是横向结构。当然,对这篇文章来说,它只不过是其中的一部分。为什么说是'第二块'?因为第一块可以写写杭州茶叶经济的发展历史,如在南宋时期的杭州茶经济情况。而从第三块开始,可以分别写写'杭州茶经济在全国的地位'、'杭州茶经济发展的瓶颈'、'专家对杭州茶经济如何再上台阶开出的药方'……从全文的所有'块'来说,它又是一个纵向结构。"

这样的写法就是典型的纵横交错结构。

(四)悬念式结构

悬念式结构,其实应该归于纵向结构,但它又是较为常用和较为实用的一种结构。说它是纵向结构,是因为它的主体部分是纵向发展的结构样式。所不同的是,它的开头部分,或者是"故事"的结尾或结局部分,记者把它"剪下来",移到了文章的头上,先讲结果,制造"这,是怎么造成的""悬念",然后再娓娓道来;或者是先将整个"故事"中最为精彩的部分,拿到文章开头来说,进而制造一种"悬念",让读者"欲罢不能"。

一部好的电影,一定是能够在开演5分钟内就能抓住观众;一部好的长篇小说,一定是在第一页就能抓住读者。同理,新闻杂志上的报道,一定要在文章的一开始就能吸引人的眼球,否则,读者很可能就和那篇报道"失之交臂"。所以,用心的记者,总会在报道的开头部分"冥思苦想":我要怎样写,才能"引人入胜"?善于这样去构思的记者,一定会写出好文章来的。

在悬念设置上,我们倒是可以学习世界著名的电影"悬念大师",英国人希区柯克。他一生拍了不少电影,而几乎每部电影都是从一开始就充满着悬念,随着故事的发展,悬念是一个接着一个。这让观众始终是在紧张的期待中度过快乐的时光。他的代表作有《蝴蝶梦》、《三十九级台阶》、《知道太多的人》等。

一个用心的记者,也一定是一个善于运用悬念式结构的记者。

(五)鱼骨式结构

"鱼骨式"是一种形象化的比喻,就是说它的结构,很像是一副鱼骨。从鱼头到鱼尾,是一条"情节发展的"示意图。鱼头骨的"△"是"情节发展的"先导或导向,而鱼尾骨的">"是跟着走的,是跟着"△"走的结局。而整副鱼骨中间的一根一根的形状如"/"或"\"的细细的骨头,是一根一根插在脊髓骨上的。这就是插叙了。通俗地讲,随着"情节发展",可以有若干个小细节或小情节,插到大的"情节发展"的"脊椎骨"上去,最后完成的文章,内容就会比较丰满了。

善于用插叙的方式,有节奏地巧妙地安排"故事",这类报道的结构大多属于鱼骨式结构。

(六)箭靶式结构

"箭靶式"也是一种形象化的比喻。若干支箭"↑",就是若干块文章的内容,为了表现一个主题——靶"◎",纷纷射向靶心。也许有人会说，这种结构，不就是前面说的横向结构吗？他说的有一定的道理，那一支一支的箭，也可以是前面在横向结构中所说的"甲乙丙丁"块内容，他们的关系是平等的关系，但箭靶式结构与横向结构的差别在于，为了表现主题，这些箭往往会打破时空，从不同的角度，"四面八方"射向靶心的，而横向结构，更多的是"就地取材"，也就是说它们"甲乙丙丁"之间的血缘关系更近。横向结构是四平八稳的结构，而箭靶式结构是一种相对自由，相对开放，或者说是无拘无束的结构。

总的来说，写文章应该讲"文无定式"。真正的高手是不会拘泥于文章的结构的，只要能很好地表现主题，爱怎么写就怎么写。但对于一个初出茅庐的新手，懂得一些文章结构的道理，对写作一定会有很大的帮助。

另外要说的是，文章的结构是五花八门的，我这里说的，不过是我在写作实践中总结出来的一些经验而已。别的教你写作的书上，也会有各种各样所谓的"结构"，读者自然可以各取所需。

第五章 编辑（文字）

一 编辑所需具备的素质

一个合格的编辑必须具备"六大意识"，即编辑的政治意识、编辑的学习意识、编辑的组稿意识、编辑的人文意识、编辑的服务意识、编辑的技能意识。

（一）编辑的政治意识

新闻出版业是意识形态领域的"重要阵地"。这一点，我们的编辑们，一定要认识得很清楚才行。如果你接受不了这一事实，那你就趁早离开新闻出版业。

正因为我们认识到了这一个原则前提，我们就必须在这样一个原则前提下，确立我们的政治意识。

要确立政治意识，最重要的是确立"坚持中国共产党领导"的意识。

中国需要共产党的领导，这是我们所说的政治意识中最关键最核心的一个政治观点。如果我们在这个问题上，没有一个坚定的、自觉的认识，那就很容易犯政治错误。我们是党的新闻出版工作者，如果在这个问题上，动摇不定，那怎么能胜任党的新闻出版工作呢？

中国需要党的领导，这是100多年来的中国历史所证实了的"大道理"。

中国进入近代以来，许多仁人志士，为了寻求救国救民的真理和道路，进行了前赴后继、英勇顽强的斗争。在这期间，也先后出现过不少政治实体，包括各种各样的政党，最终都由于缺少科学的理论指导和缺少人民的支持而退出了历史舞台。只有在科学的理论马克思列宁主义指导下发展起来的中国共产党，最后经过数十年的顽强战斗，在人民的支持下，最终推翻了压在中国人民身上的帝国主义、封建主义和官僚资本主义"三座大山"，实现了中华民族的独立和人民的翻身解放，在一片废墟上，建立了团结的统一的人民当家作主的社会主义新中国。

1949年新中国成立后，中国进入社会主义建设时期。是我们的党率领我们建立了社会主义的基本制度，开始了发展经济，振兴中华的伟大征程，尤其是在党的十一届三中全会后，中国确立了改革开放的路线，至此，中国步入了快速发展阶段，并成为世界的第三大经济实体。美国、日本后面，就是中国。对此，英国的经济与资本分析师马克·威廉表示："中国目前已经超过德国，超过日本成为第二大经济实体的时机已经不远了。"高盛公司预测称，中国的经济将在2040年左右超过美国，跃居世界第一。英国著名经济周刊《经济学人》也预测称，如果按购买力平价计算，中国将在2017年超过美国。

以前的中国人，被称为"东亚病夫"，而现在，我们可以骄傲地站在世人面前，充满自豪地说："我是中国人！"中国人的这种从未有过的感觉，是中国共产党给我们带来的。

进入21世纪，中国在中国共产党的领导下，加快了社会主义现代化建设的进程。中国人民在党的领导下，在与马克思列宁主义有着直接的血缘关系的中国特色社会主义理论指导下，正在为实现全面小康社会而奋斗。

中国的发展令世界瞩目。中国的国际地位和影响力越来越大。中国民族更加团结，中国更加统一，经济社会发展生机勃勃……而这一切，都是在坚强的中国共产党领导下所取得的。

对于以上这些认识，是我们党的新闻出版工作者所必需的。认识不到这一层，那就要补课了。

只有在思想上真正确立了"坚持党的领导"的核心意识，我们才会自觉地贯彻执行党的路线、方针和政策，才能自觉地和党保持高度的统一。换句话说，凡是党坚持的，我们就干；党反对的，我们就不干。

比如党的十七大提出了科学发展观的理论，强调建设中国特色社会主义要以科学发展观为指导，那我们在从事新闻出版工作的时候，就要特别注意在工作中学习和践行科学发展观。有了这样的理论作为武器，我们就会非常注意去发现"学习和践行科学发展观的典型"，从而完成好党交给的工作。如果我们缺少这方面的政治素质，我们就没办法按照党的要求去创造性地开展工作。

所以，我们说政治意识是我们工作的标杆。离开这个标杆，我们终将一事无成。新闻出版主管部门一直强调的"政治家办报""政治家办刊"，也就是这个意思。

另外，要特别强调的是，政治意识的本质是人民的意识。中国共产党的宗旨是为人民服务。党的一切努力，都是为了人民的利益。"立党为公，执政为民"、"权为民所用、情为民所系、利为民所谋"——党和人民的利益是一致的。因此，所谓政治意识，就是人民意识。关注民生，就是政治意识的一种基本体现。

（二）编辑的学习意识

编辑的工作，就是一个不断学习的工作。

这是编辑工作的一个特性。

对于编辑来说，"太阳每天都是新的"——面对的每一篇稿子，都是一个新的"课题"，需要编辑去好好学习好好研究。我们杂志的很多编辑，大多是文科毕业的学生——中文系和新闻系毕业的学生。他们对于自己所学的专业知识，掌握得尚且可以，但是，一旦跨出自己专业的领域，他们的所知就非常少了。许多方面的知识，对他们来说是一片空白。但是他们的工作的特点,又要求他们是多方面的"专家"。这就是一个悖论,一个矛盾。怎么办?唯一一条出路,那就是要学习,并且要善于学习。

当你在编辑一篇有关金融危机方面的稿子时,你就需要有金融方面的知识,比如什么是"次级房贷"、什么是"货币贬值"、什么是"贸易逆差";当你在编辑一篇有关环境保护方面的稿子时,你就需要有环境保护方面的知识,比如什么是"温室效应"、什么是"二氧化硫排放"、什么是"《京都议定书》";当你在编辑一篇有关中国新农村建设的稿子时,你就得有农村经济发展方面的知识,比如什么是"三农"、什么是"土地流转"、什么是"工业反哺农业、城市带动乡村"……

诸如此类的知识,一是靠你平时的"博览",从而实现"不知不觉中的积累",二是靠"现学现卖",以对付你当下接触到的涉及新知识的工作。

"现学现卖",应该也是非常有效的一种学习。面对一个新的"课题",你只有这样一条路可以走。问题是,在"现学现卖"时你不能浅尝辄止,而是要老老实实地把问题确确实实地搞明白才行。编辑工作最怕的是"以其昏昏,使人昭昭"。自己没有搞明白的东西,一定不要就这样转交给读者,这是非常危险的。一些非常低级的错误,正是因为这样而产生的。

我主持的《观察与思考》杂志,是以它的深刻性为特色的。我常常对我们的记者编辑说:我们面对的是有较高知识水平的读者,他们对我们的文章有很高的期待。如果我们采写或编辑的文章不到位,我们的读者就会失望。他们会说:"这本杂志太肤浅了!"于是,他们再也不会来订阅我们的杂志了。今天我们失去一些读者,明天我们又失去一些读者,用不了多久,我们就完蛋了!因此,我们一定要自觉学习、善于学习,要尽可能多地掌握新的知识。只有这样,我们自己达到了一个较高的水准后,我们才有可能去和读者"对话"。我们和读者"对话"的资本,就是我们是站在了一个更高的知识层面上了。否则，读者是一定不会买账的。

（三）编辑的组稿意识

编辑的组稿意识是指编辑的职业意识。因为编辑并不仅仅是只面对现成的稿子而被动地工作的，这绝对是一个不称职的编辑，或者充其量只能说是"半个编辑"。一个称职的编辑，一定是一个有很强组稿能力的编辑。

这需要编辑有一种职业状态，或者说是始终处在一种职业的状态之中。由于在接下来的有关"编辑工作'流水线'的'十大环节'"中，还要展开讲一些东西，在这里，我就讲一点——编辑组稿的前瞻性。

我觉得这点特别重要，尤其是对新闻期刊编辑来说。

新闻期刊的编辑工作处在一对矛盾之中：作为新闻期刊，自然要强调它的时效性，但杂志的编辑出版流程，需要好几天时间，这又很难做到它的时效性。面对新闻期刊的这种特殊性，编辑在约稿中的前瞻性，就显得特别重要。"前瞻"工作做得好，就能弥补新闻期刊因为"生产周期"长而带来的不足。

编辑的前瞻性，得益于编辑平时具备的一些基本的素质。

1. 对政治、经济、文化、社会大背景的准确把握

编辑应该知道，当下什么东西是"党委关心、百姓关注"的。如果把握住了这样的"时代脉搏"，他就一定会组织到杂志所需要的稿子。

要做到"准确把握"，不是一朝一夕的事。这需要编辑的视野和时代发展同步。政治、经济、文化、社会的发展到了哪一步，你的"视野"也应该是达到了哪一步。要做到这一点，是非常不容易的。至少，你要每天坚持接收新的信息，方法是每天都要坚持浏览新华网、人民网，每天都要看中央电视台的新闻联播，每天都要翻阅你所在地的党报。如果你有了"一日不'见'，如隔三秋"的感觉，那说明你有了新闻期刊编辑的感觉了。这样的你，会因为错过了及时了解时政

而感到"恐惧"。为什么会"恐惧"？因为你在编辑工作时，你失去了组稿的方向。你不知道什么稿是应该去组织的，什么稿是不应该去组织的。这对于一个"失去方向"的编辑来说，是一件十分"恐怖"的事。

所以我也常说：落伍，是编辑的失职和耻辱。

比如2008年的上半年，我们国家在经济上讲的是要"控制流动性过剩"，由于当时经济有过热的现象，一些基础设施建设上的投入太多。因此，控制发展速度，成了当时的一个较为"流行"的说法。但到了2009年，中国经济受到国际金融危机的影响，外贸出口企业订单锐减。中国的产品，有60%是依靠出口来实现利润的。外贸不行了，麻烦就大了。于是，"拉动内需"、"扩大消费"，成了新的"流行语"。国家为了保证8%的GDP增长速度，决定拿出4万亿人民币来加大投资力度。你看：2008年还在讲"控制投资"，而到了2009年，就来了一个急转弯，提出要"扩大投资"。如果我们的编辑对这种时政的变化，没有及时把握，还在用2008年的"防止经济发展过热"的思维方式，去向作者组稿，不闹出天大的笑话才怪呢！

2. 对未来政治、经济、文化、社会趋势的超前预见

由于编辑政治上的成熟，他往往能敏感地预见到，接下来，我们的社会需要什么样的稿子。这里我可以举个例子：

2009年1月的一天，《观察与思考》编辑和《光明日报》驻浙江记者站站长叶辉聊天的时候，聊到了原浙江省委宣传部副部长雷云。雷云一直是从事马列理论宣传和研究工作的，尽管现在已经退休了，并且体弱多病，但他对马列理论的热情，尤其是对中国改革开放以来的中国特色社会主义理论的热情，一直不减。应该说，他是一个坚定的马克思主义者。

聊着聊着，那位编辑就"激动"起来：这不是一个时下特别需要的典型吗？而此时，叶辉也告诉他，打算写一篇关于雷云的稿子。那位编辑立即向叶辉约稿，希望尽快在杂志上发表此文。那位编辑和叶辉认为：当下不少人，甚至是一些共产党员，或多或少在思想上存在着对马列主义、毛泽东思想，以及邓小平理论、"三个代表"重要思想和科学发展观的"不信任"的现象，并且这种"现象"还有"蔓延"之势。所以像雷云这样的"信仰坚定"的共产党员，特别具有宣传报道的意义和价值。

那位编辑和叶辉一拍即合，马上分头去做准备了：在安排编辑计划的时候，在显著位置为雷云的稿子预留了版面；叶辉则去完成他的稿子。结果在2009年1月16日的《观察与思考》上，用了4个版面的篇幅，刊登了叶辉的题为《智者雷云》的长篇通讯。

此稿刊出后，立即引起了浙江省委主要领导的重视。3月24日，《浙江日报》头版发了长篇通讯《拼将一生追春潮——解读党的优秀理论工作者雷云的三条人生座右铭》，并配发评论《坚定信念是根本》；3月25日，中共浙江省委宣传部发出《关于在全省宣传文化系统开展向雷云同志学习活动的通知》，号召"要学习他坚定信仰科学理论，永不停止、不懈追求的执着精神"；3月27日，《浙江日报》又在头版发表通讯《雷云先进事迹在省级机关和高校引起强烈反响》："雷云先进事迹经本报报道后，在省级机关干部群众和高校师生中激起强烈反响。连日来，一个学习雷云先进事迹的活动正悄然兴起。"4月7日，中共浙江省委下发了《关于开展向雷云同志学习活动的决定》。

由于《观察与思考》的"预见性"，杂志刊发有关雷云事迹的时间，比《浙江日报》足足提前了两个多月。

再举一例，2006年5月15日出刊的《观察与思考》，领头的一组稿是《义乌传奇》。也就是在杂志出版的同一天，《浙江日报》头版头条刊发了省委和省政府"向义乌学习"的决定。还有，2006年10月8日党的十六届六中全会召开，主题是"构建社会主义和谐社会"，在这之前的10月1日，《观察与思考》的编辑为了配合全会的召开，推出了一个"新闻集装箱"：《浙江唱响构建和谐社会主旋律》。当这期杂志到了读者手里的时候，六中全会已是召开在即。

这两个例子进一步说明新闻期刊编辑"超前预见"的重要性。这种编辑"超前预见"的基本功，就是得益于编辑对政治、经济、文化、社会大背景、大脉搏的准确把握。

3. 对相关纪念性报道的前提准备

我们中国有许许多多的节日，也有许许多多的纪念日。每当这些节日或纪念日要临近的时候，媒体都会做一些与之相呼应的报道；同样，公众也会在这个时候，以这些节日或纪念日作为话题。

在这样的情况下，媒体一般都会策划一些与读者共鸣、互动的东西。这似乎是一个惯例。

那么，新闻期刊如何在此时加入媒体的大合唱中去呢？这就需要杂志的编辑比其他媒体的编辑，更早地去考虑这些问题。

比如每年的5月15日是世界电信日，杂志如何配合宣传？《观察与思考》编辑部早在3月份的时候，就已经在讨论这件事了。因从2009年年初开始，中国的"3G"经营牌照发给了中国电信、中国移动和中国联通。一时间，"3G"这种新一代移动通讯技术在人们生活中将扮演什么角色，成了社会的热门话题。编辑部做一组有关"3G"的稿子应该是可以的。那么将它放在哪一期？编辑部为此进行了筹划。有的说，放在4月16日出，有的说放在5月16日出，最后，大家认为，放在5月1日的那期杂志上出，是最佳的选择。如要等到5月16日出，别的媒体很可能在这之前已经将"3G"这个题材"做烂了"，杂志再做感觉太迟了；而在4月16日出，又感觉到人们对这一话题的关注热度还没有到达高潮，此时做"3G"还早了一些。于是，编辑部最后决定，将"3G"这个题材放到"5·15"世界电信日到来前的半个月时再推出。

这就是新闻期刊安排报道的一种"前瞻性"。前瞻性思维，是新闻期刊争取报道主动性的一种非常重要的考虑问题的方式。它自然是编辑素质好的重要体现。

（四）编辑的人文意识

人文意识，或者叫人文情怀，是新闻期刊编辑的一个特别重要的"素质"。什么是"人文"？这个问题，很多人一时会说不清楚。

我先讲四个小故事。

第一个故事是：有几个中国人在法国某地旅行，他们开着一辆车行驶在一条乡间小路上。天下着雨，刮着风。在他们车的前面，有一辆小车。小车的后座坐着两个女孩。她们不时趴在车后的窗上，看着那几个中国人的车。"我们最好超过那辆车！"一个中国人对法国司机说，"我们跟在他们后面，尘土太大了！"法国司机说："在这样狭窄的小路上，我们超车是不礼貌的。我们还是慢慢跟着吧！"正说着，前面那辆车却靠边停了下来，车上下来一个人走到中国人车旁，对中国人车上的司机叽里咕噜地说了一番，中国人的那辆车就超过法国人的车走了。

中国人对此感到奇怪。法国司机一边开着车一边说："刚才那位先生对我说，'在这样的路上，我一直在你们的车前面开，是不公平的。车上还有我的两个女儿，我不能让她们觉得这是理所当然的。'"

另一个故事是：一天，一个中国小伙子和一个澳大利亚小伙子一起到悉尼周边的海域去渔猎。这是一项非常受人欢迎的休闲活动。澳大利亚小伙子每次把网拉上来后，都有不少收获。可是让中国小伙子费解的是，他的伙伴每次都要在一大堆的鱼、虾、蟹中挑选一番，留下一部分后，又将那些倒回了海里。中国小伙子就问"这是为什么"，那个澳大利亚小伙子说："澳大利亚的法律规定，只有符合规定尺寸的，才可以捕捞。"中国小伙子说："现在我们在海上，谁也不知道我们有没有犯规。"澳大利亚小伙子说："在澳大利亚，并不是做什么都要有人来提醒来督促的。时间长了，你就会慢慢了解的。"

有一个故事是我自己的亲身经历：那年我随一个考察团去了欧洲。那天我们是在紧靠阿尔卑斯山的一个非常宁静的小镇过的夜。第二天一早，我们就出发了。在我们的车开过小镇的一处十字路口的时候，我发现有一个中年人在人行道旁等候过马路，此时，人行道的交通指示灯亮着红灯。由于天还早，路上几乎没有什么汽车在开来开去，那个中年人完全可以安全地走到马路对面去的，可是，渐渐远去的我发现，他一直就站住那儿，等着绿灯的亮起。一道晨曦散落在他的身上，我此刻感觉到了他的那种执拗中的尊严和神圣。

还有一个故事，也一样感人。一对中国夫妇在英国伦敦靠近圣保罗大教堂的一条鹅卵石铺成的路上散步，偶然中发现鹅卵石路面上有一枚硬币，捡起来一看，原来是2便士硬币！他们继续往前走，接着又发现了一枚硬币……就这样，那天，他们一共捡到了24便士。对于这样的收获，他们感到十分高兴。回到儿子的家里，他们把今天的"意外遭遇"告诉了儿子。儿子说："你们要知道为什么在那条路上会有硬币，你们就不会去捡了！"这对夫妇十分不解。儿子说："那些硬币是善良的人故意丢在那儿的。一些贫困的人，尤其是一些饥肠辘辘的孩子，可以捡起硬币去买一个面包充饥。"听儿子这么一说，这对夫妇对自己的行为感到了羞愧，第二天，他们一起来到了那条鹅卵石路上，也"丢"下了几枚硬币……

我们在读完这四个小故事后，其实读者已经知道什么是"人文"了。

现在我来小结一下：

所谓"人文"，是指人类文化中最核心、最重要的部分。文化，就是一种价值观；是人们普遍认同的"什么是对的"，"什么是不对的"东西。文化经过一定的过滤，剩下的精髓，就是"人文"。就一个人来说，人文的东西就是你在一言一行中所自然而然流露出来的那种修养和气质。

这种气质，我认为是得益于那种对人的发自内心的爱意。这种爱意的形成是靠"人文情怀"支撑的。

一个编辑，如果具有了这种"人文情怀"，他或她才会"以人为本"，才会关注民生，并且在这种关注的过程中，体现出他或她的那种公平、正义、善良、仁慈、博爱和嫉恶如仇。

编辑的使命，是要把我们社会生活中美好的东西传递给我们的读者。编辑是"美的使者"。内心邪恶的人趁早改行。编辑的神圣岗位不容玷污和亵渎。

正因为如此，"人文意识"是编辑所必需的。否则，他或她不可能是一个称职的编辑。

（五）编辑的技能意识

新闻期刊的编辑，需要业务素质较好的人来担任。

所谓"业务素质"，不单单指他有较好的文字功底，而是指他除了能写出一手好文章外（一个优秀的记者，才能胜任编辑岗位），还必须具备以下多方面的素质。

1. 编辑要有灵活的、富有想象力和创造力的头脑

一名编辑需要有较强的策划能力。这种策划，又必须是创新的，而不是拾人牙慧的。有人说，一个编辑一定是一个策划高手，假如他转行到哪家文化传播公司，他也一定是这个公司的首席策划。

2. 编辑一定是一个极具组织能力的人

往往是这样的，一个好的策划出来了，没有一个好的执行，也是不行的。要执行好，关键是要组织好协调好。每一个策划的执行过程，本身就是一个系统工程。它会涉及方方面面的人和方方面面的事，没有一个具有很强组织能力的人，是无法完成这样一个工程的。

3. 编辑还需要具备一定的美术修养

编辑往往会和版式设计人员（美编）一起工作的，比如版式设计人员拿出了"毛样"，最后定夺的还是编辑。编辑面对"毛样"，要提出自己的修改和调整的意见，这除了要考虑文章的位置是否合适外，剩下的则是纯粹的美术设计上的问题了，即"这样好看"、"那样不好看"的问题了。如果编辑没有一点美术设计方面的知识，或者是眼光（美学取向），那你是提不出你的意见的，即便是提出了所谓的意见，也是十分"外行"的，这怎么能服人呢？没有美术方面素养的编辑，我建议立即要去补上这一课。

还有，编辑必须是一个"校对高手"。按照出版质量的要求，出版社的校对差错率必须控制在万分之三。在校对上属于"文盲"的人，是不能担任编辑工作的。

有关"校对"，接下来会有较为具体的介绍。

（六）编辑的服务意识

作为我要系统地讲解的"编辑的六个意识",我还是要把"编辑的服务意识"与其他"五个意识"放在一起。这样可以给人一个完整的感觉。并且这样的摆放,也符合逻辑排列的一般要求。

由于在接下来的"编辑工作'流水线'的'十大环节'"中,我会相对集中地讲到这个问题（详见"认真负责地处理好所约作者的来稿"一节）,所以在此就不再展开了。

二 编辑工作"流水线"的"十大环节"

在确定了期刊定位的前提下,期刊就要按照"谈稿→写稿→编稿→审稿→排版→校对→清样→付印→上市→收尾"这样的流程进行"生产"。这是一条环环相扣的"流水线",任何一个环节都不能出现问题,否则就会出现"断流事故"。"断流事故"造成的后果是:严重耽误期刊的正常出版。

期刊之所以叫期刊,是因为它是有固定的出版日子的。如果是一本月刊,一般会把出版时间定在月初的1号;如果是半月刊,一般会把出版时间定在月初的1号和月中的16号;如果是一本周刊,也会选择每周的某一天出版。

期刊对读者是有承诺的;反过来,读者订阅你的期刊,也就在事实上和你签订了一个协议。因此期刊是不应该在"出版时间"上违约的。一旦违约,最起码是对读者的不尊重。对读者不尊重的结果便也是对自己的不尊重,这是一种期刊自身的慢性"自杀"行为。

目前我们的不少期刊,出版延误情况屡见不鲜。好像出版时间迟一两天是无所谓的事。这是非常不应该的。我认为,从专业、职业的角度讲,一本不能"恪守承诺"的期刊,一定是一本管理混乱的"不死不活"的期刊。我是非常强调"恪守承诺"的,也许是因为我长期在报社工作的缘故。从某种意义上讲,一份日报到了晚上要清样的时候的那种"争分夺秒"的工作氛围，是值得期刊社的同仁们学习的。我在这方面有深切的体会，因字数缘故就不再赘述了。

下面，就"流水线"的"十大环节"分而论之。

（一）谈稿

所谓谈稿，是指期刊编务人员为即将"生产"的一期杂志而召开的一次选题策划会。谈稿是每一期杂志所要做的最重要的最基本的工作，这涉及即将要"生产"的一期杂志的主要内容，如主打的选题是什么（包括篇数和篇幅的长短）；编辑要组织约写的稿子是什么（包括篇幅的长短）；记者要采访完成的稿子是什么（包括篇幅的长短），都要通过"谈稿"（选题会）来将其基本确定。

谈稿的关键是"谈"。编辑当然一定要把自己的想法谈出来给大家听。你打算约什么稿子？这篇稿子的价值有哪些？谁来完成这篇稿子的写作，是记者还是外面的作者？这些问题一定要谈清楚。

谈稿，对编辑而言，是一次业务"演讲"，需要认真准备。似是而非的，不确定的，自己也没有搞明白的，最好不要谈出来。因为选题会上，别人都是你的"评委"和"考官"，他们都会提出这样或那样的问题要你来回答，你要是回答不上来，就说明你谈的选题是不成熟的。选题会上，你既然已经谈出了你的选题，那你就一定要"据理力争"，而"据理力争"的基础是你必须把你的选题的方方面面的事情都搞明白。这样，你在业务"演讲"时，才能从容不迫，对答如流。

每一次编辑部的选题会，对编辑来说，都是一次考验。自然，只有当你报的选题被选题会所认可，才能显示出你的能力和水平。一个编辑如果所报的选题，经常在选题会上被否决，那是非常糟糕的事，至少你的能力和水平就值得怀疑了。一次成功的谈稿，是编辑所要面对的新一轮"工作流程"的一个良好的开端。一个好的开端，意味着会有一个好的结果。

在谈稿会上，记者也要报出自己拟写稿子的选题。记者在谈稿之前要深思熟虑：这个选题有价值吗？它是否具备可操作性？对于是否有价值，在选题会上自然会有一个结论。问题是，选题会上定下的你所谈的选题，在操作中，会不会不可行？这是非常关键的问题。我们有不少记者，在谈稿的时候，侃侃而谈，很具有"煽动性"，结果大家被记者的"侃侃而谈"所征服：认为记者谈的选题不错。可是，记者在接下来要去采写这篇稿子的时候，却困难重重，比如杂志社没有那么多的资金支持你的采访所需；杂志社由于人手紧张，也不允许你花那么多的时间去采访；你事先设计的要采访某个大人物，事实上你根本不可能采访到他……诸如此类的困难，由于事前的估计不足，在实际中它会让你举步维艰。最终不是你所写出的稿子和你在选题会上所谈的差距太大，就是你不得不败下阵来放弃采访。这无论对你来说，还是对整个杂志的编辑计划来说，都会产生较大的负面影响。

所以，记者在谈稿的时候，一定要做到两点：一是深思熟虑；二是量力而行。

对于一本新闻期刊来说，谈稿时最重要的是，要谈出能够作为杂志主打稿子的选题。我们的杂志，这几年都在向美国的《时代》周刊学习，即在每一期杂志中，倾力做好类似"封面故事"、"封面报道"的一组主打稿子。什么选题能够成为新一期杂志的主打内容？这是每次谈稿时的最重要的，也是最让记者、编辑和主编们"煞费苦心"、"绞尽脑汁"的事。

由于这一主打内容，体现了杂志的整体水平，也是杂志"主张"的一种体现。每一期的"点子准不准"，都在考验着编辑部的所有成员。因此，每一期的主打内容，都是编辑部精心策划定下来的，它是集体智慧的结晶。

每一期杂志的主打内容，也是最大的亮点和卖点。所谓"亮点"，是指它能不能出彩；所谓卖点，是指读者买不买账。

可见，谈稿对于编辑部来说，的确是一件不可掉以轻心的大事。

由于涉及谈稿的一些内容，我在"新闻策划"一节中也已经较为详细地讲到过了，这里就说这些了。

（二）写稿

所谓写稿，这里包含两个方面：一是指约请作者为杂志写稿，即约稿；二是指杂志记者和编辑自己写稿。

1. 约稿

约稿，也称为组稿，是杂志社编辑向社外作者约写稿子的行为。

在约稿中会有两种情况存在：一是给作者的命题之作，也就是说，是编辑需要某一方面的文章，而向作者约写的文章。此类稿件，一般都是在选题稿会上，由主编"敲定"的稿件；二是编辑在与作者沟通过程中发现的题材，然后向对方约写的稿件。这类"约稿"，有的是编辑向编辑部汇报后"敲定"的，有的是"未敲定"的。无论是"敲定"的还是"未敲定"的，编辑在约稿中都要注意以下几点。

（1）在约稿时，一定要把所要约写的稿子的主题，明明白白地告诉作者。

如编辑部要请作者写一篇有关"浙江民营企业在金融危机背景下，如何发扬浙江精神，大胆突围，走出国门，积极寻找生存机会"的稿子时，就必须把这层意思明明白白地告诉作者，直到作者说"清楚了"为止。假使编辑在约作者写这篇稿子时，只是说"请帮助写一篇有关浙江民企如何走出困境的稿子"，这显然是"没有交待到位"。作者连要写什么主题的稿子都没有搞清楚，就仓促地、想当然地动手写稿，那样写出来的东西，很有可能不符合编辑部的要求。这样就非常被动了。

成功的约稿，常常是编辑和作者进行积极沟通后的结果。

以刚才讲过的有关"浙江民企积极寻找生存机会"的约稿为例。编辑在和作者的沟通中，有了以下的一些对话：

（一番寒暄后）

编辑：李老师，我想请您写一篇稿子。是关于"浙江民企如何在当下金融危机的背景下，不畏困难，发扬浙江精神，大胆走出国门，在一些国家和地区寻找投资机会，并且已经收到了良好效果"的稿子。

作者：这个选题不错。因为我一直很关注浙江民企的发展，所以手头也正好有大量的材料，我甚至还有10年前的有关浙江民企走出国门创业的材料。

编辑：李老师，我们这回约您写的稿子，主要是反映在去年（2008年）下半年美国发生次贷危机并引发了一场全球性的金融危机，中国的产品出口企业遇到了空前困难的情况下，浙江民企却"逆势而上"，凭着浙江人特有的既大胆又谨慎，还善于吃苦的精神，在一些国家和地区成功打开新市场的情况。所以金融危机前的一些浙江民企的事例，就不能用了。这回，我们要的是新鲜的材料。

作者：像最近我在报纸上看到了这样一条新闻，浙江民营企业杰克控股集团办公室阮主任向《每日经济新闻》确认，"公司已与欧洲最大的缝纫机企业德国百福工业机械有限公司签订了收购意向"，这样的例子应该正是你们要的文章的例子了吧？

编辑：对的，我们的文章就是要"锁定"这样的例子。当然，我们的稿子中，不仅仅是要列举这样的例子，同时，我们还要有"深度"的东西，在金融危机下，浙江的民企何来这么雄厚的资本？政府部门又给了他们哪些支持？

作者：还有，他们在国外的投资，在一片萧条中会有哪些机遇和哪些风险？浙江民企的这样一些举措，对国内其他地方的企业，有哪些示范意义？

编辑：对的。您已经想得较多了。在深入采访的过程中，您一定会有更多的更深的思考的。

作者：可以说，现在的走出去的浙江民企，和早几年走出去的浙江民企，既有相同点，又有不同点。所以，我认为，过去的一些老的材料，也许还能在这篇稿子中再派一些用场，从而形成一种对比效果，当然，过去的材料我不会用得太多的，也许是点到为止。

编辑：听您这么一说，我觉得您在我原先的思路上，有了新的拓展：老材料派了新用场。

作者：那还不是在你的启发下出现的"灵感"嘛！

（双方开心地笑了）

作者：什么时候"交货"？

编辑：今天是10号，我给您7天时间，好吗？

作者：7天……好的！大概要多长的篇幅？

编辑：5000字左右吧！如果内容的确很丰富，稍长些也可以，但要控制在6000字。

作者：好的！

……

通过以上编辑和作者的对话，我们可以看到，编辑在向作者交待约稿主题的时候，是交待得非常清楚的。编辑一再向作者强调所要的内容是在"金融危机后"而不是在"金融危机前"，这点是非常关键的。只是"金融危机"后浙江民企在国外的情况，才是编辑部要的新的东西。另外，编辑和作者还讨论了旧材料如何"新用"的问题。最后，编辑和作者还"敲定"了文章的篇幅和交稿的时间。因此，这次"约稿"应该是一次比较到位的"约稿"：一个是讲得清楚，一个是听得明白。这样的约稿，往往效果会比较好。

（2）自己还没有搞明白所要约写的稿子是什么主题，不要向作者约稿。

这种毛病，通常会发生在"新手"身上。我同样是用刚才讲过的那个例子来说事。假如编辑是以这样一种方式向作者约稿，那就很失败了：

（寒暄过后）

编辑：李老师，我想向您约一篇稿子。

作者：什么方面的内容？

编辑：就是有关浙江民企到国外去发展的稿子。

作者：不好意思，你能不能再说得稍微具体一些？

编辑：李老师，其实，我也说不太准，反正就是围绕企业走出去创业的事来写就行了……您是这方面的专家，您一定会写得非常精彩的！

作者：不一定的，你过奖了！我还是没有弄明白，关于浙江民企走出国门在外发展的文章多年来已经有许多人写过了，你们杂志为什么现在还要这方面的稿子？你们是怎么考虑的？

编辑：反正浙江民企在国外创业发展，就那么点事。您随便弄弄就是一篇文章了。其他，我也说不上来了……您就按照您的思路写好了！

作者：要我写这样的文章，我感到有点难度。这样吧，让我想想再和你联系吧！

编辑：……那好……到时我再和您联系……

……

可以想象，编辑的这次约稿一定会是"无功而返"了。事实上，作者已经有些不愿意为编辑写稿了。这么不明不白的约稿，换了谁都是不想去写的。"以其昏昏，使人昭昭"，注定是行不通的。

退一步讲，即便是那位编辑向李老师约来了稿子，也很有可能由于"主题的跑偏"而不能刊出。因为编辑部要的不是那样的稿子；编辑部要的是"在金融危机背景下，浙江民企如何化'危'为'机'，走出国门，积极寻找新的发展机会的"稿子。

因此，编辑在约稿前，一定要"备好课"才行。

（3）认真负责地处理好所约作者的来稿。

对于编辑所约写的稿子，一定要认真负责地处理好。这有几层意思：

A. 要使得文章的主题更加鲜明、更加到位。

编辑拿到作者的稿子后，先要认真地读一遍，看看这篇稿子是不是你所要的稿子。

当编辑看过稿子后，觉得"对路"，那就要对稿子进行"精加工"。编辑打理作者稿子的主要目的，还是为了让文章的主题更加鲜明、更加到位。所有不利于主题"更加鲜明和更加到位"的东西，编辑都要对其进行处理。这是一个编稿的原则。

B. 要尽可能地保持作者作品的"原生态"风格。

每个作者都有自己的行文风格。这才使得我们杂志的文章风格绚丽多姿。如果整本杂志的文章，读者感觉到是一个人写的，那是十分乏味的事。

我们的编辑，一定要注意尽可能保持作者稿子中那些"原汁原味"的"原生态"的东西。我们在实际中发现有这样的编辑，喜欢对作者的文章"大改"，结果，那些"原汁原味"的东西没有了，全成了编辑的东西了。

有的作者在文章中喜欢用倒装句，比如"终于到达了目的地，我和张萍他们"，有的编辑就爱把它改过来，成了"我和张萍他们，终于到达了目的地"；有的作者在句子中很少用"的"这个表示定语和中心词之间一般修饰关系的助词，比如"我们祖国，日新月异"，有的编辑就爱给它加上"的"字，成了"我们的祖国，日新月异"；有的作者爱通过标点符号来表现情绪，比如"这种贪赃枉法的行为，实在令人气愤！"，有的编辑讨厌在句子中出现"！"，于是，把文中的所有"！"都改成"。"；有的作者喜欢在文章中多分段落，比如有"一大块文字"，作者将它分成了三段，有的编辑不喜欢文章多分段，就把那三段文字连在一起，成了一个自然段，编辑认为，多分段是"轻浮"的表现，只有大段落的文章，才会显现出作者的严谨和沉稳……

其实，作者的一些句子，只要不是病句，或者读起来过于拗口，编辑就没有必要去改动它。尽可能地保持文章的"原生态"，不仅是为了让不同的文章，都具有不同的行文风格，同时，也是对作者的尊重。否则作者会抱怨："我的句子，又没有毛病，你动它干什么！"

C. 稿子在拉出清样前，要请作者予以确认。

编辑所约写的作者的稿子，在通过主编终审后，就可以排版了。但此时的稿件已经经过编辑、部主任、主编的编改，有的地方可能作了删除，有的地方可能有了一些改动，甚至标题也有可能改过了。为了尊重作者，编辑应该将最终要发的稿子，包括放在版面上的"样子"（版样），发给作者，请他亲自过目确认。这样的好处是：一是尊重作者；二是可以让作者帮助最终消灭稿子上的错误；三是避免了今后可能出现的一些纠纷。

D. 不用的稿件，要向作者致歉，并且照发稿费。

编辑约来的稿子，由于种种原因，不一定会百分之百刊用。比如作者的稿子写得不到位，或者稿子错过了刊发的最佳时机等等，都会造成稿子的"不用"。当然，这对作者来说是"坏消息"。那么怎样来安抚此时的作者呢？编辑对此至少要做好这些方面的工作：一是及时地委婉地将稿子不能刊用的原因告诉作者，取得作者的谅解；二是仍旧将稿费支付给作者。当然，可以根据编辑部的经济情况，适当打折支付。但无论如何，只要是编辑特约的稿子，不论刊用还是不刊用，支付稿费是必须的。这是对他人辛勤劳动的一种尊重。这也是编辑向作者表示歉意的一种形式。如果我们的编辑能这样来处理问题，作者一定会对编辑部的做法满意的，于是，编辑和作者之间的合作也会保持下去。对一本杂志来说，作者就是他们的财富。

E. 及时寄送样刊和稿费。

一本刊有编辑所约作者稿子的杂志出版后，编辑应该在第一时间就将样刊和稿费给作者寄去或送去。这项工作是非常重要的。它既体现了杂志社的严谨、有序的工作作风，也体现了杂志社对作者的尊重和在意。"作者是杂志社的财富"，好的作者尤其是这样了。我们现在是"内容为王"，没有一流的作者，就很难有一流的内容。也许会有人说，我们杂志社有记者可以写稿子。但是，即便是有记者，他们的文章也不能替代一本杂志的全部内容。退一步讲，如果一本杂志的文章，全部是杂志社记者所写的，那这本杂志，久而久之，一定让读者倒胃口的。因此，作者对一本杂志来说，其重要性怎么说都不为过。及时寄送样刊和稿费，看似没有什么了不起的，其实，它体现了一种精神、一种风范、一种品质，这样的杂志社，一定会赢得"天下高手"的特别青睐。

2. 自写稿

杂志社的记者和编辑在谈稿会上，谈了自己的写稿设想并被确认为"可以采写"，或者是记者和编辑得到了主编的"指令"，要求完成某个稿子的写作，这时，记者和编辑就进入了写稿的状态（当然，一本新闻期刊，采写的任务主要是由记者来完成的，但有时编辑也会参与采访工作。编辑写稿，往往会有好的质量，因为好的编辑一定是由好的记者"转业"而来的，否则，这个编辑你是当不好的）。无论是记者也好还是编辑也好，采写稿子时，都要注意以下几点：

（1）自写稿一定要写好，因为它代表着一本杂志的水平。

杂志上表明"记者×××"的，就是记者的"自写稿"。记者的稿子发表在自己的杂志上，应该说是杂志的一件重大的事情。这点与报纸的记者写稿发稿，又有一些区别。报纸记者所发的稿子，一般篇幅较短，俗称"豆腐干"，稿子好坏，问题不是太大；另外，报纸的"生命"周期太短，一般也就半天或一天而已，因此，有一篇记者的不太好的稿子，很容易"混"过去。杂志则不然，杂志上发表的记者的稿子往往篇幅较长，短则会在两三千字，长则会在五六千字；而且杂志的生命期较长，如某个人案头有一本杂志，他会经常去翻阅它。一本精美的杂志，读者一般是不会轻易丢掉它的。有人统计过：一张报纸的读者一般在一两个人，而一本杂志的读者可能会达到十来个人，可见杂志这种媒体的传播效应是很强的，一篇记者写的"烂稿"，对杂志的影响也会很大。

新闻期刊的编辑部对记者所写的稿子的要求会是非常高的，因为它往往是代表着一本杂志的水平。这种水平包括写作水平和思想水平。新闻期刊记者的稿子，要么不发，要发就一定要是好稿。宁缺毋滥，是杂志编辑部发稿的一个原则。

（2）要利用好杂志社本身的团队优势。

正因为读者对新闻期刊记者所写的稿子的高要求，所以记者在采访和写作时，一定要充分依靠编辑部的团队优势。

杂志社编辑部的记者、编辑们，一般都是"高手"，否则，他是无法在杂志社从事采编业务的。许多曾经在报社工作的记者、编辑，转到杂志社后，会非常不适应。因为新闻期刊对记者的稿子的质量要求是综合的、多元的，而不是你写一个"豆腐干"，或者干脆在一篇新闻通稿上署上你的名字就可以过去的。可以说，在杂志社得到锻炼的记者、编辑，他们的综合素质就特别好。当你要写的选题被编辑部主任认可后，"怎么写"，你应该多听听同事们的意见。一旦大家为你出了主意，你再动笔不迟；而且当你写完后，也可以给同事看看，让他们给你挑挑毛病。这样，在团队的帮助下，你的稿子质量一定会把握得比较到位。

（3）要及时对自写稿进行评价。

在每一次杂志社内部的"选题会"上，一开始应该留出一段时间，由主编或者编辑部主任对已经刊发的记者的稿子，作一个简短的评价。当然，在评价的时候，一般还是对写得比较好的稿子进行正面的"点评"为好。在"点评"的时候，发言者一定要讲清楚这篇稿子好在什么地方。这样，其他成员就会有一个可以明确学习的地方了；同时，这种"点评"才会让人心服。笼统的评价是没有什么效果的。

新闻期刊的编辑部，也可以集中安排时间，让在一些评奖活动中得奖的记者谈谈他采访和写作的体会。这种交流，也是颇有益处的。

有条件的杂志社，还可以专门拿出资金，为记者、编辑的获奖稿子出版专集。这种"专集"可以成为记者、编辑学习的样本。

（三）编稿

编辑拿到作者的稿子后，"一审"和"精加工"工作就开始了。

编辑先要认真地读一遍稿子，看看这篇稿子是不是你所要的稿子。当编辑看过稿子后，觉得"对路"的，那就要对稿子进行"精加工"：看看有没有什么累赘拖沓之处，看看有没有结构需要调整的地方，看看有没有需要核对、查证的关键的、重要的"提法"、"概念"、"引语"、"人名"、"数字"等，看看标题是否可以改得更准确更吸引人，看看有没有涉及一些特别敏感的"政治问题"，如果有问题，编辑就要对稿子动"手术"，直到问题的解决。

其实，编辑打理作者稿子的主要目的，还是为了让文章的主题更加鲜明、更加到位。所有不利于主题"更加鲜明和更加到位"的东西，编辑都要对其进行处理。这是一个编稿的基本原则。

做好编辑工作，要解决以下九个问题（九问）。

1. 有没有政治问题

所谓政治问题，是看稿子中有没有什么地方犯了"禁忌"，比如有没有和中央的精神保持一致？有没有存在不利于社会稳定的一些观点？有没有泄漏国家需要保密的东西？等等。

中宣部、新闻出版总署等部门，在政治上，对新闻出版单位都有一系列的要求和规定。

比如2000年6月28日新闻出版总署下发了《关于进一步加强时事政治类、综合文化生活类、信息文摘类和学术理论类期刊管理的通知》（新出报刊〔2000〕753号），其中特别强调了以下几点：

一、时政、综合文化、信息文摘、学术理论类期刊的出版，必须坚持正确的政治方向，坚持正确的舆论导向，增强政治意识、大局意识、责任意识，坚持为人民服务、为社会主义服务的出版方针，坚持社会效益第一的原则。

二、时政、综合文化、信息文摘、学术理论类期刊在出版过程中，应认真执行党的有关宣传工作的方针政策，严格遵守党的宣传纪律，严格执行国家对期刊出版管理的有关法规、规章，严禁在刊物上出现以下内容：

（1）否定马列主义、毛泽东思想、邓小平理论指导地位的；

（2）违背党的路线、方针、政策的；

（3）泄露国家机密，危害国家安全，损害国家利益的；

（4）违反民族、宗教政策，危害民族团结，影响社会稳定的；

（5）宣扬凶杀、暴力、淫秽、迷信和伪科学，思想导向错误的；

（6）传播谣言，编发假新闻，干扰党和国家工作大局的；

（7）其他违反党的宣传纪律和违反国家出版管理规定的。

三、时政、综合文化、信息文摘、学术理论类期刊刊发有关涉及党和国家重大政治问题的内容，刊发涉及外交、民族、宗教政策的内容以及刊发涉及国家安全、军队、国防建设等方面的内容，必须严格遵守党委宣传部门的统一要求，严格遵守国家的有关规定。

编辑对中宣部、新闻出版总署等有关部门提出的一些"规则"、"规定"，一定要严格执行。这是对编辑的政治要求，也是编辑作为"守门人"应尽的职责。

编辑要有一双"火眼金睛"，因为有些政治问题，它是淹没在"浩瀚"的文字之中的，它们是被掩埋好的"地雷"。如果编辑不在政治上绷紧这根弦，就很容易踩着了"地雷"。当然编辑的这种政治上的敏锐和发现问题的经验，要靠不断的学习和实践来积累。从这个意义上讲，编辑是一个"政治家"。

比如，有一篇稿子中涉及中国台湾地区时是这样写的："据海外媒体披露，属于汉字文化圈的中国、日本、韩国和台湾的学者决定制作统一字形（文字的形状）的5000～6000个常用汉字标准字……"这段文字中，隐藏着严重的错误：作者将"台湾"和其他国家并列在一起。尽管作者的本意并不会将"台湾"作为一个"国家"和其他国家"平起平坐"，但在文字的表述上，的确是"犯了错误"。对于这样的错误，如果我们的编辑没有及时发现它，那就非常危险了。客观上，你的错误，正好给那些对中国不友好的人提供了"台湾是一个独立的国家"这样一个"证据"。他们非常有可能在这个"错误"上做文章："瞧！连中国的官方媒体都把台湾作为一个独立的'国家'了！"这种错误，它的影响是非常坏的。这种错误也是一个低级的、常识性的错误。编辑要去发现它，是理所当然的。如果这种错误的东西，也能从编辑的眼底下"逃过"，那只能说明，这是一个对工作极不认真的人。对他是否适合再在编辑部工作，就要重新考虑了。

还有一些问题，是非常隐蔽地"躲在"字里行间的，或者说是潜伏在"文章的意思"里面的。这种有政治问题的稿子，是不太容易被发现的。比如，有的评论开头部分还算正常，只不过是对某些政府的不作为进行批评，但写着写着，作者的"气"越来越大，于是，就有了一些过于偏激的话了。这种话的意思是在含沙射影地否定共产党的领导，说什么西方的多党轮流执政是"普世真理"。这样的稿子问题就大了。编辑要善于发现这些问题，并且要坚决"枪毙"它。

现在有许多"自然来稿"，对于这些稿件，编辑一定要十分谨慎。要警惕这些"自然来稿"，有不少是出自"自由撰稿人"之手。他们的背景是非常复杂的。他们的稿件中常常会有一些"地雷"埋在那儿，就等着你去踩。编辑不可掉以轻心。

现在，中国的一些专家、学者的思想"十分活跃"，而且是"敢想敢说"。他们中不乏偏"左"或偏右的人。我们不要一听说是什么著名的专家、学者的稿子，就如获至宝地进行编发。我们一定要冷静，要好好想想，他们的观点是否和中央一致，有没有夹带着"杂音"、"噪音"和"跑调的音"。如果有问题，我们就不要编发他们的稿子。当然，有人会说："他们是在发表不同的学术观点，没有什么嘛！"但是，我们却不能这样去认为。我们是党管的媒体，我们没有接到通知，说是可以在政治观点上"百花齐放"。因而我们的原则是，我们编发的所有稿件，一定要和中央的精神保持高度的一致。

政治上的把关不严，不仅仅会传播出去一些有严重政治问题的文章，也会危及到我们媒体自身的"安全"。有不少媒体，由于出了这样和那样的问题，轻者，主编换掉、编辑部主任辞退，重者还会"勒令停刊"。因此,我们编辑一定要吸取人家这方面的教训,对每一篇稿子都要十分小心,来不得半点马虎。

看看稿子有没有政治问题,是编辑最重要的工作。

2. 有没有格调问题

新闻期刊一定要保持自己的品味和格调。现在,低俗的、色情的、颓废的、浮躁的东西充斥媒体。有人说,现在是娱乐时代,一切都是为了娱乐。那些格调低下的东西,却被不少人拿来作为娱乐的"美味佳肴"。在这个畸形的所谓的"娱乐时代",我们新闻期刊的编辑千万不要"随波逐流",错误地以为新闻期刊也应该是奉行"娱乐主义"了。

编辑要坚持属于自己的那份"清纯",要"出淤泥而不染,濯清涟而不妖"。在具体的一审过程中,要善于发现那些属于格调低俗的东西,千万别让它从你的眼睛底下悄悄溜过。

一些媒体的低俗之风,已成一种社会"公害"。这一"公害"主要表现在:

——少数媒体采用非常手段,甚至通过偷窥的方式,把注意力集中在明星的绯闻、丑闻、诉讼和琐事上。以至有人反映,在部分媒体上,"明星取代了模范,美女挤走了学者,绯闻顶替了事实,娱乐覆盖了文化,低俗代替了端庄"。

——少数"时尚"报道热衷于对豪宅、盛宴、名车和其他奢侈品的炒作,或者将性虐待等低俗的文化元素当作时尚标签加以追捧。

——少数媒体以"性"为卖点打"擦边球",以追求"眼球效应"。比如某出版社将清代李渔的作品《闲情偶寄》分三册重新包装推出,竟分别冠以"春光乍泄"、"妖颜惑众"和"女人好色"的艳名;在一些知名网站上,《我的妓女生涯》、《女博士的风流韵事》、《舌吻搞定新情人》等网页标题赫然在目。

——少数媒体漠视苦难,轻薄死者,缺少人文关怀。比如,无论是中国工人在阿富汗遇袭,还是俄罗斯别斯兰人质事件,都有电视节目号召观众通过短信竞猜;广州今夏有30余人因酷暑死亡,某媒体竟戏说为"广州酷毙三十余人";南京一行人死于车祸,当地一家媒体的标题竟然是《骑车人"中头彩"惨死》。

——少数媒体渲染暴力色彩,过度追求猎奇。例如,对抢劫、凶杀、强奸等报道津津乐道,细节描写、大标题、大图片,以求最大限度地刺激读者感官;偏爱离奇古怪、荒诞不经的内容,乐于刊登像《千年木乃伊怀孕》、《妻子骗来同事送给丈夫强奸》之类的无聊内容。

作为新闻期刊的编辑,都要清醒地认识到以上媒体带来的"污染"所造成的社会"公害"的破坏力有多大。这种"公害"牺牲对象主要是青少年。于是有不少正义之士呼吁:别为了捞钱而毁了下一代!

新闻期刊也是商品,也是要卖钱的。这很正常,现在的媒体,除了是"公益性"的外,都"企业化"了。是企业,就要追求利润。但我们认为,我们应该是有社会责任感的"企业",有义务为读者提供健康的、积极的,符合中华民族传统美德的东西。

作为新闻期刊的编辑,一定要有这方面的把关意识。

3. 有没有过时问题

在给新闻期刊的来稿中,会有不少是过时的东西,所谓"过时",至少这篇稿子是应该在前几期就刊发的。人们对这件事的热情已过,现在再刊发,显然不合时宜。

新闻期刊虽然在时效性上不能和报纸、电视、广播、网络比,但既然是"新闻"杂志,对新闻的时效性的讲究还是有的。像《观察与思考》杂志,编辑在看稿的时候,发现是半个月前的事,一般就要给它判"死刑"了。尤其是时政评论、新闻述评类的稿子,对时效的要求就更高了。在《观察与思考》编辑部,编辑在挑选时政评论时,着眼于越贴近出版时间的稿子越好,因为它相对来说是"新鲜"的。

有不少稿子,题材其实已经不新了,但只要能写出新意,也是可取的。比如有关房地产方面的题材,这几年已经是被媒体"炒烂"的东西了。能不能再做文章?回答是可以的。

中国的房地产,是非常"不安分"的,就像是一个"顽皮的孩子"，今天这样，明天那样。正因为它老是在"不安分"中变动，关于房地产的新闻报道就从来没有停止过。

房地产2008年下半年开始，一路"温了下去"，各地的房地产商纷纷降价销售，以便回笼资金。于是有人，包括一些专家认为，中国的房地产正在滑向低谷，"崩盘"已经为时不远了……可是，到了2009年的四五月，中国许多城市，北京、上海、杭州等地的房地产突然伸了个懒腰，抖落身上的"尘土"，"站了起来"。如杭州从5月1日起到5月23日，楼市成交已达到了6801套。这个数据甚至超过了近三年杭州主城区的月成交冠军——2007年6月的6532套。房地产的回暖，令不少人出乎意料。与此同时，又有专家站出来说："现在说房地产已经走出低谷，还为时过早。房地产将面临更大的危机。"

今后的房地产，或者说2009年下半年的房地产和2010年的房地产到底会走向何方，一时又成了公众关注的热点。既然是社会热点，新闻期刊自然可以"特别关注"。

这个房地产的例子说明，有许多看似老掉牙的题材，有时候也会"焕发青春"的。这些题材有"养老问题"、"高考问题"、"医改问题"、"交通问题"、"就业问题"等。其实，这些老问题，都是还"活着"的问题，既然还"活着"，它们就不会停止它们的脚步。当它们迈出新的一步的时候，就又有了"新闻"。

反过来，那些"过时"东西，也的确是存在的。我们所说的"过时"，主要还是指我们对某事件报道的滞后。比如2009年4月在杭州文二路发生了"富家子弟飚车撞死阳光男孩"的恶性交通事故，这一事件曾经引起了全国的"轰动"。各地媒体纷纷对这一事件进行了报道。到了5月下旬，肇事者被检察机关批捕，媒体对此的报道也开始降温。在这种时候，如果有作者向杂志投来有关这一事件的稿件，显然已经失去了报道的最佳时机。编辑如果还要编发这样的稿子，当然是不合时宜了。

编辑编发稿子的一个原则是，稿子发表的时间，一定要和读者的兴奋点尽可能地"重合"。这种"重合"的"面积"越多越好。

4. 有没有松垮问题

有的作者认为，新闻期刊用的稿子，都是长稿子，以致在写作的时候，往往会将其拉长。还有一种情况是，作者想："只要我的稿子的题材好，写得长一点没有关系，编辑会删减的"——他就这样把问题留给了编辑。

由于来稿中往往有较多的"水分"，使得稿子松松垮垮的，湿淋淋的，这时，编辑就要毫不留情地将稿子中的"水分"挤掉，大刀阔斧地删除那些可有可无的、重复累赘的、过于铺陈的东西。当然，这样做，作者会心疼的，但编辑可不能心软。编辑是"质量至上主义者"，不管是谁的稿子，不符合质量要求，就一定要删改。

在"挤水分"时，是有技巧的。

有的编辑在删稿子的时候，往往会感到无从下手；有的编辑花了很长的时间，也没有把"水分"挤干净。这是什么原因？问题的关键有两点，一是编辑自身的问题，你还没有把稿子"看透"，你当然会不知从何处下手了。二是编辑没有"删段"、"删句"而是在"删字"。这样，你忙了半天，"挤水分"的效果自然就不会好。

编辑要删稿子，"删段"是最有效的。作者在稿子中，为了说明一个问题，列举了三四个同类型的例子，那你就可以删掉一两个例子。作者用那么多的例子来说明一个问题，本身就显得过于琐碎。你采取这样的"删段"法，不会伤及稿子的元气，反过来，作者也不会不满意。

编辑在"删句"的时候，要选择那些意思重复的句子"动刀"。稿子中，用一句话就能说清的，作者用了两三句话来说，这就有点"絮絮叨叨"了。这时，编辑就要把那些重复的、意思差不多的句子删掉。对那些意思并不重复的句子，编辑在删的时候就要格外小心，免得"断了文脉"，带来上下文接不起来的问题。

总之，作者的文章"松垮"的问题，是一个较为普遍的问题。编辑要去解决这个问题，最重要的是一定要先把文章看明白才行。这就像病人到医院看病，医生先要对病人进行各种检查一样。

5. 有没有常识问题

这里说的常识问题，是指一些属于常识性的问题、属于文章结构的缺陷问题、属于语法和修辞的问题。

编辑在处理稿子的时候，经常会发现一些常识性的错误（有的也许是属于笔误），这些常识性的错误，有时也会发展成为政治性的错误。比如把中央政治局常委的排列顺序搞错了；比如将"中国"和"台湾"并列在了一起；比如将"穆罕默德"说成是"耶稣"，或者把《古兰经》和《圣经》搞混了等。

还有许多科学常识方面的错误。比如我们知道自从发现南极上空出现臭氧空洞以后，科学家们经过近10年的研究，最后得出一致的结论：臭氧层的破坏和臭氧空洞的出现，是人类自身行为造成的，也就是人们在生产和生活中大量生产和使用"消耗臭氧层物质"（ODS），以及向空气中排放大量的废气造成的。ODS主要包括下列物质：氯氟烃、全溴氟烃、四氯化碳、甲基氯仿、溴甲烷等。ODS的用途：用作制冷剂、喷雾剂、发泡剂、清洗剂等。废气：主要是汽车尾气、超音速飞机排出的废气、工业废气等。在上述所有物质中，破坏力最强的（或者称之为"罪魁祸首"）是氯氟烃和全溴氟烃。而在我们生活中用得最多的就是我们大家所熟悉的氯氟烃。氯氟烃是氟利昂的一部分。但是，我们的作者会把"造成南极上空出现臭氧空洞"的"罪魁祸首"，说成是汽车所排放的尾气。这就显然不准确了。

说起常识性错误，有时就会发生在我们身边的一些有较好学历背景的人身上。比如，就"新的一年（生肖年）是从什么时候开始的"这么一个"普通问题"，许多人会以为：新的一年是从大年初一的春节开始的。其实，这是不对的。一年的开始是立春。所谓"一年之计在于春"而春天是从寅月开始计算，寅月的开始是2月4日左右的立春开始计算。这与地球旋转相对天上七星斗柄的位置是有关的。地球旋转，天上七星看上去像一个斗柄，相对地球的位置随月令的不同而指向地球不同的位置。"斗柄指寅，天下皆春；斗柄指巳，天下皆夏；斗柄指申，天下皆秋；斗柄指亥，天下皆冬。"一年从春天开始，而春天是斗柄指寅的时候才开始,斗柄指寅的时候刚好是立春,进入了新的生肖年,因此,新的生肖年应该是从立春开始。

编辑要善于发现一些常识性的错误,这是特别重要的。这种发现的能力,需要对知识的不断积累。所以编辑要"好学多问",还要"多疑"。这样,许多错误就会被高明的编辑"逮住"。这是编辑的一项基本功。

6. 有没有结构问题

同一篇文章,可以用不同的结构方式来"构建"。

编辑在处理文稿的时候,其实还有一个"使命",就是"二度创作"。当然,编辑的"二度创作"不是在原来的事实上,再添加一些虚构的东西。这就违反了新闻真实性的原则。"二度创作"也不是"画蛇添足"。"二度创作"的目的是使得文章更加完美。因此,编辑的工作也叫"改稿"。我称编辑的工作是"深加工"。当编辑发现,可以用一种更好的结构方式来表现主题的时候,完全可以调整它的结构。有时我们会发现,编辑在文稿上用红笔将这一块内容"调出来",安排到了另两段文字之间。这就是编辑在为文稿"动手术"——调整结构。

7. 有没有语法和修辞问题

编辑在修改一篇稿子的时候,其中一项特别重要的工作就是对文稿中的语法问题和修辞问题进行修改。作者的文稿中存在着语法和修辞方面的问题,这是难免的,也是不足为怪的,但是,经过编辑的手,仍然存在着语法和修辞问题,那就是一个编辑是否称职的问题了。因为对文稿语法和修辞方面的"把关",是编辑最基本的工作。

编辑在上岗前,一定要经过语法和修辞方面的基本功的训练。中文系毕业的学生,在这方面的问题稍微少一些,这是由于学习语法和修辞,是中文系学生的重要课程。如果一个中文系毕业的学生还没有过这一关,那他就是一个不合格的学生。非中文系毕业的学生,在语法和修辞上存在不足,那还是可以原谅的,但他若不去补上语法和修辞这一课,那是不应该做编辑的。

许多语法和修辞方面的毛病，在文稿中会隐蔽得非常深的。恰恰是这种毛病，很容易从编辑的眼睛底下逃过。一个用心的编辑，一定是会逐字逐句地对文稿进行"梳理"、"检查"，这样，才能发现语法和修辞方面的毛病。

这对编辑来说，是一项艰巨的工作。一篇五六千字的文稿，认真的编辑可能要花上一两天的时间来处理它。现在有些编辑在处理文稿的时候，常常有"惊人的"速度。他一天甚至可以处理好几篇稿子。对于这种"神速"，编辑部的头儿们一定要小心。经验告诉我们，如果从"严格要求"的角度来看，这个编辑一天是绝对不可能处理好几篇稿子的。因此，这样的编辑所处理的稿子，一定是"充满着陷阱"的"事故高发"的稿子。它的危害性是不言而喻的。

8. 有没有标题问题

一篇稿子的主体内容都经过基本的认真的修改后，接下来的一项重要的工作，便是对标题的"审视"。

对标题的把握，编辑可以从这么几个方面去考虑。

（1）标题能否准确地表现主题？

标题是一篇文章的旗帜。它应该是能将文章所要表现的主题明确地告诉读者。反过来说，当你看了标题，就应该马上知道，这篇文章要讲的是什么"故事"，当你看了一篇文稿的标题，感到"不知所云"，"云里雾里"的，也许，这个标题就有改动的必要了。

有人说现在是"读图时代"，要我说，现在也是"读题时代"。

现在我们每天要面对的是海量的信息。这种"海量的信息"存在于哪些地方呢？一是报纸；二是网络。

现在的报纸都是厚厚的一叠，少则二十来个版，多则五六十个版，甚至还有一百来个版的。那些"报人们"得意地说，现在是"厚报时代"。其实他们犯了一个"错误"，即给读者造成了阅读的困难。现在生活的节奏那么快，谁会把时间花在一篇一篇地去读那些稿子上？于是，面对这厚厚的一叠报纸，人们只有一个办法才能"消化"它，那就是快速阅读法——读题，或者叫"浏览标题"。在这样的阅读方法下，一份沉甸甸的报纸，几分钟后，就结束了它的生命。

我们上网，面对的更是"海量"的信息。因特网是一个"宇宙"，我，一个人，在因特网上游走，渺小得如细菌一般。面对"漫无边际"的信息，我们只有一个办法，那就是"读题"。假设一下，那些虚的、泛泛的标题，肯定不会有人去"点击"它。那它也就死定了。它就没有存在的必要了。其实，报纸在做标题上，应该向网络学习。网络为了让读者去"点击"它的标题，网络编辑还是下了一番工夫的。这些编辑是很懂得如何"抓住""网民"的。

（2）标题能否起得更吸引人一些？

杂志编辑应该向网络编辑学习，在如今这样的信息爆炸的时代，我们的标题一定要处理得让人"一目了然"。我想，之所以叫题目，就是这个"题"，要能抓住人的眼球——"目"。这是编辑特别需要下工夫的。

有时候，编辑可以同时给文稿准备若干条标题，然后请你的同事们帮助选一下，哪个标题更吸引人。

作者在给自己的稿子取标题的时候，有时还是很粗糙的。因为作者是有依赖性的，他想，反正编辑会重新拟过的。这时，编辑就要对认为不满意的标题进行修改，有的干脆重新做过。要吸引人，只有一个原则，就是一定要准确地把文章涉及主题的一些要素放到标题中去。

杂志社一旦决定要用某篇稿子的时候，这篇稿子一定有它新颖别致、与众不同的地方，或者说，一定有它能够让读者感兴趣的地方。如果没有这些，那这篇稿子压根儿就没有必要刊发。为此，我们的编辑就要把这些"卖点"拿出来，做在标题上。

有人做过这样的试验，当一个读者经过一个报刊零售摊点的时候，他首先就是浏览报刊上的标题。他的目光停留在一张报纸或一本杂志的某一条标题上的时间，超过5秒钟，他就很有可能会成为这张报纸或这本杂志的购买者。

可见，一条吸引人的标题是多么重要。

标题要做到吸引人，最简单、最可行的办法，就是你做的标题，一定要等于你给读者讲了一个故事,当然,这个故事你是用最简洁的语言来讲的。这个故事是:"谁,干了什么",或者,"谁,怎么了?"这个标题是由"主语+谓语+宾语"构成的。这是汉语中一个最基本的句子形式。因为这个句子,可以把人想表达的最基本的东西"表达出来"。这种句子,也是最容易让人明白你的意思的句子。

我想说,编辑在审视标题是否好的时候,最有效的办法,就是用"主语+谓语+宾语"这个"公式"去"套"它。如果标题中缺少了其中一项成分,那这个标题一定有问题了。这个问题就是,读者看不懂你的标题在说什么。

越能让读者在最短的时间内看明白你的标题所要讲的"故事",就越是好标题——这是一个硬道理。

(3) 标题的文字能否再简练一些?

一条冗长的标题是让人无法忍受的。读者会毫不留情地"抛弃"它。

编辑在修改标题,或者重新拟定一条标题的时候,一定要问自己:"这条标题,还可以去掉字吗?"

对于标题来说,编辑也有一个"挤掉水分"的任务要做。

举个例子。

《观察与思考》杂志的编辑收到了一篇稿子,原来作者的标题是《让人遗憾:白岩松们弄不清楚中国的生肖年是从除夕算起还是从立春算起》,共有 31 个字。编辑感到:这标题实在太长了!一般来说,一条标题字数超过 10 个,就会让读者"望而生畏"。于是,编辑就动手把原来标题中可有可无的字删去,改成了现在这样一个标题:《遗憾:白岩松们不懂生肖年从除夕还是立春算起》,共 20 个字,删掉了 11 个字。删掉的,超过 1/3。

时间,就像海绵中的水,要挤,总会有的。

我说,标题,就像一块湿海绵,要挤,总会有水滴出的。

9. 有没有虚假的问题

现在的"自然"来稿中,好稿、坏稿;真搞、假稿,鱼龙混杂,这给编辑在处理稿子的时候，带来了难度，也带来了风险。

2009年4月14日，一条关于新闻的新闻引人注目：新闻出版总署办公厅发文通报6种报纸刊载严重失实报道的处理情况。通报说，新闻出版行政部门不断规范新闻记者的新闻采访活动，但是仍有少数报社不负责任地发表有失客观、公正的文章，甚至编造虚假报道，造成不良社会影响，损害了媒体的社会公信力。

严重虚假失实报道有5个，涉及6家报纸：《京华时报》刊载关于招商银行的虚假报道《招行投资永隆浮亏百亿港元》；《新快报》转载关于"孙中山又成了韩国人"的虚假报道；《东方早报》刊载关于所谓六大救市措施的虚假报道；《民营经济报》刊载关于哈药集团生产假药的虚假报道；《青岛早报》、《华西都市报》刊载关于我国舰艇索马里护航的虚假报道。

如果说，"孙中山又成了韩国人"的虚假报道的过错是因为《新快报》的编辑在网络上直接下载未经确认的"消息"所致，那么，《青岛早报》、《华西都市报》编发"我国舰艇索马里护航"的虚假报道的编辑，就实在是"荒唐"了。

让《青岛早报》、《华西都市报》上当的是一个自称《华西都市报》的自由撰稿人。他说，"有朋友随舰艇护航，他可以向我提供有关信息，我可以向你们供稿"。于是，《华西都市报》大喜，以为可以发一组"独家新闻"。而《青岛早报》则是通过向《华西都市报》购买稿子后，再在自己的报纸显著位置与《华西都市报》同步刊发纯属作者编造的虚假新闻的。

这个叫童其志的"退伍军人"还真是一个"高手"，居然能够东拼西凑，添油加醋写出长篇系列纪实报道《剑指黄金水道——中国海军索马里护航》。其中最为搞笑的是，他居然能编造出这样具有爆炸性的"新闻"：1月15日，我海军在索马里海域实施护航任务的三艘战舰遭到"不明国籍的潜艇"跟踪，并最终在曼德海峡西海岸成功将其逼出水面，新闻配图使用的都是在印度洋海域频繁出没的印度海军潜艇，给人印象是暗指印度海军。

童其志后来"交代":从2008年12月28日开始一直到2009年1月25日结束,我共发给《华西都市报》26篇稿子,《华西都市报》全部采用刊发,其中包括"围鲨"和"猎鲨"两篇稿件;这两篇稿件完全是我个人将2008年4月份某杂志刊登的一篇中国海军舰艇反潜纪实的稿子改头换面、杜撰拼凑出来的。

军事无小事。外交无小事。那两家在全国还颇有影响的报纸,最终受到了"严惩"。那个自由撰稿人,从此也就失去了"自由":报刊必然将他列入黑名单,死死地看着他。

我说这些事,无非要告诫我们的编辑们:千万要擦亮眼睛!现在满天下虚假的东西太多了!

以上"九问","矛头"都是对着别人的稿子的。其实,编辑在编辑工作中,自己也会出现失误。就像现在的医院,常常会有这样的荒唐事出现:没病的人被看成"有病"了,小病的人被看成"大病"了。

要识别真假与否,编辑可以从几个方面着手:过于传奇的稿子,就要小心了;不用真名的稿子,就要小心了;涉及国家领导人的和国家机密的,就要小心了;对突然冒出的自由撰稿人,就要小心了;通过网络整合的稿子,就要小心了;境外作者的来稿,就要小心了;自称是独家新闻的,就要小心了;对于曾经有造假劣迹的作者,就要小心了。

对于编辑工作的不慎带来的毛病,我的好友,《都市快报》的著名时评家徐迅雷先生在给我的一篇文章中,曾经"义愤填膺"地讲了他的一次遭遇,并严厉批评了不负责任的编辑。

不久前我写了一篇杂文《那些最差的美国总统》,先发在一家杂志上,后被收入《2008最适合×××阅读杂文年选》一书中,由北方某出版社在2009年1月出版。新近拿到样书,大吃一惊,结尾被删改,面目已全非,我立刻旁批一句:编者瞎掰,结尾哪是这样的?

同书有许多杂文大家，一想到被杂文同仁笑话，我都恨不得找个地缝钻进去。类似"作者不傻编辑很傻"的事情，我遇到过多回了，也真是无可奈何。我的原文中的那句话是：

……克林顿也没有什么《克林顿文选》，倒是那部回忆录很出名，稿酬也拿了不少，尽管不大好在书中畅谈那著名的办公室婚外情。

结果到了书里被编成了：

……克林顿的《克林顿文选》，这部回忆录很出名，稿酬也拿了不少，尽管不大好在书中畅谈那著名的办公室婚外情。

克林顿的回忆录书名是《我的生活》，哪里是什么"克林顿文选"，"文选"怎么也不会是"回忆录"啊，真是搞笑。

这个编辑在编改徐迅雷稿子的时候，把"倒是那部回忆录很出名"中的一个关键的指示代词"那"给忽略了，想当然地把它当成了"这"，并将"这"和子虚乌有的《克林顿文选》对上了号，结果成了改后中的"克林顿的《克林顿文选》，这部回忆录很出名"了。这个"那"和"这"，只是一字之谬，但却完全造出一个假来了。

这种"一字毁"，损害了徐迅雷先生的"名声"，难怪他要"迅雷大作"，骂那个编辑是"荒诞派编辑"了。

说到了"一字毁"，我就自然想到了"一字怒"的故事。

20世纪80年代初，上海的《新民晚报》复刊。著名报人赵超构为复刊号写了《复刊的话》。报纸出来后，赵超构一看那篇《复刊的话》就大怒。原来他在稿子中有一句话，是体现《新民晚报》办报宗旨的——"为民分忧，与民同乐"，编辑却将它改成了"为国分忧，与民同乐"。"民"字改成"国"字，意思就大不一样了。原先的"为民分忧，与民同乐"，前后是有递进关系的，先是"为民分忧"，然后"与民同乐"。而且"为民分忧"，体现了《新民晚报》的"人文精神"。在赵超构看来，一份报纸，不能"为民分忧"，何来"与民同乐"？

难怪赵超构先生对此也要"迅雷大作"了。

说了"一字毁"、"一字怒"的故事,我倒又想起了几个"一字师"的故事来。

唐代有个诗僧名叫齐己,写的诗清逸隽永,耐人寻味,在当时的诗坛上享有盛名。有一回,他写了一首题为《早梅》的诗,其中有这样两句:"前村深雪里,昨夜数枝开",恰巧诗友郑谷来访,看后认为梅花数枝开不能算早,就提笔改了一个字,将"数枝"改为"一枝",突出其独在百花之先绽开。齐己看了,佩服得五体投地,连称郑谷是"一字之师"。

吴玉章与董必武、徐特立、谢觉哉、林伯渠一起被尊称为"延安五老"。他的文章素有"金玉文章"之美誉。

吴玉章在1942年曾写了一首《和朱总司令游南泥湾》的诗。诗中用"纵横百余里,'回乱'成荒地"两句描述了当时的南泥湾的状况和历史。句中的"回乱"指清朝年间,南泥湾一带回民起义,遭到清朝政府的残酷镇压,从此南泥湾更加荒凉。后来,《红旗飘飘》编辑要用这首诗,吴玉章应允了。

他正抄写这首诗,服务员小张在一边看一边搔着头皮,思索了好一会儿,说:"'回乱成荒地'这句不妥帖,您虽然在'回乱'上加有引号,但从字面看,还是把南泥湾的荒废归咎于回民起义了。"

吴玉章一听,忙停下笔谦逊地讨教:"对,你提得好,这句是不妥,你看怎么改才好?"随即,吴玉章把身边的工作人员也找来参加他们对这句诗的研究,最后定稿时把"回乱"改为"剿回"二字。这一改,揭示出南泥湾的荒废是封建统治者镇压人民起义造成的,使读者看到了历史的真面目。

事后,吴玉章同客人们谈到这位才十六七岁的小服务员时,不无感慨地说:"他是我的一字师啊。"

1957年1月,毛泽东让袁水拍约臧克家去他那里谈谈。席间,谈及毛泽东的《沁园春·雪》这首词,臧克家问毛泽东,"原驰腊象"的"腊"字应该怎么讲,并说现在各人的理解不同。毛泽东听了,谦虚而又有点疑问地征询他的意见："你看应该怎么样？"臧克家答道，"腊"字不好讲，改成"蜡"字就好了，"蜡象"与上面的"银蛇"正好相对。毛泽东欣然接受："那你就给我改过来吧。"

其实，古今中外，"一字师"的故事是很多的。

从以上的几个故事中，我们编辑应该体会到：我们在修改别人稿子的时候，有时文章中的一个字改得好或改得不好，都会产生完全不同的意思和效果来的，需要特别小心谨慎。

（四）审稿

这里的"审稿"，主要是指编辑完成"一审"后，编辑部主任的"二审"和主编的"三审"。

1. 编辑部主任"二审"

编辑在完成"一审"和"精加工"后，稿子就到了编辑部主任的手里。编辑部主任的任务是对稿子进行"二审"。在"二审"中需要把关的重点是：

（1）政治导向有没有问题？

对稿子的政治问题，编辑部主任同样要承担一定的责任。

对编辑部主任的人选，一定要慎重挑选。出任编辑部主任一职的人，在业务上一定要成熟。这种成熟的一个最重要的标志是在政治上的成熟。只有把编辑部的重任交给这样的"政治家"，期刊才不会出现"政治差错"。

怎样才能做到"政治导向正确"？要具体说就太繁杂了，但总的原则是：和党、国家的大政方针保持高度一致。再稍微展开一点，那就是：文稿的导向，必须有利于党的领导；有利于国家的发展和民族的振兴；有利于社会的稳定与和谐；有利于社会主义核心价值观的确立；有利于国家的安全；有利于在国际社会中维护党和国家的形象等。

（2）格调、品味上有没有问题？

格调低下、品味恶俗的东西，不应该出现在我们的杂志上。这是编辑部主任需要认真把关的。令人欣慰的是，纵览中国的新闻期刊，我们会看到，它们都具有较高的格调和品味。正因为这样，中国的新闻期刊还是受到了中国社会精英们的喜欢。

格调和品味，也有一个导向的问题。我们是在宣传、倡导一种怎样的"人文精神"，这是编辑部主任一定要好好考虑的事。编辑部主任是在扮演社会文明进步的"推手"。

（3）稿子的编辑质量有没有问题？

这里的"编辑质量"是针对编辑工作的技术层面而言的，诸如结构问题、语法和修辞问题、标题问题等都在内。

编辑部主任在通读稿子的时候，一定要特别认真。因为你从事的是第二道"安全检测"工作。编辑一些遗留下来的"毛病"，或者叫"漏网之鱼"，在你这里就应该是"彻底根除"和"一网打尽"的。

编辑部主任对文稿的标题，也要费点心思去"认真琢磨"：要看看编辑那里过来的标题，是否还有修改和再拟的必要。

编辑部主任在完成了上述这样的工作后，在审稿单上写明你的意见后，就可以送到主编（总编）那儿"三审"了。

为了能够分清原稿上的修改笔迹是编辑的，还是编辑部主任的，编辑和编辑部主任可以用不同颜色的笔处理稿子。这样，主编拿到原稿后，会很容易搞清楚谁在稿子上"动了手脚"。

现在有不少可以在内部局域网上编辑、审稿的软件，这会给编辑部的工作带来较大的方便。如果整个编辑流程是在内部局域网中完成的，那是谁的"动作"，都会留下"痕迹"。这对于考察不同人的工作质量，以及追查编辑质量事故，是非常方便的。

当然，传统的方式也有它的好处，例如，同事之间面对面的直接交流和沟通会更方便。人机"对话"，毕竟缺乏"人情味"。

2. 主编"三审"

主编的"三审"是最为重要的一道环节，也是审稿的最后一道"关卡"。一篇稿子从主编手里过了，它就会很快面对读者了。是好是坏，读者会有一个公平的评判；我们的新闻官——党委宣传部门和新闻出版部门的审读小组的"审读员"们，也会对你的杂志的内容，有一个客观的评判。作为主编,此时,你心中感觉踏实,那说明你是有底气的——杂志的内容不会有问题。

主编的"三审"的重点在哪里?

这"三审"的重点,有两点:其一是审查编辑、编辑部主任的编辑质量;其二是审查有没有政治导向和情趣格调方面的问题。

用"政治家"的眼光把好政治关,这就是主编"三审"的最重要的工作。

主编是把好"政治关"的第一责任人。

如何把好"政治关"?以下是我总结出来的主编的"十个不发"和一个"慎发":

十个不发:

与中央精神不符合的,不发。

与中心工作唱反调的,不发。

与社会文明进步的要求不符合的,不发。

观点偏激的稿子,不发。

弄虚作假的稿子,不发。

会引发和增加社会矛盾的稿子,不发。

有偿新闻稿子,不发。

不利于国家安全的稿子,不发。

可能会被"敌对势力"利用的稿子,不发。

一时拿不准的或可发可不发的稿子,不发。

一个慎发:

批评政府不作为的和揭露贪官腐败的稿子,要发,但要慎发。

要真正能够胜任主编的工作,主编需要具备以下"十项素质":

(1)政治坚定。

主编一定是一个熟晓马克思列宁主义、毛泽东思想、中国特色社会主义理论(邓小平理论、"三个代表"重要思想、科学发展观)基本理论的，有鲜明的政治信念的人。主编是一个能够自觉地理解并且坚定不移地去贯彻落实党的方针政策的模范。主编始终胸怀大局，这个大局就是：人民安康，国家强盛。

（2）阅历丰富。

主编应该是一个生活经历较为丰富的人。深厚的阅历，才能使得主编能够更贴近生活，更贴近民众，对中国的国情也会有一个更为深切的了解和理解，才能准确地去把握现实问题。同时，有了丰富的阅历，主编才能做到胸怀宽广，视野寥廓，思维开阔。主编应该是：于沉稳中不乏激情；于淡定中不乏追求；于原则中不乏灵活；于严厉中不乏柔情。

（3）善于学习。

主编是学习的模范。主编永远不满足原有的那点"知识"，对新知的热衷，甚至会到狂热的地步。因此，主编是个博览群书的人。主编始终是用贪婪的目光盯着周围每时每刻在发生的一切。主编是一台信息的吸纳机，信息是粮食，一天不吃就"饿得慌"。主编常常会说，"活到老，就要学到老"。主编是不会随便浪费时间的，他们往往和麻将、扑克等无缘，或者在这方面是"弱智"，玩的时候，只有为别人"送钱"的份儿。主编没有时间玩这玩那，只要有一个小时的时间放在他面前，他首先想到的是将它用在阅读上。阅读是主编最大的快乐。主编也会去听音乐会、看电影和电视剧，但看的一个重要的目的是学习。主编会把他的社会活动都当成一种学习。

（4）能写会道。

主编应该是作家、评论家和优秀的记者、编辑。诗歌、散文、杂文、小说、剧本、报告文学；消息、通讯以及时政评论，主编对各种文体，应该样样熟晓，有的文体应该是掌握得十分娴熟。作为新闻期刊的主编，一定是写新闻综述、新闻述评和时政评论的高手。他的文章，往往应该是记者、编辑学习的范文。否则，何以服众？

主编是一个演讲的高手。主编在发言的时候，应该是思路清晰，逻辑严谨，说理充分，声情并茂的。主编找你谈稿子的时候，清清楚楚的，你非常容易听懂。主编的发言，往往具有"煽动性"，让大家心里"充满着激情"。

（5）策划高手。

主编是策划高手。主编的形象思维和逻辑思维都很严谨。主编主张：浪漫主义的想法，现实主义的做法。策划需要丰富的想象力和创造力，但策划不能脱离实际。这样，主编在策划的可操作性上，又是一个脚踏实地者。

策划，是导演。于是，主编又成了导演。一期杂志的好坏，演员固然重要，但导演更重要。没有窝囊的士兵，只有窝囊的将领。这说的就是主编。

（6）多才多艺。

主编要多才多艺。懂点文学、音乐、美术是非常必要的。尤其是美术，主编一定要懂。杂志的版式设计，用什么字、用什么色、用什么图等，最后都要主编把关。一个倒过来听从美术编辑"指挥"的主编，一定是一个不称职的主编。凭什么要听主编？因为主编的确在版式设计上有很深的造诣。主编是可以做到，不用美术编辑而亲自完成版式设计的。当然，主编是不会轻易冲到"一线"的。这不是"无知者无畏"的表现，而是他的确有这方面的功底。主编是一个懂得美的人。一个主编如果没有美术设计方面的功底，那就要赶紧补上这一课。

（7）乐观热情。

主编不是一个情绪低落者和精神沮丧者。主编的眼中充满着阳光，这是因为主编有一颗"爱"的心。只有"心态阳光"，才能"做事阳光"。主编要用自己的"阳光"去影响周边的人让他们也都阳光起来。

心中有了阳光，热情自然四溢。主编的热情，主要是指工作的热情。主编要非常热爱自己的工作，对新闻策划、组织采访和记者编辑讨论写稿中遇到的问题、版面设计，以及深入到企业、乡村"调查"、"考察"等都充满着兴趣。主编的快乐就是工作。

（8）关注民生。

主编特别关注的是百姓的"生态环境"。同情弱势群体、声援弱势群体，是主编的基本德行。关注民生的另一面就是对社会上的丑恶行为，深恶痛绝；对一些官员的贪污腐败，更是深恶痛绝。主编要有正义感，绝不跟着邪恶势力沉瀣一气。只有品性正直的主编，才会在他领导的杂志上体现出正直、正义的气质。

（9）管理专家。

主编不是纯粹的书生，而是一个打理杂志的专家。除了杂志的编务管理外，主编应该是个好的总经理。他懂得市场，他晓得做成一本什么样的杂志，才能卖钱。他视属于他们的杂志的读者为上帝。他认为，读者就是财富，用读者这笔"财富"，就能置换回广告收入，以及由此而衍生出来的相关产品带来的收入。主编懂得投入产出的重要性，也为此而煞费苦心。

至于内部人员的管理，主编善于用文化来进行管理。对于文化管理，应该包括制度管理、知识管理和人文管理。主编要善于营造一种独特的"杂志文化"。共同的价值观的形成，才是最高境界。

（10）决策果断。

主编不应该是一个"粘粘乎乎""反复无常"的人，更不应该是一个"优柔寡断"的人。主编不动如"处子"，动则一定如"脱兔"。在主编面前，常常会有这个点子和那个建议，到底该怎么做，主编要善于在短时间里作出决策。因为，主编没有更多的时间去琢磨到底该怎么办。否则，早已时过境迁，成了明日黄花。主编的果断，并不是盲目。是靠他的底蕴支撑的。记者和编辑最讨厌主编什么毛病？朝令夕改！出尔反尔！这样一来，记者和编辑往往会无所适从，备感迷茫。新闻出版单位其实是有点准军事化味道的。主编是一个军事指挥官，果断、敢于承担风险是必须的。否则，只有打败仗的份儿。

（五）排版

现在不少杂志社，都有专门的美术编辑来具体负责排版的工作。

主编在完成"三审"后，就将"可发"的稿子返还给编辑部。编辑部再根据主编的审稿意见，对稿子进行最后的修改后，完整的"电子文本"就可以发到美术编辑的电脑里了。有的编辑部内部有局域网，美术编辑也可以从局域网的"共享文档"中，调去"可发"的"电子文本"。

美术编辑同时还会在局域网中，下载一份当期要做的杂志的《版面安排计划》。

有了"原材料"，又有了"生产要求"，美术编辑就可以一页一页地进行版面的设计了。

其实，美术编辑在工作中，是离不开和编辑的沟通的。一期杂志，会有若干个负责不同栏目的编辑。这些编辑对自己所负责的那部分栏目的稿子，到了要正式排版的时候，已经非常熟悉了，因此，他们也会有一个在版面上"谋篇布局"的设想；而且他们手头，也有了不少图片，需要与相应的文章相配。此时美术编辑与编辑的沟通，就显得特别重要了。例如，美术编辑需要为某篇稿子找一张相配的图片时，他一定要和编辑沟通，看看编辑是否认同美术编辑所挑选的图片。

当然，美术编辑并不是在到了要排版的时候，才"突然"介入的。从最初的"选题会"，到"一审"、"二审"和"三审"的全过程，美术编辑其实已经提前介入了。美术编辑只有做到对整期稿子的熟悉，才能有针对性地完成他的"美术创作"。否则，美术编辑就会在设计上出现与稿子"格格不入"的现象。文字编辑唱文字编辑的歌，美术编辑弹美术编辑的调，那么，这样的版面设计出来后，一定是不和谐的、两张皮的。

一些有条件的杂志社，还有专门的摄影记者。他们往往会兼任图片编辑的角色。例如，他们会对图片进行技术上的处理：调色、修补、裁剪。他们在做这方面工作的时候，也同样要和栏目的文字编辑沟通，以求图文的"妥帖"和"相得益彰"。

主编们都会十分关心经过美术编辑设计后的版面，会是一个什么样子。由于杂志的外观设计，对一本杂志来说，涉及"卖相"，事关"市场"，因此，它就显得特别重要。为了提高工作效率，"劳心"的主编们总会提前介入到原本可以在"清样"时再做的工作中去。

可见，美术编辑的工作绝不是一项可以一个人完成的工作，而是一项需要多方参与的，发挥集体智慧的复合工作。

最终敲定的整本杂志的设计，是美术编辑的创造性劳动加上其他人的创造性劳动的结果。这就是期刊美术编辑工作的一个较为明显的特点。

（六）校对

校对是期刊的整个出版流程中重要的一环。如果校对工作中出现差错，就会导致"失之毫厘，谬以千里"的后果。

列宁非常重视校对工作，他在给自己的母亲玛·亚·乌里扬诺娃的信中说："最重要的出版条件是：保证校对得好。做不到这一点，根本用不着出版。"

毛泽东也十分重视校对工作，1938年6月27日，《论持久战》一文印行之前，他亲自作了校对，并给出版科的同志写信说："都校了，第三部分请再送来看一次。""第一第二部分请你们过细作最后校对，勿使有错。"1941年在延安出版《改造我们的学习》时，毛泽东曾在原稿上端作了批示："请嘱同志们好好排，好好校对……保证一字不错。"

鲁迅不仅重视校对，而且经常一丝不苟地亲自做校对工作。

这都说明校对的重要性。

校对不到位，那就是"功亏一篑"。

许多期刊并没有专职的校对员。校对工作往往是由编辑来完成的。《观察与思考》杂志编辑的工作，除了要对文稿"一审"和"精加工"外，还要负责"一校"、"二校"和"三校（清样）"工作。

校对，对于编辑来说，是一项需要特别细心才能做好的工作。

有经验的编辑最看重的是"一校"，尽管编辑在"一审"和"精加工"的过程中实际上已经完成了一次"毛校"了。

杂志的所谓"一校"，是指文字编辑对美术编辑完成初步设计后拉出的第一次"样"进行校对的工作。当然，编辑在"一审"和"精加工"的过程中，也会有一定程度的"校对"的成分在其中，但那时，编辑的注意力，或者说主要工作不是"校对"。

编辑在"一校"时，一定要"特别"而"全神贯注"地去一字一句地校对。发现错误，立即用专业的符号将其"标出"。为什么我要特别强调"一校"时要特别认真呢？这是因为，"一校"是为以后的校对奠定基础的。"一校"不到位，那你的"二校"就非常累了，因为你又要"特别"而"全神贯注"地去一字一句校对了。这样，你的效率会很低，麻烦也会很多。

有经验的编辑，在"一校"时，宁可慢一点，也要"一个字、一个句、一个标点符号"地"过"。累了、烦了、精神不太容易集中了，我宁可暂时停止工作。勉强"一校"，以后的问题会非常多的。有的编辑"假设"：这"一校"，就是最后一校了，没有第二次可以指望了，我一定要把它校对好。在这样的情况下，编辑完成的"一校"，往往质量比较高。

在"一校"中，要将校稿和原稿进行仔细核对。这时候，编辑千万不能"想当然"。尤其是一些数字、时间、地名、人名和职务、专用术语、重要人物的讲话、历史事件等容易出现问题的"事故高发区"，编辑一定要进行"核对"。有时，作者也有犯错误的时候，编辑一定要"多疑"，然后去寻找"正确的答案"。"多疑"是编辑必须具备的心态。把问题想得多一点，严重一点，编辑犯错的情况就会少得多。自以为是的"想当然"是非常危险的。

所谓"二校"，是指美术编辑根据编辑的"一校"校样，对电子文本进行"改错"后，拉出的第二次"样"后，文字编辑对其进行第二次校对的工作。

如果"一校"工作做得较为到位，那么，"二校"时编辑的工作有两点：一是查看在"一校"中"勾出"的差错，有没有改正过来；二是静下心来，认真地、缓慢地"校异同"和"校是非"，看看有没有"漏网之鱼"。我有时"戏称"那些类似"漏网之鱼"的东西为

"臭虫"。为了便于抓出更多的"臭虫",《观察与思考》编辑部的编辑们常常会在这时补加一道作业,即编辑和编辑之间互相交换校样进行校对。这种做法的好处是,别的编辑这时通读的文稿,是他第一次所接触的,他就会对一些"隐藏"得很深的"臭虫"特别敏感。而这些狡猾的"臭虫",原来的编辑是很难再发现它了。这就是交换通读的好处。如果某篇稿子是记者写的,这时,编辑也可以给记者一份"样",请他自己也校对一遍。这种做法效果也不错。

"二校"后,文稿中的"臭虫"应该是"一网打尽"了。可以这样说,如果在"二校"后,还时不时有这样和那样的"臭虫"出现,那说明"一校"和"二校"是粗糙的、不认真的。还有可以作为解释的,那就是编辑的素质太差,不能胜任校对的工作。

所谓"三校",是指编辑对美术编辑改正后所拉出的第三次"样",进行第三次校对的工作。这是最后的一次校对了。对于"三校",编辑所要做的工作是仔细"点校"上次发现的错误,有否被纠正过来。

"三校"其实属于编辑出版流程中"清样"的重要一环。我在下面的"清样"一节中再细说。

下面是《新闻出版总署公布时政财经类期刊编校质检结果》,供大家参阅。

新华社2007年4月3日电 新闻出版总署对全国18种时政财经类期刊编校质量检查工作日前已结束。质检结果显示,时政财经类期刊编校质量合格率达73%,是报刊司几年来委托《咬文嚼字》杂志对几类期刊进行编校质检结果中成绩最好的一次,但18家受检期刊的差错率均超过万分之一,质检结果的优秀率为零。据了解,受新闻出版总署报刊司委托、由《咬文嚼字》杂志组织有关专家开展此次检查。此次受检的时政财经类期刊共18种,每种刊物随机抽查3万字,分别由3位专家审读复核。

质检中，编校质量最好的是《时事资料手册》，差错率为万分之一点二六，属良好等级；编校质量合格的有《半月谈》等12种，差错率为万分之二点一至万分之四点五三，约占受检期刊总数的67%；不合格的有3种，但差错率均未超过万分之六。

（七）清样

到了"清样"的环节，编辑部的气氛应该是"从容而有秩序的"。如果在"清样"那天，编辑部出现"忙乱"的局面，可以这样说，一定是有些环节出现了"问题"。这时，"混乱"的结果一定会是"乱上加乱"——许多问题会在这时出现或者留下严重的隐患。

正因为"清样"的工作是"从容而有秩序的"，所以版面上的活儿，才可以做得"精益求精"；出现差错的可能性也会大大降低。

在"清样"时，编辑要做的工作是"三校"，有的媒体称之为"点校"。

在做"三校"这项工作时，编辑同时要特别注意以下几个方面。

1. 做好"点校"工作

如果发现有的错误没有被改正过来，要立即"标出"，让美术编辑改后，重新再出一次"样"，并再一次核对有无问题。

2. 防止"张冠李戴"

有时不是美术编辑"没有改过错误"，而是美术编辑搞错了，将不该改的地方改了。所以，当编辑发现一处差错仍然存在的时候，就要特别警惕：看看有没有出现"张冠李戴"的问题。

3. 注意出现"牵一发而动全身"的情况

美术编辑在版面上改错的时候，整个版面的文字和图片都有可能被"牵动"。对此，编辑仅仅是"点校"是不行的。编辑不能"顾此失彼"，抓了芝麻，丢了西瓜。编辑要全面查看、核对版面：有没有掉行窜行？有没有丢头拉尾？有没有重叠和隐藏？有没有图片说明文字躲到其他文字中去了？小标题有没有"丢了"？对于版面上出现的"异样"，编辑要十分小心，一定要查明问题的原因才行。

4. 在"清样"中，每个编辑都要校对目录

编辑们所编辑的稿子的标题，都会在目录上出现，而目录页的编辑，有时会看不出其中的标题是对是错。这就需要每个编辑对目录页中的属于自己编辑的稿子的标题，作最后的确认。这是非常必要的。因为目录中标题和后面文章的标题的"不一致"的差错，是杂志经常出现的"毛病"。

（八）付印

所有的编辑工作全部完成后，相关人员都要在相关的"付印样"上"签字画押"。文字编辑签字，对文字负责；美术编辑签字，对设计负责；广告部的广告编辑签字，对广告内容和设计负责；编辑部主任签字，对"二审"负责；分管副主编签字，对所分管方面负责；主编签字，对整期杂志负责。

不要小看这种"签字"。这个字不是那么好签的，你签了，你就得负责了。如《观察与思考》杂志的领导一旦发现印刷出来的杂志有问题，马上会让有关人员"调出"有许多人签字的"付印样"查看，是谁出了问题，便一清二楚。

清样后，任何人不能再在版面上作随意的改动。到此，所有的相关人员在清样上签字后，原则上讲，当期杂志的"数字信息"就被"封盘"了。如果有特殊情况，要动当期杂志的"数字信息"，一定要主编批准才行；同时，被改动的版面，一定要重新出"付印样"，相关人员也一定要重新走一遍"签字"的程序。

"付印样"是要送到印刷厂去的，它的作用是告知印刷厂："你就照我这个'付印样'印刷好了"。如果印刷出来的杂志和"付印样"有不一样的地方，那一定是印刷厂的毛病了。

与"付印样"同时送到印刷厂还有完整的杂志的"数字信息"即"电子杂志"。当印刷厂有关人员接到"付印样"和"电子杂志"后，就要进行仔细的核对，看看二者有没有不一样的地方。如果是一样的，那印刷厂的有关人员也必须在"付印样"上"签字画押"。

这一切的环节都没有问题后，印刷厂就可以进入真正意义上的"付印"了。

（九）上市

一般来说，"付印"后的两三天，新的一期杂志就出炉上市了。

"上市"是多途径的：通过邮局订阅的（印刷厂会把杂志送到邮局），由邮局发送到订户；属于杂志社自办发行的（印刷厂会把杂志送到杂志社），由发行部门寄送；报刊销售摊点零售的，由专业的发行公司负责"铺货"。

对主编们来说，"新产品"的"上市"是重大的"事件"。几乎所有的杂志社头儿们，此刻都会有些紧张和不安。他们最担心的是，有读者来电反映，什么地方出现了差错，或者有主管部门的领导来电质问："这篇稿子怎么会登出来的？"一本杂志在"生产"过程中，有时难免出现这样那样的问题，即便是没有原则性的问题，但由于审美上、观念上的一些差异，也会每个人有每个人的不同看法。所谓"一百个人眼中有一百个哈姆雷特形象"，讲的就是这个道理。但是不管怎样，读者的意见是至关重要的，他们是杂志的消费者，他们有权对购买的产品提出质量上的意见。一个产品，一定要经得起市场的检验。

当然，主编们希望听到的是"赞扬"。这是他们"呕心沥血"生产出来的产品，他们当然希望得到市场的认可。

在收集到了各种不同的市场反馈信息后，主编们应该好好地对其进行总结。好的，好在哪里？有问题的，问题出在哪里？把这些搞清楚了，杂志才有可能越办越好。

（十）收尾

杂志上市后，编辑部还有一些收尾的工作要做。

1. "付印样"的存档

一期杂志印刷完成后，当期杂志的"付印样"就应该从印刷厂返回编辑部保存，短则半年，长则一两年。为什么还要保存？主要是备查。一期杂志出版后，完全有可能会被读者和新闻出版管理部门发现所存在的问题。这些"问题"是否成立？如果成立，它的严重性有多大？由谁来对这些"问题"负责？这就要把当期的"付印样"找出来进行分析。有了当时的"付印样"，问题和责任就很容易搞清楚了。可见，"付印样"的存档是非常必要的。

2. 寄稿费

给作者及时寄发稿费，是一项重要的"通联"工作。有的杂志编辑部似乎不太重视这项工作，结果稿费发得十分拖拉。这至少反映出两个方面的问题：其一，编辑部的工作作风散漫，或者是管理上不到位，没有一种"关于稿费发放要及时"的规章制度，即便有，也是形同虚设。其二，编辑部对作者缺乏必要的尊重。编辑在要稿的时候，催得很急，要到稿了，就"忽略了作者的存在"，这是一种十分'功利'的"做派"，久而久之，一定会失去越来越多的作者。稿子是作者辛勤劳动的结果，他要求及时获得劳动报酬，这是"天经地义"的。

我们不要小看及时发放稿费这件事，它涉及的是杂志社的形象问题，同时，也涉及"会不会有一批优秀的作者死心塌地跟着你"的问题。在发稿费的事情上，也能体现出该杂志社是否具有"人文精神"。

3. 寄样刊

给作者及时寄送样刊，和及时寄发稿费是同样重要的一件事。作者经过辛勤的劳动，如今杂志社刊用了他的作品，这是一件非常开心的事。这时，作者最渴望的事是，能够尽早看到自己"十月怀胎"所产下的"婴儿"。如能及时将杂志送到作者手里，既能反映出编辑部良好的工作作风，也能反映出对作者的尊重。

4. 小结

编辑部的"十大流程""流"到最后，就需要对过去的工作进行小结。

小结，是杂志社所有成员所必须做的事。当然，这种小结，并不是一定要每个人写出书面的报告，而是你自己在走到"十大流程"的最后时刻，有一个"反思"的需要。作为主编，这种"反思"就更有必要了。因此，主编应该在新的一次"选题会"上，先安排一定的时间，对过去的工作进行小结。肯定做得好的地方，批评不到位的地方，提出希望和要求。这是非常必要的。主编经过认真准备的小结，往往成了一次精彩的演讲，或者说是一次生动的贴近编辑部实际情况的业务辅导课。这对杂志社做好下一期杂志，好处颇多。

第六章　编辑（美术编辑）

一　有关图片的审美

（一）图片的选择

1. 内文图片的选择

好的图片具有较强的视觉冲击力，能一下子抓住读者的眼球。它和文章相得益彰，使得杂志的内容更加受人欢迎。版面上有了图片，就会有透气的感觉，否则，黑压压的全是文字，读者还没有去读它，就已经有了疲劳感。

内文图片的选择，要注意以下几点。

（1）图文要相配。

一篇文章，怎样做到图片相配？无非是两点。

其一，是可以对文章作出视觉解读的图片。例如，有一篇文章是讲"工业反哺农业"的，那我们就要去挑选也能够直接反映这一主题的图片。为了与文章更贴近，我们可以在文章中寻找一两个涉及"反哺"农业的具体的企业单位，假如他们是万向集团、横店集团，那么，我们就可以到图片网上去搜索有没有万向集团和横店集团这方面的照片，如果有，那最好；如果没有，条件允许的话，可以派记者去拍。

其二，是可以对文章要表达的主题起到"信息增量"的图片。我们还是用刚才那个例子。为了使得那篇"工业反哺农业"主题的文章的信息得以"增量"，我们也可以去挑选和补拍在文章中没有提到的，但在"工业反哺农业"方面也有建树的工业企业的相关图片。这张图片的作用，显然已经超过"可以对文章作出视觉解读的图片"的需求了。这是一种较为高明的做法。因为前面的那种做法，毕竟是属于"信息重复"的做法，它没有在有限的版面上为"信息增量"作出贡献。

（2）图片本身质量要好。

可以放到杂志上的图片，一定是优质的图片。何为优质？我认为有两点：

其一，从纯粹的技术角度讲，这张图片须是画面清晰度较高、构图合理、尺寸较大的图片。

其二，图片主题突出、鲜明，有其内在张力。说得通俗一点，即这张图片很好看，很耐看。举两个例子。

图6-1是有一天我在杭州的西湖边抓拍到的。这张照片很有故

图6-1

事，而且人物的神态非常自然非常放松。如今生活条件好了，人们想着法子找乐子，连老妈妈也成了"发烧友"，玩起了数码相机。在儿子的指导下，老妈妈拍了一张非常有趣的照片，开心地笑了起来。整幅照片虽然色调偏冷，但主人翁脸上的幸福的表情，却点燃了人们享受生活的热情。

图6-2是陈庆港先生拍的发表于2009年4月16日《观察与思考》的新闻图片，题目是《走出北川》。这张图片，获得了2009年2月13日在荷兰首都阿姆斯特丹揭晓的第52届世界新闻摄影比赛"新闻类单幅"一等奖。这是中国记者有史以来第一次在国际上获得这样高的荣誉。

图6-2

《走出北川》呈现的是2008年中国四川大地震后，解放军救援部队抬送一名幸存者的画面。记者的拍摄手法，非常简洁，没有任何的技术雕琢。正是这样一幅朴实无华、却耐人寻味的照片，深深地打动了评委们的心。

我们所说的图片的"内在张力",就是要像《走出北川》这样的"有故事"。"有故事"才能引人入胜。这就是好图片的魅力所在。

现在的新闻杂志上的许多图片,是"没有故事"的非常平庸的图片,读者从它身上一眼飘过,什么印象也不会留下。出现这种情况的原因主要是"文不够,图来凑"和"单纯为了美化版面"所造成的。

我的观点是,宁可没有图片,也不能降格以求。一张浅薄的图片,不但不会为文章、为版面、为杂志增色,反而会破坏杂志的格调和品味。应该说,这是有害而无益的。宁缺毋滥,才是硬道理。

2. 封面图片的选择

新闻期刊在每期封面图片的选择上,总会煞费苦心。封面的视觉效果的好坏,对杂志的影响是很大的。杂志是商品,在市场上要让消费者"一见钟情",关键就是杂志的封面图片一定要有卓尔不群的"魅力"。

选好封面图片,要注意以下几点。

(1)封面图片一定要和"唱主角"的"主题报道"相配。

新闻期刊每一期都有一组"唱主角"的"主题报道",有的称之为"封面故事",有的称之为"独家策划"。所以封面图片一定要和"唱主角"的相配。如果封面图片和"唱主角"的无关,那就有问题了,那会让读者"丈二和尚,摸不着头脑"了。假使你的这一期杂志"唱主角"的是"中国积极应对甲型H1N1流感"这样一组稿子,按理,你应该选择一张与之有关联的照片,可你却在封面上刊登了一个"大美人",这就会让读者困惑和费解:这个突然跑出来的"大美人",却与"中国积极应对甲型H1N1流感"毫无关系。这种

图6-3

"牛头不对马嘴"的事情要避免。图片和主打内容的大题目一致,是一个基本原则,如图6-3《观察与思考》封面。

(2)封面图片的画面一定要单纯些才好。

封面上原本就有许多东西在那儿,如刊名、条形码、年月日和期数,还有"主题报道"的大标题等。如果你选择的图片,画面本身就较为杂乱,若放在封面上,加上其他的杂七杂八的东西,这个封面一定会是乱七八糟的东西。

同时,封面图片的色彩,也不宜大红大绿的过于杂乱。五彩缤纷是好的,但放在封面上,就不一定好了。

图6-4是《三联生活周刊》的封面,画面较为单纯,"主角"是一艘中国的舰艇;色彩也较为单纯,主体的色彩是蓝色,刊名是红底白字,大标题是红色;封面的右上角有一条黄底黑字的"点缀",使得严整中又有了一些生动。

图6-4

图6-5

图6-5是《中国新闻周刊》的封面,封面是数码合成的"病毒"

的照片，黑色的主体背景下，大标题显得十分突出。整个画面非常干净，并且令人遐想。

（3）新闻期刊封面的图片最好选用新闻照片。

新闻期刊封面的图片最好选用新闻照片，比如我们在报道"非典"的时候，就可以选一张一个女护士戴着大口罩的特写照片。比如我们报道北京奥运会的时候，可以选某个著名运动员举着火炬的照片。

图6-6《观察与思考》封面报道是《长兴：绿色发展之路》，编辑选用了一张新闻图片作为封面图片。主打图片是对长兴段高速公路开通的报道。

图6-6　　　　　　　　　　图6-7

新闻期刊的封面图片，除了选用新闻图片外，也有用漫画来作为封面图片的，如图6-7《新周刊》的封面。也有的新闻期刊的封面，是通过"数码合成技术"做成的图片，用得好，效果也会不错，如图6-8《新民周刊》的封面，就是数码合成的。

图 6-8　　　　　　　　　　　图 6-9

（4）封面图片也要耐看。

封面的图片，不管是采用新闻图片，还是新闻漫画、"数码合成"的图片，都要做到"耐看"。封面图片如果不能抓住读者的眼球，那就失败了。若封面是一张耐看的图片，就能让读者的眼睛停留在封面上的时间长一些。时间越长，越有可能让读者由一般性的"观赏"转变为消费行为。而要做到"耐看"，几乎所有的杂志社都会在封面图片的选择上下工夫，如图6-9《瞭望东方周刊》封面。

（二）图片的裁剪

这里的"图片的裁剪"，讲的不是如何运用软件具体操作的问题，而是要讲讲"如何突出图片的主题"和"如何让图片显得更好看"的审美问题。

1. 突出图片的主题

我们平时拿到的照片，往往会出现这样的情况：画面上存在着许多与所要表现的主题无关的东西。为了凸现主题，我们必须对照片进行裁剪。实际工作中，我们很难找到一幅无须裁剪的照片。哪怕拍片的人是多么资深多么有经验的记者，他们拿出照片之前，往往也要对照片"动手术"。这是一种常态。因为我们在抢拍新闻的一瞬间，是很难做到让一幅照片完美无缺的。

在对一幅照片裁剪之前，我们首先要问一下自己：这幅照片要告诉读者的是什么？怎样才能更好地传递摄影者要告诉读者的信息？我们把这些问题想清楚了，就可以裁剪这幅照片了。原则只有一个，那些与主题无关的"干扰"部分，一定要"删去"。

举个例子。我们先来看一张照片，如图6-10所示。

图 6-10

图6-10是我在2007年冬天拍的。画面是杭州的一个汽车站。在汽车站的背面，是两幅大型广告，一个女人拿着伞正好经过那儿。我当时拍这张照片的时候，发现右边的广告的女模特衣服穿得很少，光着肩膀和手臂，这和那个路过广告牌的女人的装束以及整个雪景，形

成强烈的反差。我就是想利用这种"反差",来刺激读者的想象力,从而表现发生在杭州的那场大雪的"出人意料"这一新闻事实。

在图 6-11 中可以看到,为了更好地表现主题,我对原来的照片图 6-10 进行了裁剪:左边的那块广告牌被整个"删掉";上部的楼房也部分被"删掉"。画面集中在了女模特和那个冒着大雪的路过的女人身上。原来是一幅横构图的照片,现在变成了竖构图的,通过两张照片的对比,裁剪的必要性,应该是不言自明了。

图 6-11

我们再来看看下面的照片,如图 6-12 所示。

图 6-12

图6-12是我在欧洲拍的。我要表现的是为旅游者带来快乐的古老的马车。但是，在图6-12中，那辆马车却"淹没"在了照片的其他元素中了，较难引起读者的关注。图6-13是我经过裁剪的照片，主角马车被凸现了出来。这样处理后，我要表现马车的目的也就达到了。

图6-13

通过上面的两个例子，我们就可以感觉到，图片的裁剪，对于表现主题有多么重要了。

2. 让图片显得更好看

为了凸现主题，我们需要对图片进行必要的裁剪；为了让图片更好看，我们同样有必要对图片进行裁剪。

为了让图片更好看，就涉及构图的问题。构图有多种方式：有"井"字形构图，如图6-14所示；对角线构图，如图6-15所示；对称式构图，如图6-16所示；弧线型构图，如图6-17所示等。

图 6-14 "井"字形构图

说明：如果在图片上打上井字格，那个荷兰的大风车的中心点差不多处在井字格的左上方的那个"＋"的中心点上。这是我在欧洲拍的。

图 6-15 对角线构图

说明：我在杭州千岛湖游玩，拍下了这张照片。停在岸边的游艇，在图片中形成一条对角线。

图 6-16 对称式构图

说明：这是我在法国巴黎拍的照片，凯旋门前的那个"长明灯"，处在左右距离均等的位置上。

图 6-17 弧线型构图

说明：会议照片是最难拍的，由于我利用会议桌的弧线，结果拍出了这张构图独特的图片。

以上四张图片，都是我经过裁剪的。通过裁剪就会获得构图较为理想的图片。由于我们掌握了构图的基本技巧，因而我们在裁剪的时候，心中就会有数，就知道哪些东西是要裁剪掉的，哪些东西是要保留的。换句话说，裁剪是有章可循的。请看图6-18、图6-19。

图 6-18

说明：一条"水线"差不多处在图片上下的二分之一处了。

图6-18是一幅表现西湖荷花美景的照片。但这幅照片有个"毛病"：远处的山和近处的荷花之间的那条"水带"所处的位置太接近照片的中心线了，几乎是在照片上下之间的二分之一处。这样的构图就显得不自然和做作，使得图片的美感大打折扣。

图6-19是我经过裁剪的照片。我将照片的上部"删掉"了一截，使得那条"水带"处在照片的三分之一处，这样，这幅照片的画面就显得和谐多了。

图 6-19

说明：经过裁剪，那条"水线"就处在图片的三分之一处了。

（三）图片摆放的"不小于三分之一原则"

1. 黄金分割比

当杂志的版面上需要放置多幅图片的时候，怎么放才会好看？这成了编辑较为头疼的事情。在长期实践中，我总结出一个规律，即"不小于三分之一原则"。只要按照这个原则去操作，图片的摆放就会既美观、大气，又方便、可行。

这个"不小于三分之一原则"的提出，是有其理论根据的。这个理论就是"黄金分割率"，也叫"黄金分割比"。

由于公元前6世纪古希腊的毕达哥拉斯学派研究过"正五边形"和"正十边形"的作图，因此现代数学家们推断当时毕达哥拉斯学派已经触及甚至掌握了黄金分割。

公元前4世纪，古希腊数学家欧多克索斯第一个系统研究了这一问题，并建立起比例理论。他认为，所谓黄金分割是：一条线段分割成大、小两段，若小段与大段的长度之比恰好等于大段与全长的比的话，那么这一比值等于0.618。

其实，人们后来发现，黄金分割"现象"比比皆是：

如果一个人肚脐到脚足是人总长的0.618；肚脐到头部应该是人总长的0.382，这是一个黄金分割，这样的人身材就比较好看。

制作网页时网页背景与前景的字体配色是比较麻烦的。如果背景颜色与字体颜色的搭配不合理，就会使网页效果大打折扣。如果背景颜色与字体颜色的对比度太大，就会显得太刺眼。如果把颜色的对比度（背景与前景）调节在0.618比例附近的位置上，就比较顺眼了。

摄影中采用"井字构图法"，所拍出来的照片就好看。而"井字构图法"与黄金分割有密切的联系。

在产品设计中，如何确定产品比例，使产品造型更具视觉美感，也会有意无意地靠近黄金分割。如一些电器的插座、名片夹等。

人类要健康长寿，膳食结构要回归自然，也应遵循黄金分割律。素食应占食物总量的0.618。在一些发达国家的膳食组成中，以动物性食物为主，将黄金分割颠倒了，导致心血管疾病、糖尿病、肥胖症等"文明病"发病率上升。对健康最有利的是碳水化合物供热应占到0.618，这些碳水化合物主要就是谷物中的淀粉，因此要以谷物为主食。

在股市中，人们发现，当股指或股价的上涨速度达到前波段跌幅的0.382倍或是0.618倍附近时，都会产生较大的反压，随时可能出现止涨下跌；当股指或股价出现下跌时，其下跌的幅度达到前波段涨幅的0.382倍或是0.618倍附近时，都会产生较大的支撑，随时可能出现止跌上涨。运用"黄金分割率"，预测股指或股价的走势，大大提高股票投资的盈利率。

报纸版面的长和宽，如果是符合黄金分割比的话，就会让人"赏心悦目"。比如杭州的《都市快报》在出刊的时候，总编和美术设计人员为了创办一份与众不同的报纸，大胆地采用了修长的版面形式。这种版面，一经面市，立即受到业内人士和读者的好评。而这种"修长"的版面的比例，较为接近黄金分割比。这种按照黄金分割的版面，后来别的报纸纷纷效仿。

……

为什么"黄金分割比"是最美的一种比率关系呢？

研究认为，因为"黄金分割比"和"人的躯体的多种比率关系"最为接近。被认为是"长脸形美人"的脸面的长宽的比例，较为接近1:0.618之比；眼睛的长度和宽度、嘴唇的长度和宽度、耳朵的长度和宽度如果不接近1:0.618之比，就会让人看着不顺眼。其实，人身上许多地方的比率，都是较为接近1:0.618之比的。符合这一比率的，就一定会被认为是美丽的。

所以，我认为古希腊的数学家们也许最初就是从人体的各种比率中，发现了以后被称为"黄金分割比"的东西。因为所有的文明的发现，最初都是和人自身有关联的。最初，人类关心的，只有自己本身。当代审美控制论认为，审美活动最初是以人本身作为审美对象的。最早的审美活动必须带来某种实际的、具体的、直接的利益。这种最直接的功利目的融注于审美调节机制之中。因此，那些五官端正、体态匀称的人，自然会被公认为"美男靓女"。这种对美的公认性，也自然而然地被"投射"到了其他的审美对象上。例如，人们普遍认为，一扇窗户的比例如果和人体的"从肩膀到臀部的高度和双肩之宽度"的比率相接近，那就会让人看起来舒服些。而这种"舒服"，正是由于审美对象在人的头脑中，与固有存在的对于美的价值判断标准，形成了共鸣和重叠。

2. "不小于三分之一原则"

正是依据"黄金分割比"，我提出了图片安排的"不小于三分之一原则"。所谓的"不小于三分之一原则"是指：

（1）图片和图片在相邻和靠拢的时候，它们各自的那一段"贴近"的边线的长度，对于它们各自的那条相邻边线的总长度来说，均"不小于三分之一"；

（2）图片和图片在相邻和靠拢的时候，它们各自的那一段"未贴近"的边线的长度，对于它们各自的那条相邻边线的总长度来说，同样不能"不小于三分之一"。

比如下面的版面，图6-20。

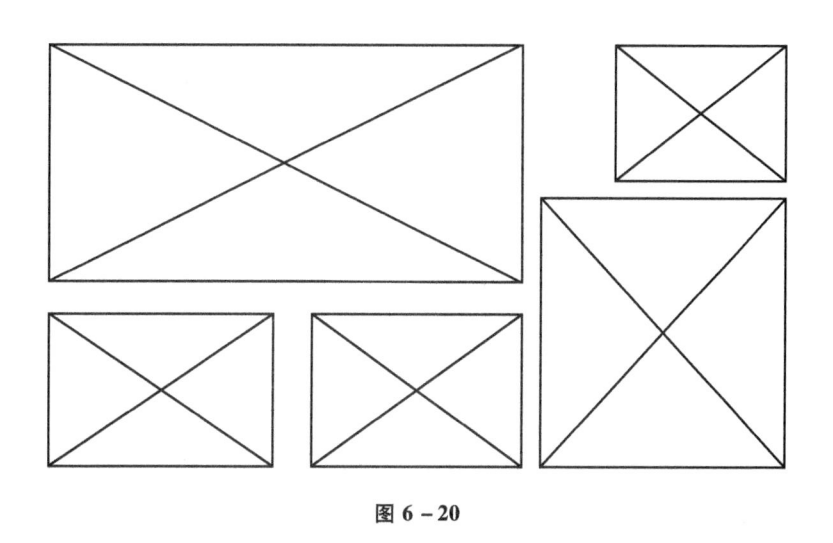

图6-20

从图6-20的版面图片的排列中，我们可以看到，图与图之间相邻的边线和未相邻的边线与彼此之间的关系，都是"不小于三分之一"的关系。图片采用这样的原则摆放后，整个版面就会显得非常和谐和自然。

如果我们抛开"不小于三分之一原则"，看看我们的版面会出现怎样的情况呢？

请看下面的版面，图6-21。

从图6-21的版面图片的排列中，我们就可以发现一个严重的问题：有四张图片的相邻边线的关系，违反了"不小于三分之一原则"。那一块地方，给人一种局促、紧张、拮据、压抑的感觉。它呈现出极其不和谐的一面。所以，我认为，这个图片版面在图片摆放的设计上是有严重缺陷的。

只要我们接受了"不小于三分之一原则"，我们在版面图片的摆放上，就一定会得心应手而且富有品味。

只要一个版面上有两张以上的图片是靠在一起有边线的相邻关系

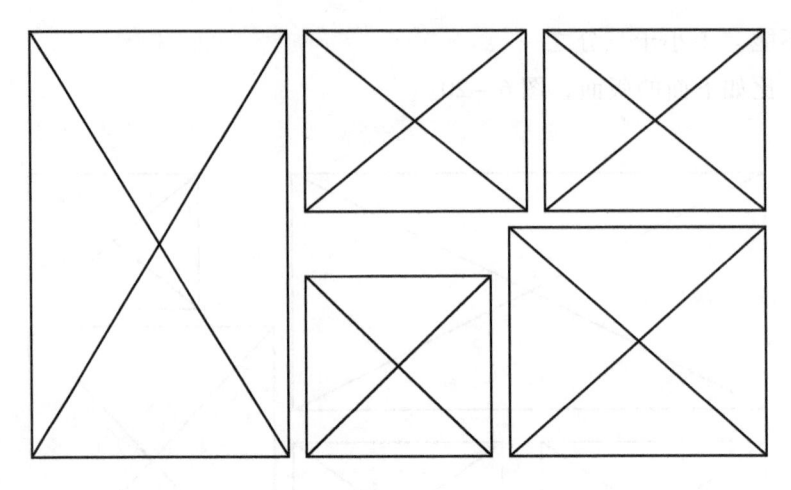

图 6-21

的，我们都要遵循"不小于三分之一原则"。违背这一原则，版面肯定不会好看。比如图 6-22 的两个版面上的图片的相邻关系。

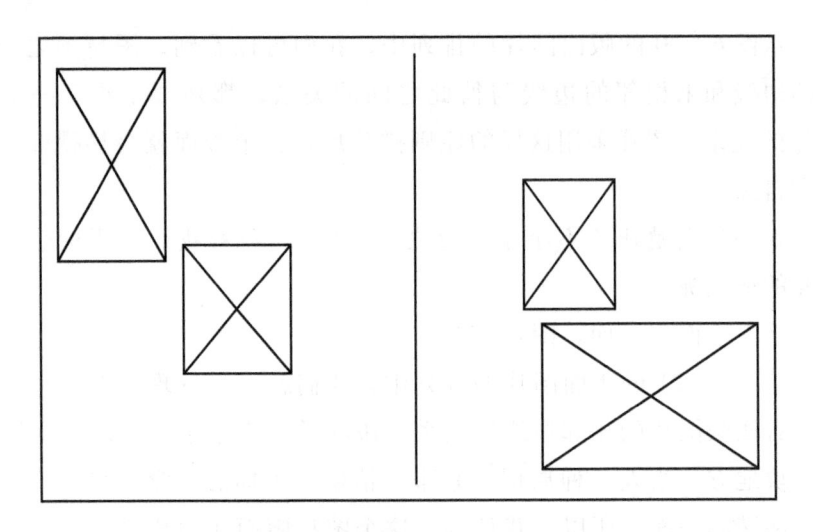

图 6-22

从图 6-22 左页的两张图片的相邻关系看，两张图片的相邻边线所占的"长度"都太小了，违背了"不小于三分之一原则"。

从右页的两张图片的相邻关系看，虽然它们相邻的边线都超过了对方的三分之一，但出现了一个新的问题，就是上图除了与下图相邻的边线外，那突出在外的一段边线，即"未相贴"的那一段线，却小于了它自身长度的三分之一。这种情况也违背了"不小于三分之一原则"。

总之，无论是两张图片相邻边线都要彼此"不小于三分之一"，还是两张图片的相邻边线的"未相贴"部分，或者叫延伸部分，与对方的关系，或者说与自己的那条边线比较，也不能违背"不小于三分之一原则"。

"不小于三分之一原则"，是我在长期的编辑实践中总结出来的一个重要的，很具操作性的"原则"。如果你能真正理解它的原理，并能灵活运用于编辑实践，你一定会受益匪浅。

二 杂志版式的重要性

（一）关于封面

杂志是商品。是商品就有一个销售的问题。如何在千姿百态的报刊零售点中，让自己生产的杂志能够脱颖而出，一下子就抓住读者的眼球，是杂志生产者最为关心的事。一般而言，读者先是被杂志的封面所吸引，然后拿起杂志再翻阅内页。由此，杂志的封面的版式，总会让杂志的生产者费尽心机。

杂志封面的构成主要有6个要素：刊名、图片、标题、期次、价格、条形码。这其中最重要的是刊头、图片和标题。

1. 刊名

刊名是一本杂志的"姓名"，如《南风窗》、《新周刊》、《观察与思考》等。它应该是杂志最重要的东西。没有刊名，就不能成为一本规范的杂志。而且这个刊名是不能随便改动的，不能今天叫《南风窗》，明天叫《北风窗》。一本正式的，经过新闻出版部门批准许可出版的杂志，就一定有一个同样要经过严格审批最后同意使用的刊名。

刊名放在杂志的封面上，大致有两种形式。一种是直接安置法：将刊名直接放到封面上，如《瞭望东方周刊》，图6-23；一种是间接安置法：将刊名先放在一块红色或者蓝色的背景下，然后再放到封面上，如《观察与思考》，图6-24。

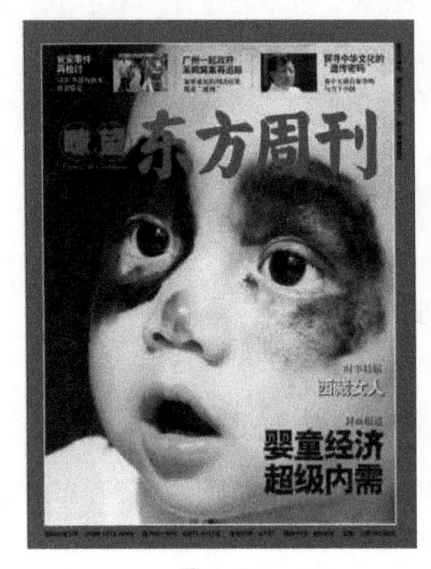

图6-23

图6-24

刊名的直接安置法和间接安置法，各有利弊。直接安置法，常常会因为图片的缘故而使得刊名字体的颜色受到干扰。比如刊名是白色的字体，而图片上将被放上刊名的地方正好也是白色的话，刊名就会淹没在图片中而无法显现；而它的优点是，简洁、大方、清爽。间接安置法，它的缺点是死板、累赘、沉重；而它的优点是，不会因为图片的缘故而影响它的"醒目度"。

2. 图片

如果单从视觉效果看，图片是构成"抢眼"封面的最为重要的部分。能做新闻期刊封面图片的，主要有三种：新闻图片、新闻漫画和通过电脑数字合成的用以表达封面主题的图画。不少新闻期刊的封面用图，都选用新闻图片，如《观察与思考》、《三联生活周刊》等。

新闻图片的选用，十分讲究：除了图片的尺寸要大外，画面一定要简洁、干净、生动、具有视觉冲击力。当然，既然是新闻图片，那一定要有新闻内涵，也就是说要有新闻的信息在其中。否则就不能算是新闻图片。

另外一个原则是：新闻图片一定是为封面的主打标题服务的。如《观察与思考》2009年第4期的封面，主打"特别策划"的标题是《中国内需期待》，为了配合这个标题，选用的新闻图片是杭州的一次汽车展览上的一张新闻图片，如图6-25所示。

《瞭望东方周刊》2008年第8期，主打"封面故事"的标题是《打通生命线》，配的新闻图片是有两个电力部门的维修工人爬在电线杆上，抢修遭雪灾破坏的电缆。可见，封面新闻图片一定是为配合主打的封面标题服务的。

图 6-25

3. 标题

封面标题的用法有两种，一种是突出本期主打稿的标题。如《瞭望东方周刊》2008年2月14日这期的主打内容是讲"中国人的饮食生态和餐桌政治"的，为了突出这一主打内容，封面的大标题是《中国吃法》；同时，也放了三条标题《以死相求的相亲路》、《上海车牌价暴跌4万真相》、《北京"两会"热议物业税》，但这三条标题的字号就很小了。另外一种是"无重点"的标题放置法，即在封面上放N条标题，字号一样大，没有重点，只是起到一个导读作用和装饰作用。

纯粹从封面设计的角度看，标题是可以起到美化封面的作用的。比如封面的标题能够起到"画面平衡"的作用。封面上因为有了刊名，"头上"就会显得重一些，这就需要在封面的下部，有些可以起到"画面平衡"作用的"元素"，而标题就是最为灵活的"元素"。假如没有标题，封面一定会给人一种"头重脚轻"的感觉。

但也有人主张封面上不放标题，封面上的图片应该让它干干净净地一览无遗地展现出它本来的魅力。这些人认为，封面就应该是一幅艺术画，任何放在上面的东西，对它都是一种玷污。同时他们主张，通过刊名，让读者能够识别杂志就行了。一个对某一本杂志"忠诚"的读者，在购买杂志的时候，是从来不看封面标题再"下手"的。只要是他和她心仪中的杂志，在购买的时候就会毫不犹豫；那些通过邮局订阅某本杂志的读者，更是不在乎封面的标题如何了。他们的主张当然也有道理，但主编们希望，他的杂志会有不断出现的新读者，而这些新的读者，最初一定是被杂志封面上的大标题所吸引的。可见，封面大标题在期刊市场拓展中的重要性。

4. 期次

期次是一个基本要素。读者拿到一本杂志，自然很想知道这本杂志是新的，还是旧的。新的，就会去翻翻；旧的，也许就认为是已经过期了的，便也就放在一边了。有的杂志不知为什么，没有把期次放在一个显眼的位置上，而是和读者"躲起了猫猫"，这对读者来说是非常不便的。在零售摊点上，也会影响销售。把期次放在一个显眼的位置上，是编者自信的表现。

5. 价格

购买杂志的人，对杂志的价格是非常在意的。可是，也有不少杂志，不喜欢把价格明显地印在封面，而是放在一个非常隐蔽的地方，"低调处理"，这其实也是不自信的表现。我的杂志是好东西，是物有所值的，为什么不堂堂正正地标出价格来？杂志是用来卖的，价格一定要标明。

6. 条形码

条形码从 20 世纪 70 年代开始，在国际上已广泛用于各类商品，为商贸活动和商品管理提供了极大的便利，1988 年中国物品编码中心成立，条形码也在我国广泛应用于各个领域，包括在出版物上的应用。1991 年 4 月，我国被正式接纳为国际物品编码协会成员，商品条码前缀码代号是"690"。

条形码也叫条码，是由一组规则排列、宽度不同、黑白相间、平行相邻的线条组成，并配有相对应字符组成的码记，用来表示一定的信息。

条形码的一组规则排列的条、空的含义：条，是条形码中反射率较低的部分，即黑色或彩色条纹部分；空，是条形码中反射率较高的部分，即白色或无色条纹部分。条形码是一种自动识别技术，是利用光电扫描阅读设备给计算机输入数据的特殊代码，这个代码包括了产品名称、规格、价格等。

出版物使用条码的码是 EAN13 位码。ISBN 系统图书专用条码的前缀码是"978"，ISBN 系统期刊条码的前缀码是"977"。出版物条码一般印刷在图书（期刊）的封底（或护封）左下角，条的方向与书脊平行（或垂直），也可根据需要将条码印在书封二左下角，书脊在右时，一般应将条码印在封底（或护封）右下角，条的方向与书脊平行（或垂直），也可将条码印在封二右上角。现在大多数期刊喜欢把条形码印在封面的一个角落上。一是方便识别，二是具有一定的装饰效果。

期刊使用条形码的作用：有利于出版发行部门建立全国范围的发行信息网络；有利于出版单位及时掌握销售信息，了解销售趋势，改善经营管理；有利于增强出版物在国际市场的竞争力；有利于图书馆对出版物进行计算机管理；为出版管理机构提供了加强对出版物管理的技术手段；有利于遏制非法出版活动；有利于书店门市POS销售网络管理系统的应用。

（二）关于内页

所谓内页，是指除封面、封二、封三、封底之外的杂志的其他页码，内页主要由版权页、目录页和内容页构成。

1. 版权页

版权页是对期刊的作者、编辑出版者以及其他有关版本内容的简要记载，是期刊必须具有的标志。版权页一般印在目次页或封底。其作用是便于人们查考期刊的版本源流和出版情况，有助于保障作者和编辑出版者的合法权益。版权页所提供的信息十分丰富，读者、作者以及期刊的发行、订购、管理都离不开版权页信息。

根据新闻出版总署1988年发布的《期刊管理暂行规定》第二十九条"期刊必须在封底或目录页上刊载版本记录，包括主办单位、出版单位、印刷单位、发行单位、出版日期、主编姓名、发行范围、定价或工本费、国内统一刊号（或准印证编号）和广告经营许可证编号。其中国内统一刊号或准印证编号须印在封底下方。领有国际标准刊号的期刊，同时应刊载此项刊号"。新闻出版总署1995年6月发布的《社会科学期刊质量标准及质量评估办法（试行）》，对学术理论类、工作指导类、时事政治类、文学艺术类、综合文化生活类、教学辅导类、信息文摘类等7类社科期刊质量标准及评估办法作了详细的规定，其中在编辑标准中强调："版本记录齐全、完整和规范，主管单位、主办单位、印刷单位、发行单位、出版日期、刊期、主编（总编）姓名、发行范围、定价、刊号（包括分类号及取得国际标准刊号者）、广告经营许可证等无缺漏。"以上规定充分说明了新闻出版总署对社会科学期刊编辑出版质量的重视。

期刊版权页信息内容主要包括：期刊的特定信息，如刊名、创刊年份、出版周期、卷（期）号、总期数、发行范围、定价、中国标准连续出版物号，以及期刊形象信息；期刊的编辑信息，包括主办单位、主编（总编）姓名、编辑部和编辑者信息；期刊的出版发行信息，包括出版者、印刷者、发行者、出版日期。

根据期刊编排规范的要求，其中刊名、出版周期、创刊年份、卷（期）号、总期数、出版年月、主办单位、主编（总编）姓名、编辑出版单位及地址、印刷单位、发行范围、发行单位、定价、中国标准连续出版物号、广告经营许可证号等为必须著录项，并要求集中标注。

新闻期刊的版权页，一般都编排在杂志的前几页中。《瞭望东方周刊》的版权页在第 4 页的下半页；《观察与思考》的版权页在第 3 页的左边；《新民周刊》的版权页在第 4 页的右边。

新闻期刊的版权页一般处理得比较简洁，由此显得庄重和沉稳。

2. 目录页

目录，是一本杂志内容的菜单。有了这份菜单，便于读者阅读。为了"抢眼"，设计者会在目录的编排上下足工夫。现在最通用的设计是"目录与图片结合"的方法。在这一期杂志中，哪些稿子是重点？哪些稿子有意思，是卖点？为了将这些信息凸现给读者，对这些信息就要做突出的处理。没有必要对所有的题目都做突出的处理，这样，重要的信息反倒被淹没了，会让读者"找不到北"。一般来说，目录页中，安排四五张图片足矣。

除了通过配图的方法，突出重点以外，也可以通过字号的变化，字体颜色的变化来传达编者着力推荐某篇稿子的意图。但这里有一点要注意，千万不要搞得"花里胡哨"的，这样的结果，反而会适得其反，同时，杂志的品位也会受到影响。

基本的原则是：在干净、整洁中，有分寸地突出重点就可以了。

3. 内容页

内容页是一本杂志的主体部分，也是最重要的部分。在版式设计上，有以下几个原则需要掌握。

（1）页眉页脚"装饰"的设计风格要简洁、大方、含而不露。

所谓"页眉页脚装饰"，就是指安置在内容页上方和下方的一些小装饰。页眉上可以有杂志标识、栏目名称、编辑名字等；页脚下可以有页码、日期等。这些东西，对内容页来说是需要的，但在"装饰"过程中切忌过于张扬过于琐碎，否则就会显得俗气和杂乱无章。这些装饰所达到的效果，无非是在读者翻开此篇文章时，好比你在他的身边轻轻地说一声"这是什么栏目的文章"即可。你多说了，或者说的声音重了，读者就会厌烦。所以这种"装饰"一定是点到为止。

（2）标题字体切忌多样。

新闻期刊的文章标题字体，以体现庄重、沉稳、冷静、理性为原则。国内新闻期刊的文章标题一般选用两种字体，一种是宋体，一种是黑体。很少看到国内新闻期刊的文章标题字体是用花哨的美术体的，也很少用魏碑和隶书的。大量的实践经验告诉我们，只有宋体和黑体才最适合做标题。也有一些杂志想来个"创新"，用许多不同的字体来做标题，结果肯定不理想，反倒给人留下了轻浮、不成熟的印象。

（3）图片运用要高标准。

图片是杂志的窗户。有了图片，原本密不透风的版面，才会有透气的感觉。

图片对美化版面起着十分重要的作用，当然，图片本身也是在传递信息。国内的新闻期刊都会大量使用新闻图片。几乎是每个版面上都会用一到两张图片；有的会用得更多。

新闻期刊对图片的运用是极有讲究的，而不是为了用而用。

图片一定要好看。所谓好看就是图片要有张力，抓人眼球，耐人寻味，对文章而言，要能起到相得益彰的作用。

图片本身的拍摄质量要好，除了图像清晰外，尺寸要大。新闻期刊的图片最好是1000万像素以上的数码相机拍出的。当然，新闻图片不是摄影艺术作品，关键还是要看内容。有时具有新闻价值的图片，不一定就是拍摄质量较好的图片。

图片在页面上的摆放，不能随心所欲。如果前一页上的图片摆放的位置是在右下角的，那么，这回在翻过来的一页上摆放的时候，不要也摆放在右下角。否则会给人一种版式单调、重复的感觉。单调和重复会给读者带来阅读的疲劳。用心的图片编辑和美术编辑，一定会根据内容，将图片摆放出多种完全不同的样式来。当然，图片编辑、美术编辑一定要和文字编辑多沟通，这样，图片摆放才会合情合理和恰到好处。

一些画面较差，又没有什么内涵的图片，宁可不用。有时候，整本杂志就是因为一两张不好的图片而"砸锅"的。

（4）形成相对固定的标准和风格。

内容页的排版风格一经确定，最好不要经常变化。至少要稳定一段时间，这样才会给人一种成熟的印象。为了风格的统一，需要有一个相对固定的标准。比如文章的标题字，一律用统一字号的宋体；文章排版一律采用"三栏式"；图片说明文字，一律用楷体等。这些标准的提出和制定，就保证了无论是哪个编辑来做版面，都会风格统一。

形成标准，还有一个好处是提高排版速度，从而提高工作效率。这点对于时效性要求较高的新闻期刊来说是非常重要的。

三　版面设计的原则

不少人问：版面设计是一件非常难的事，要做好，有没有什么窍门？

我认为，当然是有窍门的。那就是，只要做到四个字"齐"、"精"、"简"、"空"，你排出的版面，一定会非常有品味。

（一）"齐"的原则

所谓"齐"，就是指排版过程中，一定要坚持"对齐原则"。

在排版过程中，什么东西需要对齐呢？如果标题是放在页面的左边的，那么，它首先要和左边的那一栏文字的左边线垂直对齐；反之也一样。如果标题是居中的，那么它的二分之一处和页面的二分之一处，都应该是同处在一条垂直线上，一定要对齐才好。再有，图片说明文字，一般都要和图片的左边或右侧的垂直边线对齐；若图片文字是在图片的二分之一的中心线上的，那就要和这条中心线垂直对齐。还有，页面的文字一般都是采用"三栏式"的，这三栏文字的头部和底部，一定要在一条水平线上对齐。

版面上的任何一个"东西"，不应该是柳宗元《小石潭记》中所说的那样："皆若空游无所依"，它和周边的"东西"，其实存在着一个对齐的关系，都是"有章可循"的。如果不坚持"对齐原则"，那么，版面一定会显得"杂乱无章"。

（二）"精"的原则

所谓"精"，就是指排版过程中一定要坚持"精细原则"。

精细原则要求我们"一丝不苟"。比如在"对齐"过程中，我们不允许有一丝一毫的误差存在。《观察与思考》杂志的主编，在检查版面设计是否精细时，总是要说一句话："哪怕是一根头发丝的误差也不能容忍！"正是这种苛刻的要求，《观察与思考》杂志给人留下了"设计精致"的印象。有时候，一本杂志就是因为存在一两处粗陋的不到位的地方，结果是整本杂志都被"害了"。这就像一个打扮入时的女郎，却穿着一双"漏丝"的丝袜——这是很"掉价"的。只有做到版面上每一个细节都处理得十分精致后，你的杂志才会显现出它的高贵和大气。

（三）"简"的原则

所谓"简"，就是指排版过程中，一定要坚持"简约原则"。

版面的设计，一定要多用"减法"。我们现在处在一个追求简约的时代。我们讨厌芜杂和累赘。说得极端一点，在版面上几乎任何装饰都是多余的——尤其是一本新闻期刊。有不少设计者，喜欢把标题字搞得十分花哨，一会儿把它拉成斜的，一会儿又加上了叠影。还有的喜欢变化字体，这边用魏碑体，那边用隶书体、仿宋体。其实，这样的美化效果并不好，它给人的感觉就是一个字"俗"。所以现在新闻期刊的标题字体，用得十分谨慎，一般都用一两种字体，并且是以用宋体和黑体为多。实践告诉我们，简洁，就是美；花哨，必然俗。

按照这个道理，版面上的照片，也不是越多越好。恰到好处地在页面上放一两张图片，是可以的，若多了，也就容易"生乱"了。

（四）"空"的原则

所谓"空"，就是指排版过程中，一定要坚持"空透原则"。

我们在文章的安置上，或者是在图片的安置上，一定有让它们"透气"的地方。这种透气的意思是版面上要有"气窗"。"气窗"就是留白处。适当的留白就会让版面显得"空透"。

独具匠心的"空透"处理，会使得版面富有生气和节奏感。如果整个版面密密麻麻排满了文字，就会像一块水泥预制板那样"死气沉沉"。面对这样的版面，读者一开始就会"避而远之"；即便是耐着性子去读，也会感到疲惫费力，结果很可能就"半途而废"。

"空"，在版面上有两种形式：一种是"出血式"留白；另一种是"开窗式"留白。

1. "出血式"留白

当我们把留白处当成是一块白色的时候，采用图片摆放"出血"的样子，将这块白色"出血"，即突破文区的边线直至页面的"切边"，如图 6-26 所示。

图 6-26

2. "开窗式"留白

在版面内部适当的位置上留出空白，就像开了一扇窗户，如图 6-27 所示。

图 6–27

在版面上留白的过程中，一定要注意版面整体的和谐性和协调性。这需要具备一定的美术功底。因为处理得不好，那版面效果就适得其反了。

第七章　期刊管理

如果你是主持一本期刊的主编，你在管理上至少要建立三个方面的管理平台：制度管理、文化管理、知识管理。

一　制度管理

所谓制度管理，是指依靠完整的规章制度来进行管理的一种方法。

有一个"7个和尚分粥"的故事，生动地说明了制度管理的重要性。

从前，庙里有7个和尚，大家对每天吃饭分粥很是苦恼，他们商量了好长时间，共经过了5个分粥过程，才找到了最终人人都满意的分粥方法：

第一次：一个人分粥，但这个人老为自己多分，于是换了一个人，结果亦然。

第二次：大家轮流分粥，每人一天。这样看似公平，但结果是轮值的人总利用权力为自己多分，其他人有意见。

第三次：大家公平选举一个品德高尚的人主持分粥，刚开始不错，过不了多长时间，这位又开始给自己和溜须拍马的人多分了。

第四次：成立分粥委员会和监督委员会，监督分粥行为，但委员间意见不一争吵不休，粥都凉了还喝不上，效率太低。

第五次：大家商定，建立了一种新的"制度"：每个人轮流分粥，但分粥人要选最后1碗粥，结果7只碗里的粥终于一样多了，因为谁不认真公平去分，总会剩最少的给自己，所以每个人都认真去分，力求公平，果然大家都满意了。

没有规矩，不成方圆。杂志社作为一个单位，若没有规矩，即没有规章制度，那在管理上一定是随心所欲的。一个杂志社需要"法制"，而不是"人治"。"人治"的结果，一定是不公正的，厚此薄彼的。这样的一个杂志社，一定是一个混乱不堪的，充满不满和怨恨的杂志社。

为了使得杂志社的管理有章可循，有法可依，杂志社一定要建立一整套规章制度。这是杂志社进行有效管理的基础。

（一）需要制定基本的规章制度

1. 人事制度

人事制度中，应该包括以下主要内容：

（1）关于招聘方式。比如规定，通过公开招聘的方式录用员工。

（2）关于员工的身份。比如规定，凡是杂志社的员工均为合同制身份。

（3）关于合同签订。比如规定，员工一年一聘，每年年底杂志社和员工签订下一年的劳动合同；员工在杂志社工作时间超过5年，可以签长期合同。

（4）关于工资。比如规定，杂志社实行底薪加业绩的工资制度。

（5）关于基本福利。比如规定，凡是与杂志社签订劳动合同的员工，均按照有关规定，享受养老保险、医疗保险、失业保险和住房公积金（三险一金）的待遇。

（6）关于解聘。比如规定，员工连续三个月未完成工作指标，或者全年累计五个月未完成工作指标，应予以解聘。比如规定，员工无故旷工连续时间超过7天的，或者全年累计无故旷工超过10天的，应予以解聘。

下面是《观察与思考》杂志社的用工制度。

《观察与思考》杂志社用工制度
（试行）

为了适应改革的需要，杂志社在用工上实行全员聘任制。具体规定如下：

□ 基本原则

1. 不论正式在编人员还是非在编人员，一视同仁，全部实行聘任制。在编人员由社科院聘用；非在编人员由杂志社聘用。

2. 在杂志社工作5年以上的员工，杂志社可根据需要，与其签订长期聘任合同。

3. 在杂志社工作不满5年的员工，原则上实行"一年一聘"。

4. 年终考核合格的员工，原则上第二年可自然续聘。

5. 被聘员工的收入按照杂志社有关规定执行。

□ 聘用

1. 凡被聘人员，须由杂志社有关领导组成的招聘小组对其进行考试，合格后才能被聘用（先进入试用期）。

2. 凡被聘人员，在正式被聘之前，须经过3～6个月的试用期。试用期满后，由本人提出书面申请，经评议、考核，合格后才能被正式聘用（签聘用合同）。

3. 凡被聘人员，须报社科院人事处备案。

4. 聘用人员的基本条件：35岁以下，身体健康，一般要求具有本科以上文凭，有一定工作能力（如有新闻工作从业经历两年），综合素质较好的年轻人。

□ 解聘

1. 连续三个月完不成月考核指标，将被解聘。

2. 工作出现严重失误（如采编工作中出现政治导向差错、严重违反新闻出版纪律），将被解聘。

3. 半年考核不合格，将被解聘。

4. 连续旷工3天以上（含3天），将被解聘。

5. 从事未经杂志社同意的其他职业，将被解聘。

《观察与思考》杂志社
2003年6月1日

2. 考勤制度

考勤制度中，应该包括以下主要内容：

（1）关于签到。比如规定，杂志社实行"朝九晚五"的工作制，即上午九点上班，下午五点下班；员工上午必须在签到卡上亲笔签名以示到岗。

（2）关于扣罚。比如规定，迟到一次，扣罚工资10元；迟到时间超过3小时，按照缺勤半天计算，扣罚半天工资；迟到时间超过4小时的，按照缺勤一天计算，扣罚一天工资。

（3）关于请假。比如规定，实行调休制，节假日曾经加班的员工可以提出调休申请，无特殊情况，应予以准假。比如规定，全年允许员工带薪请事假的时间不得超过3天。比如规定，凡是请假，均需提交书面的申请，经过杂志社领导签字同意后方能休假。

（4）关于全勤奖励。比如规定，全年无缺勤者，将获得杂志社发的全勤奖。

（5）关于年休。比如规定，员工可以根据国家有关规定享受年休假；员工需要请年休假，应提前10天提出年休申请，经杂志社领导批准后方可休假。

（6）关于外出工作。比如规定，员工需要外出工作（采访等）半天或一天的，需要填写《外出工作单》，经编辑部主任签字同意后方可外出工作；需要外出工作（采访等）超过一天的，需要填写《外出工作单》，经编辑部主任和杂志社领导签字同意后方可外出工作。

3. 岗位职责

岗位职责中，应该包括以下主要内容：

（1）关于主编职责。比如规定，主编全面负责杂志社的采编和经营等工作，是杂志社的第一责任人。比如规定，主编负责对杂志内容的终审。比如规定，主编有权对工作特别出色的编辑、记者颁发"特别奖"。比如规定，杂志社的编委会由主编主持。

（2）关于副主编职责。比如规定，副主编是主编的助手，受主编委托，对主编负责，分管某一方面的工作。

（3）关于编辑部主任职责。比如规定，编辑部主任负责杂志的编辑工作。比如规定，由编辑部主任制定每一期杂志的编辑计划，经主编审阅同意后实施。

（4）关于记者部主任职责。比如规定，记者部主任负责记者的采访和写作工作。比如规定，由记者部主任提出每一期的采访和写作计划，经主编审阅同意后实施。

（5）关于经营部主任职责。比如规定，由经营部主任具体负责杂志的发行和广告经营工作。比如规定，经营部主任每年完成的发行指标是 N 份；广告收入指标是 N 万元。

（6）关于办公室主任职责。比如规定，办公室主任的职责是负责杂志社日常的行政事务，如员工考核、工资发放、稿费寄送、文件收发、来访接待、人员招聘等。

（7）关于编辑职责。比如规定，编辑负责稿件的初审（一审）；有对稿件的最初否定权。比如规定，编辑必须和作者保持经常性的联络，以便及时组织杂志所需要的稿件。比如规定，编辑每一期必须完成 N 个版面的编辑"工作量"。

（8）关于记者职责。比如规定，记者每个月必须完成 N 字的写稿"工作量"。比如规定，记者必须坚持采访的客观性和写作的客观性；记者所写的涉及舆论监督的稿件，必须和被监督方"见面"。

（9）关于经营人员职责。比如规定，经营人员在从事经营工作时，必须遵守国家的相关法律法规。比如规定，经营人员必须完成全年的经营指标。

（10）关于办公室人员职责。比如规定，办公室人员要在办公室主任的领导下，各自负责完成好本职工作。比如规定，负责人事工作的人员，必须按时发放员工工资和社外作者的稿费；做好员工的考勤记录；建立员工的工作档案。比如规定，驾驶员必须听从办公室主任的出车派遣；不得公车私用；未经允许，公车不在私家过夜。

下面是《观察与思考》杂志社的岗位职责。

《观察与思考》杂志社岗位职责
（试行）

☐ **主编**

1. 受院领导指派，在编委会的领导下，主持杂志社工作。
2. 坚持正确的舆论导向，并确保杂志的编辑出版质量。
3. 努力做好创收工作，努力完成年创收指标。
4. 努力做好发行工作，努力完成年发行指标。
5. 努力做好管理工作，使采编、广告、发行和行政等各方面的管理工作健康、协调、有序开展。
6. 建立和健全各项杂志社内的规章制度，使各项工作有章可循。
7. 严格控制各项开支，把成本降低到最低限度。
8. 努力营造杂志社良好的社风。
9. 努力营造杂志社赖以发展的良好的外部环境。
10. 坚持开展批评与自我批评，以身作则、团结同志，努力开创杂志社各项工作的新局面。

☐ **副主编**

1. 受院领导指派，在编委会的领导下，协助主编做好杂志社工作。
2. 坚持正确的舆论导向，并确保杂志的编辑出版质量。
3. 努力做好创收工作，努力完成年创收指标。
4. 努力做好发行工作，努力完成年发行指标。

5. 努力做好管理工作，使采编、广告、发行和行政等各方面的管理工作健康、协调、有序地开展。

6. 建立和健全各项杂志社内的规章制度，使各项工作有章可循。

7. 严格控制各项开支，把成本降低到最低限度。

8. 努力营造杂志社良好的社风。

9. 努力营造杂志社赖以发展的良好的外部环境。

10. 坚持开展批评与自我批评，以身作则、团结同志，努力开创杂志社各项工作的新局面。

□行政主管

1. 参与杂志社有关行政事务的处理和管理工作。

2. 积极完成社领导交办的相关工作。

3. 负责杂志社的对外联络工作。

□策划总监（兼首席记者）

1. 坚持正确的舆论导向。

2. 承担杂志重大选题的策划工作。

3. 完成杂志的重点稿件的采写工作。

4. 承担培训年轻记者编辑业务能力的工作。

5. 量化考核：（1）每月写稿量不少于5000字（以正式刊用为准）。完不成指标，扣发当月考核奖50%。连续3个月完不成指标，解除聘约。（2）所发稿件无配图或图片质量不符合刊发条件，扣发当月考核奖10元。（3）因主观原因而导致发稿延误清样1天，扣发当月考核奖。

□编务总监（主任编辑）

1. 坚持正确的舆论导向。

2. 组织有关人员召开编前谈版会，并向社领导提交当期的编辑工作计划和主打稿件的策划方案。

3. 及时、有效地组织实施编辑工作计划，并承担其相关责任。

4. 协调好有关人员的工作，营造"团结互助、敬业创新"的工作作风。

5. 负责当期杂志稿件的二审工作和稿费发放的二审工作。

6. 建立全国的作者队伍。

7. 量化考核：（1）每月编稿量不少于10个版（以正式刊用为准）。完不成指标，扣发当月考核奖50%。连续3个月完不成指标，解除聘约。（2）延误清样1天，扣发当月考核奖。

□编辑

1. 坚持正确的舆论导向。

2. 准时参加谈版会并提出所主持的栏目的编辑计划。

3. 及时、有效地组织实施编辑工作计划，并承担其相关责任。

4. 做好所编版面的编辑校对工作。

5. 坚持"团结互助、敬业创新"的工作作风。

6. 负责当期杂志稿件的一审工作和提出稿费发放的初步意见。

7. 建立全国的作者队伍。

8. 量化考核：（1）每月编稿量不少于20个版（以正式刊用为准）。完不成指标，扣发当月考核奖50%。连续3个月完不成指标，解除聘约。（2）延误清样1天，扣发当月考核奖。

□记者

1. 坚持正确的舆论导向。

2. 准时参加谈版会并提出采访计划。

3. 参与重点稿件的采访策划工作。

4. 完成有关领导指派的采访任务。

5. 完成所采写稿件的配图工作。

6. 量化考核：（1）每月写稿量不少于10000字（以正式刊用为准）。完不成指标，扣发当月考核奖50%。连续3个月完不成指标，解除聘约。（2）所发稿件无配图或图片质量不符合刊发条件，扣发当月考核奖10元。（3）因主观原因而导致发稿延误清样1天，扣发当月考核奖。

□美术编辑（兼摄影记者）

1. 坚持正确的舆论导向。

2. 准时参加谈版会。

3. 熟悉当期刊发的所有稿件并提出设计意见（包括必要的广告设计）。

4. 有义务向记者和编辑提出因设计所需的美术编辑意见（如稿件文字的删减、图片的调整等）。

5. 与人民日报图片网等建立较好的联系，以保证所需图片的迅速购买。

6. 建立全国的摄影作者的通联网络。

7. 完成有关领导指派的摄影工作。

8. 量化考核：（1）完成每期不少于64页的美术设计工作。完不成指标，扣发当月考核奖50%。连续3个月完不成指标，解除聘约。（2）因主观原因而导致延误清样1天，扣发当月考核奖。

□经营助理（兼各地工作站管理员）

1. 承担杂志社的一部分广告创收工作。

2. 承担杂志社的各地工作站的管理工作。

3. 参与经营项目的策划和组织实施工作。

4. 严格遵守经营工作纪律，确保经营工作的"安全生产"。

5. 量化考核：（1）全年完成广告经营指标（包括主持完成项目指标）不少于10万元。日常广告经营提成为30%。完成或超额全年指标，按提成总额的5%作为一次性奖励。（2）指导和督促各地工作站完成广告经营指标不少于50万元。工作站的管理与工作站的经营效益挂钩。各地工作站累计完成了全年指标，其总计的3%作为年终的一次性奖励。（3）完不成指标，第二年将不再被聘用。

□发行业务员

1. 承担杂志的订阅、赠阅、零售等发行工作。

2. 完成杭州市内省级机关和浙江联通公司的赠刊投递工作。

3. 完成与发行相关的电脑数据管理工作。

4. 完成与发行相关的外联工作。

5. 策划并开展与发行有关的社会促销活动。

6. 量化考核：（1）完成杂志社全年订阅量（包括企业出资的赠阅量）。（2）按时完成在杭州宾馆、茶楼、咖啡馆等高档休闲娱乐场所以及民航大巴等杂志的赠阅（投放）工作。（3）发行工作出现读者投诉，如情况属实，每次投诉扣发当月考核奖5元。（4）寄刊出现差错而出现退回事故，每次投诉扣发当月考核奖5元。（5）完不成年度指标，第二年将不再被聘用。

《观察与思考》杂志社

2003年6月3日

4. 薪酬制度

薪酬制度中，应该包括以下主要内容：

（1）关于薪酬模式。比如规定，杂志社实行"底薪＋绩效收益"的基本薪酬制度。

（2）关于"绩效收益"。比如规定，"绩效收益"是指：记者写稿后获得的"内部稿费"（内部稿费标准，取决于杂志社年度总预算中预留的用于发给记者工资的总量，所以它和外部稿费的标准是有区别的）；编辑完成编辑工作后获得的"编辑费"。比如规定，广告业务员的"绩效收益"，是指他所获得的广告提成（广告提成的比例一般为20%～30%）。

（3）关于辅助人员的"绩效收益"。比如规定，辅助人员（特指不能直接创造效益的人员）的"绩效收益"可以拿到杂志社总体人均"绩效收益"的60%～100%（具体操作上，可以分成不同的级别）。

（4）关于职务津贴。比如规定，杂志社的中层以上干部，均可以获得"职务津贴"。

（5）关于工龄津贴。比如规定，员工在杂志社每工作一年，即可在底薪中增加一块"工龄津贴"（一般为 100 元/年）。

5. 奖惩制度

奖惩制度中，应该包括以下主要内容：

（1）关于主编特别奖。比如规定，主编"特别奖"主要是发给在编辑和记者岗位上作出重大贡献的编务人员的（如某记者采写的文章获得了省委副书记或副省长以上领导批示的；或在社会上产生了重要影响带来一片喝彩声的；或获得省级好新闻一等奖、全国好新闻二等奖以上的），奖金额为 1000 元。

（2）关于年终考核奖。比如规定，凡是年终考核为"合格"的员工，可以获得"年终考核奖"5000 元～1 万元（具体奖多少要根据过去一年的经济效益而定）。

（3）关于好稿奖。比如规定，杂志社每一个季度评一次杂志社内部的"好稿"，获得"好稿"奖励的人员，可以获得不同级别的 100 元、200 元、300 元的奖励。

（4）关于出现重大差错，对主要领导的处罚。比如规定，被新闻主管部门通报批评，主编应该向上级主管部门递交书面《检查报告》，扣发年终考核奖的 50%；如果差错性质较为严重，杂志被停刊整顿，主编要引咎辞职，并扣发年终考核奖的 100%。

（5）关于一般性差错，对编辑、记者的惩罚。比如规定，杂志出现文章大标题差错，扣发编辑部主任、编辑的当月工资 100 元；文章小标题差错，扣发编辑当月工资 50 元；文章校对差错超标（万分之三），每一处差错扣 5 元。比如规定，记者采写的稿子出现事实差错，根据"情节轻重"，扣发当月工资 50～100 元；如果报道严重失实，扣发记者这篇稿子的"内部稿费"，并将予以杂志社的"警告处分"。如果全年累计两次受到"警告处分"的记者，将被辞退。

6. 稿费制度

稿费制度中，应包括以下主要内容：

（1）关于稿费的档次。比如规定，不同的稿子，发给不同的稿费：评论的稿费一般是最高的；普通的稿子的稿费是较低一级的；特约的稿费相对要高一些。

（2）关于内部稿费。比如规定，杂志社内部人员的稿费的发放，可以参照《观察与思考》杂志社的"稿费发放标准"中的"内部"一栏的标准发放。

下面是《观察与思考》杂志社的稿费发放标准及有关规定。

《观察与思考》杂志社稿费发放标准及有关规定

□ 本刊稿费标准

体　　裁	千字/幅（外稿）	千字/幅（内稿）
通讯	甲级100元；乙级80元；丙级60元	甲级80元；乙级60元；丙级40元
消息	40元（条）	20元（条）
评论	甲级100元；乙级80元；丙级60元	甲级80元；乙级60元；丙级40元
杂文、随笔、散文、小说	100元	80元
网络信息综合稿	60元	40元
文摘稿	30元	20元
翻译稿	60元	40元
新闻图片（单幅）	甲级100元；乙级80元；丙级60元；丁级30元	甲级60元；乙级40元；丙级30元（材料自备）；丁级10元（数码照片）
新闻组图（两幅以上）	主打片100元，其他片40元	主打片30元，其他片10元
一般性的配图照片	40元	甲级20元；乙级10元
漫画、插图	60元	40元
特约专稿	200元	
特殊稿件	稿费另定	
特殊稿件的退稿费	酌情另定	

□ 稿费发放程序

三级稿费审发原则：

编辑根据稿费标准先在稿费发放单上填写初步意见，部门负责人初审后送杂志社有关领导审定，有关行政管理人员再经汇总后落实汇寄稿费。

严禁弄虚作假，否则将处以相应作假稿费的 10 倍罚款。

□ 稿费发放延误责任追究

杂志社承诺，在杂志出版之日后的 10 日内，作者将收到稿费。

为了保证稿费的发放时间，规定：第 1 天——出刊当天编辑和部门负责人稿费处理完毕。第 2 天——有关社领导稿费审核完毕并给有关行政人员。第 3 天和第 4 天——有关行政人员汇总完毕。第 5 天和第 6 天——财务处理完毕返回杂志社。第 7 天——有关行政人员去邮局汇寄稿费。

如在规定的期限内作者没有收到稿费，将扣发有关责任者当月的考核奖 20 元。

□ 实行以下特殊情况下的稿费发放办法

1. 属于本刊忠实作者，经有关杂志社领导同意，可实现"一手交稿，一手交钱"的做法（相关手续事后补上）。

2. 属于本刊忠实作者，经有关杂志社领导同意，可实现"预付 50% 稿费"的做法（相关手续事后补上）。

《观察与思考》杂志社

2003 年 4 月 3 日

7. 出差制度

出差制度中，应该包括以下主要内容：

（1）关于去外地出差。比如规定，员工因工作需要出差的，需事先填写《出差单》，经部门领导和杂志社领导同意后，方可出差。

（2）关于乘坐何种交通工具。比如规定，一般情况下，以乘坐大巴、火车为主；特殊情况下需要乘坐飞机的，需经过主编"特许"。

（3）关于住宿。比如规定，杂志社领导出差，可以在四星级宾馆住宿；其他人员出差，可以在三星级宾馆住宿。

（4）关于出差补贴。比如规定，"出差补贴"按照有关文件执行。

（5）关于"打的"费报销。比如规定，外出工作（如采访）需要乘出租车的，需请示有关领导同意；报销时需有"同意你'打的'"的相关领导的签字。

8. 编辑流程管理制度

编辑流程管理制度中，应该包括以下主要内容：

（1）关于"线型操作流程"。比如规定，在"线型操作流程"中，每个环节都要有相关的责任人。

（2）关于"三审、三校、三改"。比如规定，"三审、三校、三改"的先后关系和配合关系。

（3）关于广告发稿的程序。比如规定，广告的发稿，也要有严格的程序和审查制度。

下面是《观察与思考》杂志社的编辑出版流程管理制度。

《观察与思考》杂志社编辑出版流程
（试行）

为了确保编辑出版工作的正常进行，特制定以"三审"和"三校"、"三改"为基本构架的，每个环节都有相关责任人的线型操作流程。

□**基本流程**

谈稿会（内容策划会）——形成初步编辑计划——修正编辑计划并组织实施——编辑稿件，完成一审——编辑主任完成稿件的二审——主编完成三审（终审）——美术编辑指导电脑设计人员开始版式设计工作——编辑一校——美术编辑指导电脑设计人员修改版式和改错（一改）——编辑二校——美术编辑指导电脑设计人员修改版式和改错（二改）——编辑三校——美术编辑指导电脑设计人员修改版式和改错（三改）——编辑、编辑主任、美术编辑和主编分别签字清样——送印刷厂——正式出版。

□ 记者发稿程序

记者稿件——编辑……

□ 编辑发稿程序

编辑完成对稿件的精编和一审后，填好发稿单——编辑主任（二审）……

□ 编辑主任发稿程序

编辑主任在对编辑所送稿完成二审后，在发稿单上填上意见——主编（三审）……

□ 广告发稿和终审程序

广告联系人将广告稿以及相关要素收齐后，交广告设计人员进行设计。定稿后的广告稿，由广告联系人填好发稿单——广告中心有关领导审核、安排版面——执行编辑落实版面——广告联系人对广告版面进行确认（签字）——广告中心有关领导签发清样（签字）。

《观察与思考》杂志社
2003年6月1日

9. 广告经营制度

广告经营制度中，应该包括以下主要内容：

（1）关于不搞"有偿新闻"。比如规定，杜绝"有偿新闻"，任何人只要出钱就可以刊发报道是不被允许的。这是严重违反新闻出版纪律的。

（2）关于广告刊发必须合法。比如规定，广告要刊发，必须持有相关政府管理部门的产品合格、广告刊发许可证等证明。

（3）关于广告内容的审查。比如规定，编辑部必须对广告内容进行严格的审查，夸大其词、弄虚作假的、格调低俗的广告词（语），以及违反有关部门关于广告词（语）规定的广告语，不能出现在广告上。

（4）关于广告人员资质。比如规定，广告人员在上岗前，必须经过严格培训，合格后才能上岗工作。

下面是2007年9月28日浙江省第十届人民代表大会常务委员会第三十四次会议通过《浙江省广告管理条例》有关刊载广告的"节选"。

……

第二章　广告内容

第八条　广告内容应当真实、合法，符合社会主义精神文明建设的要求，使用的语言文字、计量单位等应当符合国家有关规定。

第九条　下列广告，应当明示有关事项：

（一）涉及优惠内容或者措施的广告，应当具体标明优惠的商品品种或者服务项目、时限、幅度或者数额；

（二）推销有专用附件的设备的广告，应当标明该种设备必须购买的附件；

（三）推销种子、种苗、种畜、种禽的广告，应当标明适宜种植或者养殖的地域范围和条件；

（四）邮购商品广告应当在显著的位置标明广告主的真实姓名或者名称、详细地址、联系时间和方式、收到汇款后寄出邮购商品的时限；

（五）广告宣传的商品或者服务涉及新工艺、新技术的，应当标明出处；

（六）法律、法规规定应当标明的其他事项。

第十条　具有下列情形之一的广告，应当认定为虚假广告：

（一）广告中宣传的商品或者服务不存在的；

（二）广告中宣传的商品的生产者、质量、价格、制作成分、性能、用途、有效期限、产地或者服务的提供者、内容、形式、效用（效能）等信息与实际情况明显不符的；

（三）广告中与商品或者服务有关的允诺不兑现的；

（四）未经国家主管部门或者授权单位认证合格或者审查批准，谎称商品或者服务认证合格、获得荣誉称号等内容的；

（五）在广告中使用虚构、伪造的科研成果、统计资料、调查成果、文摘、引用语以及其他证明材料的；

（六）药品、医疗器械、保健食品广告中宣传的产品功效、适应症（功能主治）、适应范围或者适用人群超出食品药品监督管理部门批准范围的；

（七）医疗广告宣传诊疗效果、医疗技术、诊疗方法的，或者宣传的诊疗科目超出卫生行政部门批准范围的；

（八）特殊用途化妆品广告中宣传的产品效用或者性能超出国家卫生主管部门批准范围的；

（九）其他主要信息虚假的。

第十一条　广告内容不得含有下列贬低他人商品或者服务的情形：

（一）片面宣传或者夸大他人商品或者服务的缺陷的；

（二）利用没有法律、法规依据的认定、评比、排序结果，与他人的商品或者服务作对比，借以突出自己商品或者服务的；

（三）其他损害他人商业信誉或者商品声誉的情形。

第十二条　药品、保健食品、医疗器械、特殊用途化妆品广告不得含有与其他药品、保健食品、医疗器械、特殊用途化妆品的功效和安全性比较的内容。

第十三条　禁止在除国家指定的医学、药学专业刊物以外的媒介上发布处方药品广告。

禁止在除国家指定的医学、药学专业刊物以外的媒介上发布改善和治疗性功能障碍的非处方药品广告。

禁止在除国家指定的医学、药学专业刊物以外的媒介上发布治疗艾滋病、改善和治疗性功能障碍的医疗器械广告。

第十四条　医疗广告的内容只能限于下列项目：

（一）医疗机构第一名称；

（二）医疗机构地址；

（三）所有制形式；

（四）医疗机构类别；

（五）诊疗科目；

（六）床位数；

（七）接诊时间；

（八）电话、电子邮件、网址等联系方式。

禁止发布前款规定以外内容的医疗广告。

第十五条　消毒产品、保健用品、卫生用品广告不得含有医疗用语或者易与药品混淆的用语，不得直接或者间接地宣传该产品或者产品中的某些成分具有治疗作用。

第十六条　推销种子、种苗、种畜、种禽的广告以及加工承揽广告，不得含有对所生产的产品供求情况和经济效益的预测，不得含有欺骗性的向使用者表示包购其生产产品的承诺。

第三章　广告活动

第十七条　广告主委托他人设计、制作、发布广告，应当出具国家规定的证明文件。

第十八条　广告经营者、广告发布者应当建立广告审核制度，依据法律、法规、规章规定查验有关证明文件，核实广告内容，确认其不致引起消费者的误解。

对无合法证明文件、证明文件不全或者内容不实的广告，广告经营者不得提供设计、制作、代理服务，广告发布者不得发布。

第十九条　广告经营者、广告发布者应当建立健全广告档案管理制度，并将广告业务档案保存一年以上备查。

第二十条　广告收费应当合理、公开、实行明码标价。实行优惠收费的，还应当标明收费的优惠条件和标准，或者免费服务的项目范围。

广播电台、电视台、报刊出版单位的广告收费标准应当在实施的三日之前报同级物价部门和广告监督管理机关备案，并向社会公布。

第二十一条 企业、品牌或者产品形象代言人应当加强自律，遵守职业道德，尊重消费者的权益，拒绝代言虚假或者可能对消费者产生误导的广告。

任何单位和个人不得在广告中以科研机构、医疗机构或者消费者、患者、专家等名义和形象为药品、医疗、医疗器械、保健食品的功效作证明。

任何单位和个人不得设计、制作、发布含有第二款规定内容的广告。

第二十二条 广播电台、电视台、报刊发布广告应当有广告标记，与其他非广告信息相区别，不得使消费者产生误解。

广播电台、电视台、报刊不得以通讯、评论、消息、人物专访、专家访谈、纪实报道、专家咨询等新闻报道形式发布广告。

在新闻报道中标明商品生产者、销售者或者服务提供者的详细地址、邮编、电话、电子信箱、网址等联系方式的，应当认定为以新闻报道形式发布广告。

第二十三条 广播电台、电视台播放广告应当保持广播电视节目的完整性。播放广告的总量、次数和时间应当严格按照国家有关规定执行。

第二十四条 经营性互联网信息服务提供者为他人发布网络广告的，应当向广告监督管理机关申请办理广告经营登记。

非经营性互联网信息服务提供者所拥有的网站或者主页中不得出现介绍他人商品或者服务的广告内容。

互联网信息服务提供者应当接受广告监督管理机关的广告监督检查和指导，如实向广告监督管理机关提供有关广告的信息及数据，协助查处广告违法行为，采取措施停止违法广告内容的传播。

第二十五条 未经电子邮件接收者明确同意，不得向其发送商业广告类电子邮件。

第二十六条 在公共交通工具、楼宇、商（市）场等户（室）内电子显示装置上发布广告，广告发布者应当将广告作品在发布三日之前报县级以上广告监督管理机关备案。

第二十七条 设置户外广告，应当符合户外广告的设置规划。户外广告的设置规划和管理办法，由当地县级以上人民政府组织有关部门统一制定。

发布户外广告，应当按照规定向广告监督管理机关申请《户外广告登记证》，并按照核准的登记事项发布。

户外广告设施应当牢固、安全。广告主或者广告经营者应当及时修复、更新陈旧破损的广告设施，防止发生意外事故。

经批准设置的户外广告设施，在其有效期内，任何单位和个人不得擅自拆除、迁移、遮盖、损坏。因城市建设需要拆除户外广告设施的，拆除单位应当提前通知原广告设置者，并适当补偿经济损失。

第二十八条 广播电台、电视台、报刊出版单位、经营性互联网站每年发布的公益广告数量不得少于其发布商业广告总量的百分之三。

鼓励广告经营者、广告发布者和社会公益组织设计、制作、发布公益广告。

……

（二）制度管理需要遵循的原则

在介绍了以上几个方面的制度建设后，我特别要提醒的是，制度管理需要遵循以下几个方面的原则。

1. 公开

杂志社所有的规章制度的建立，都必须是经过几上几下、反复讨论完成的。实践证明，凡是一个被全体员工自觉执行的制度，一定是得到全体员工认可的制度。

　　一个最有效的做法是，通过谈话或者座谈，让员工自己提出"要有一个制度"的愿望。要让每一个制度的出台，都让员工感觉到是由于他们需要制度，并且这个制度是由他们提出讨论并最终通过实施的。这样一来，这个制度，就不是领导加在员工头上，用来"制约"员工的，而是"根据群众的意见"，"实现群众自我管理"的结果。

　　由于制度是在这样的背景下出台的，因此，这个制度的内容，员工是一清二楚的。

　　对于后来的员工，之前制定的所有规章制度，都要和他们"见面"，让他们感到"心中有数"。

2. 公平

　　制度面前，人人平等。一个好的制度得以贯彻执行，"公平"是关键。不管是谁，都要认真执行杂志社的所有规章制度；不管是谁，违反了某项制度，就要根据制度的规定条款来对其进行处罚。

　　如果制度在执行中不能体现它的公平性，那么这个制度就形同虚设了，这就违背制定制度的初衷了。这种"人治"的结果非常有害，它破坏了制度，给杂志社的管理带来了混乱。"有章不循"要比"无章可循"的结果更坏。

3. 严谨

　　为了使得制度能够得以顺利执行，我们在制定制度的时候，一定要严谨。否则，在制度的执行中会处处遇到麻烦。这种麻烦就是制度的"不可操作性"或者是"脱离实际"。一个草率出台的制度反映出杂志社领导工作作风的草率。结果是，一个草率的制度，或者制度中一个草率的条款，反过来会抽打杂志社领导的"耳光"，那是一件非常尴尬的事。

　　所以，制度在制定过程中一定要反复推敲，反复琢磨。这种推敲和琢磨是逐字逐句的，一点马虎不得。一个严谨的制度，才是可行的制度，否则，这个制度很快会"死亡"。

4. 修正

有经验的杂志社领导，在制度确立时都会打上"试行"的字样。经过一段时间的"试行"，会有不少缺陷暴露出来。于是，在适当的时候，就要对制度进行"修正"。"修正"后的制度会更加符合杂志社的社情，也会更加具有操作性。

5. 完善

这里的"完善"不是指某个制度的"完善"，而是指在若干制度出台后，由于管理需要，还有必要再出台针对新情况的新制度。比如，观察与思考杂志社的人员身份有两种，一种是聘用人员（社聘），一种是属于事业单位的在编人员（院聘）。尽管这第二种身份的人员只有三四人，但从管理"公平性"的角度看，也该有对这些人进行管理的规章制度，于是，《观察与思考》杂志社为了完善制度体系，制定了相关的补充规定。

《观察与思考》杂志社关于员工考核的补充规定

一、杂志社实行全员聘任制。不论是社科院聘用人员（院聘）还是杂志社聘用人员（社聘），在考核上一视同仁。

二、院聘社用人员在第一年试用期内考核不合格，杂志社将提交社科院有关部门按照有关规定处理。

三、院聘社用人员未完成工作量的扣罚，以及其他相关扣罚，由杂志社开出《考核扣罚单》，交院财务室执行。

四、院聘社用人员和社聘人员在记者、编辑岗位的，其超额完成工作量的部分，可按照杂志社有关规定，获取相应的稿费。

五、院聘社用人员在经营岗位的，杂志社与之签订《经营协议》，实行年度业绩考核。

六、除记者、编辑以外的其他人员（经营、后勤等）为杂志社写稿，在被社领导确认为"未影响本职工作"的情况下，可按照杂志社有关规定，获取相应的稿费。

七、以上规定如与原有的规定出现不一致的情况，以本规定为准实施。

《观察与思考》杂志社

2006年8月2日

对制度体系的"完善"，就是为了最大限度地避免"人治"。一个杂志社，如果建立了一个完整的制度体系，并且这个制度体系经过多年的运作，被实践证明是切实可行的，那么这个杂志社一定会是一个在制度管理上井然有序的单位。这是杂志社兴旺发达的基础。

二　文化管理

所谓文化管理，是指依靠独有的价值观来进行管理的一种方法。

（一）文化管理的核心

我们说，文化管理是依靠独有的价值观来进行管理的一种方法，这可以从三个方面来理解。

1. 所谓"独有的"是指文化管理具有独特性

不同的杂志社的"社文化"是不一样的。这种"不一样"，即它的"独有"的产生原因，主要是取决于这家杂志社的一把手主编的"文化"的与众不同。由于不同的杂志社的"一把手"，他们的家庭情况、受教育的情况和参加工作的情况等都会是不一样的，并且他们的杂志的读者定位、市场定位、内容定位、形式定位等都会是不一样的，因而他们的"文化"往往也会是不一样的。

2. 所谓"价值观"是指"文化"

什么是文化？中国古籍中的"文化"是与"武功"相对的概念，是"文治教化"的意思。西欧"文化"一词来源于拉丁文cultura，原义是指农耕和作物培植，文艺复兴以后逐渐推广使用，把对人的教化即称"文化"。

什么是对人的"文治教化"？就是用被大多数人认可的知识、信仰、艺术、伦理道德、法律、风俗等对人进行教化。

因此，英国的人类学家泰勒就这样给文化下定义：文化是"一个复杂的总体，它包括知识、信仰、艺术、伦理道德、法律、风俗以及作为一个社会成员的个人通过学习获得任何其他的能力和习惯"。泰勒是第一个给文化下定义的人。此后，许多学者从不同的角度，也给文化下了这样或那样的定义。不管怎样下定义，我认为，有一点是大家认同的，即文化是一种价值观。说得通俗一点，文化就是"这样好，那样不好"。而正是这个"这样好，那样不好"，不同的主编会有自己不同的看法的。这就出现了差异，形成了不同的、独有的价值观。这种价值观，我们称之为"文化"。

3. 所谓"管理"是指对人的管理

文化管理就是管理者用自己的价值观，去影响被管理者，从而要求被管理者按照管理者的价值观去"行事"。这种管理的最高境界是，管理者和被管理者的价值观融为一体，最后达到"我们都会这样做"的层面——管理者的文化成了所有组织成员的文化。

在搞清楚文化管理的一般意思后，我们再来看看文化管理的核心。

我认为，文化管理的核心，即以人为本的"人文主义"。对人的需求的尊重，是文化管理的第一要义。

我们可以先来看看"马斯洛需求层次理论"。

"马斯洛需求层次理论"（Maslow's hierarchy of needs），亦称"基本需求层次理论"，是行为科学的理论之一，由美国心理学家亚伯拉罕·马斯洛于1943年在《人类激励理论》论文中所提出。

马斯洛理论把需求分成生理需求、安全需求、社交需求、尊重需求和自我实现需求五类，依次由较低层次到较高层次排列。各层次需要的基本含义如下。

（1）生理上的需求。

这是人类维持自身生存的最基本要求，包括对以下事物的需求：呼吸、水、食物、睡眠、生理平衡、分泌、性。

如果这些需要（除性以外）任何一项得不到满足，人类个人的生理机能就无法正常运转。换言之，人类的生命就会因此受到威胁。在这个意义上说，生理需要是推动人们行动最首要的动力。马斯洛认为，只有这些最基本的需要满足到维持生存所必需的程度后，其他的需要才能成为新的激励因素，而到了此时，这些已相对满足的需要也就不再成为激励因素了。

（2）安全上的需求。

这是人类对以下事物的需求：人身安全、健康保障、资源所有性、财产所有性、道德保障、工作职位保障、家庭安全。

马斯洛认为，整个有机体是一个追求安全的机制，人的感受器官、效应器官、智能和其他能量主要是寻求安全的工具，甚至可以把科学和人生观都看成是满足安全需要的一部分。当然，当这种需要一旦相对满足后，也就不再成为激励因素了。

（3）情感和归属的需求。

这一层次包括对以下事物的需求：友情、爱情、性亲密。

人人都希望得到相互的关心和照顾。感情上的需要比生理上的需要来得细致，它和一个人的生理特性、经历、教育、宗教信仰都有关系。

（4）尊重的需求。

该层次包括对以下事物的需求：自我尊重、信心、成就、对他人尊重、被他人尊重。

人人都希望自己有稳定的社会地位，要求个人的能力和成就得到社会的承认。尊重的需要又可分为内部尊重和外部尊重。内部尊重是指一个人希望在各种不同情境中有实力、能胜任、充满信心、能独立自主。总之，内部尊重就是人的自尊。外部尊重是指一个人希望有地位、有威信，受到别人的尊重、信赖和高度评价。马斯洛认为，尊重需要得到满足，能使人对自己充满信心，对社会满腔热情，体验到自己活着的用处和价值。

（5）自我实现的需求。

该层次包括对以下事物的需求：道德、创造力、自觉性、问题解决能力、公正度、接受现实能力。

　　这是最高层次的需要，它是指实现个人理想、抱负，发挥个人的能力到最大程度，达到自我实现境界的人，接受自己也接受他人，解决问题能力增强，自觉性提高，善于独立处事，要求不受打扰地独处，满足与自己的能力相称的一切事情的需要。也就是说，人必须干称职的工作，这样才会使他们感到最大的快乐。

　　这其中的最后两点，即"尊重的需求"和"自我实现的需求"，对我们理解文化管理的重要性和必要性，有较大的启发作用。

　　我认为，杂志社的大多数成员，都是从事精神产品的"制造"的，这种精神产品的"制造"过程，是一个非常繁杂的精神运作（劳动）过程。这种特殊性，就决定了对人的需求的尊重的重要性。

　　当一个记者或编辑，是在一种十分压抑、郁闷的环境中工作时，他的"精神运作"到底会有多少成效，那就可想而知了。

（二）文化管理的内容

1. 满足"被尊重的需求"

　　"被尊重的需求"是人的基本需求。因此，杂志社的每个成员，都应该受到尊重。杂志社领导，以及中层干部的"颐指气使"或"严声厉色"都是不可取的。即便是新来的员工，他们会有这样和那样的"毛病"，管理者也不能横加指责，随意训斥。发自内心的对员工的尊重，是文化管理者的基本素养。

　　有经验的管理者，在指派员工工作的时候，也同样要做到"彬彬有礼"，甚至是用一种委婉的商量的口气去要求员工做这个或做那个。比如杂志社的编辑往往都有若干个栏目在"经营"的，要把这些栏目搞得更好，你只有和编辑一道去商量去研究，而不能将自己的想法硬塞给编辑。

　　只有当你和编辑一同商量一同研究，编辑感觉到他提出的意见被你采纳后，编辑才会非常自觉地去改进他的工作。

　　这里的艺术在于，明明是你的一个主张，但要在和对方探讨过程中，慢慢地不知不觉地变成了"他的主张",这样的"转移"对他来说是非常重要的。那么到最后,你就可以这样说了:"你的想法很好,就这么按照你的想法去做吧!"你的一个主张,如果是你强行要他去做的话,十有八九,你的主张一定会得不到很好的贯彻的。

所以,学会尊重对方是特别重要的。

杂志社的员工,不可避免会在工作中出现这样或那样的问题。这时候,作为管理者,对员工的批评是必不可少的。然而,批评是有讲究的。出于对人的尊重,你可以避免在大庭广众下批评他。你可以把他叫到你的办公室,或者是别的没有其他人在的地方,用一种真诚的、温和的甚至是带有探讨性质的口气,和他一起"研究"问题出在哪里,今后怎样避免出现类似的问题。

把批评变成一种探讨和研究,那么对方就会非常愿意接受批评了。

出于对人的尊重和信任,你应该知道对方的"问题",对方也是不愿意看到它出现的。这是一个重要的出发点。从这一点出发,你就会注意你的批评方式了。

让被管理者感到他在这家杂志社是受到尊重的,他就会有一种自信:他胜任这里的工作。他感觉大家需要他。在这样的一种心境下,他是被管理者,但同时他又是能够做到自我管理的"管理者"。

2. 满足"自我实现的需求"

前面已经说到过,在马斯洛需求层次理论的最高层次——"自我实现的需求"中,包括对以下事物的需求:

道德、创造力、自觉性、问题解决能力、公正度、接受现实能力。这是最高层次的需要,它是指实现个人理想、抱负,发挥个人的能力到最大程度,达到自我实现境界的人,接受自己也接受他人,解决问题的能力增强,自觉性提高,善于独立处事,要求不受打扰地独处,完成与自己的能力相称的一切事情的需要。也就是说,人必须干称职的工作,这样才会使他们感到最大的快乐。

了解了人的这一最高层次的需求后,作为杂志社的管理者,我们就应该尽可能地为员工"自我实现"创造条件。比如杂志社的记者,总是渴望自己的新闻报道能够写得非常出色,进而得到主编的表扬和嘉奖。作为管理者,我们就要做到几个方面:其一,我们要给记者提供良好的采访条件,这些条件包括交通工具的配备、充足的采访时间和采访经费等;其二,要多和记者交流,以使他的思路更加清晰和准确;其三,记者稿子发出后,要及时对他的稿子进行点评,充分肯定他的稿子的优点和长处。也可以请他作"现身说法",让大家都知道,他的这篇好稿子是如何采写的。

我认为,对杂志社的记者采写的稿子,一般宜采取多表扬的方式来对他们的工作进行肯定。这对杂志社新来的员工显得尤其重要。由于这些新来的员工往往是刚从大学出来,本身的确缺乏一定的工作经验,对他们的工作总认为这也不是,那也不是,是非常糟糕的。他们的自信心在一次次遭到"否定"后,他们要"自我实现"就无从谈起。这会令他们非常沮丧,甚至会对自己的能力产生怀疑。在这样的状态下,他们要去"自我实现"是非常困难的。

对此,我的观点是,对记者的工作要以肯定为主。至于记者稿子写得很烂,其实,主编以及编辑部主任,都有责任。至少,你自己也没有搞清楚记者应该写什么、怎样写。杂志社的领导是导演。戏不好,导演难辞其咎。

让杂志社的记者、编辑有成就感,是非常重要的。《观察与思考》杂志社的记者、编辑多年来写了大量的稿子,而且几乎每篇稿子都是主题深刻的"大稿",文字在3000以上。别的不说,仅一个记者一年的发稿量就会达到15万字。为此,作为《观察与思考》杂志的主编,我总是夸奖他们:"你们一年就可以出一本作品集了!"这种成就感,往往让他们"沾沾自喜"。他们体会到了成功的"快乐"。

3. 春雨润物式的价值观输导

文化管理,不是一朝一夕就能"到位"的。它需要时间,需要一个过程。期望经过几天的培训,就能让员工了解和接受你的价值观,是不现实的。办法只有一个,就是你要采取"春雨润物式"的方式,慢慢地、潜移默化地、日积月累地让大家接受你的价值观。

作为主编，你是一面旗帜。你立在那里，向大家展示着你的风采，你的品性，你的魅力，你的好恶，你的追求。这样，你的一言一行，都在影响着你的员工。

比如，你嫉恶如仇，记者就会采写一些揭露官员腐败的稿子来"投其所好"；比如，你内心充满阳光，记者就会多写一些讴歌新时代、讴歌文明进步的稿子来"投其所好"；比如，你富有人文情怀，记者就会多写一些展示人性美的稿子来"投其所好"。

这一点是不容置疑的，记者、编辑肯定都是在围绕着你的价值观转动的。不是常常有人说，主编是一个怎样的人，杂志就会是怎样的杂志。

现在有这么一种现象，就是媒体打着批评报道的旗帜去要挟企业。企业一般是不愿意被媒体曝光的，它们一定会向媒体"求饶"。这时候，一些媒体就会趁机提出诸如发行和广告方面的条件。如果企业不接受，媒体就会对企业的"问题"进行曝光。企业害怕，不得不满足媒体的要求。如果这种做法，杂志社的领导是认可的，甚至是喜欢的，那下面的人一定会经常做这种勾当。如果杂志社的领导明确反对这种"流氓行为"，那下面的人也就不会干这种事。领导的价值导向，也就决定了这家杂志社走的是否正道。这种价值导向，无时无刻不在"管理"着整个组织。

所以我认为，杂志社的文化，就是主编的文化。主编的人格魅力，就是杂志社的文化力。

4. 营造好学、上进、和谐、负责任的工作氛围

"好学"、"上进"、"和谐"和"负责任"，这些都是在规章制度中很难写进去的。这就要通过"文化管理"的手段，来倡导和推进。

（1）好学——是因为杂志社的记者、编辑都应该成为"杂家"。

这个"杂家"的意思是，他们的知识面应该是非常宽泛的。往往会是这样的，记者、编辑遇到的事情，对他们来说是完全陌生的；而读者对杂志所报道的东西，往往又会有很高的期待。

比如阅读《观察与思考》的人本身就具有一定水准，他们希望通过阅读，获得新的知识，受到新的启发，拓展新的视野。如果记者、编辑的水平达不到读者的要求，读者就会非常失望。读者的这种期待，就决定了《观察与思考》杂志的记者、编辑必须要"好学"。

他们要不断学习新的东西，了解新的东西。他们一定要成为"专家"。他们在涉及房地产的时候，就要成为房地产方面的专家；他们涉及金融危机的时候，就要成为金融危机方面的专家。假若以其昏昏，何以使人昭昭？所以营造一个"好学"的氛围，把杂志社办成一个学习型的组织，是非常重要的。

（2）上进——就是有理想有追求。

杂志社的员工，应该是要求上进的人。要求上进，才会刻苦努力。记者、编辑的工作是非常辛苦的。记者要完成一次采访和写作，既要付出体力劳动，又要付出脑力劳动。为了采访到位，记者往往要走访许多地方和许多人。有时候，在具体写作中，其实有许多采访到的内容是用不上的。但记者为了了解到更多的事实，他们必须把网撒得更大一些。这样，对他们来说，就会增加"奔波"的强度。回到编辑部，他们还要坐下来埋头写稿。由于杂志的稿子一般都是长稿，字数常常会在3000字以上，因此，他们在写作上往往要花大量的时间。

我常说："写稿，就像十月怀胎，是一件非常辛苦的事！"如果没有上进心，是干不好记者、编辑这一行的。

只有"上进"才能进步，才能出成果，才能被尊重，才能自我实现。这种"思想"，主编一定要经常不断地灌输给杂志社的每一个员工。只有上进才有希望，而懒散、无所事事，则意味着退步和被淘汰。

（3）和谐——就是大家和睦相处。

这一点非常重要。在一个尔虞我诈、是非不断、矛盾迭起，今天你哭，昨天他闹的单位工作，是一件非常痛苦和不幸的事。

强调和谐，不允许有"不和谐音"出现在杂志的整个"乐章"中，这是文化管理的重要内容。我认为，人的一天有1/3的时间是在单位度过的，因此一个单位的"生态环境"，对一个人来说至关重要。如果这个单位是一个不和谐的单位，那在其中工作的人的健康都会受到严重的威胁和损害。

为了创造一个和谐的"生态环境",文化管理要求这个组织中的成员一定要有一种认同:要像爱护眼睛一样爱护组织和谐的"生态环境"。这种"和谐",需要大家用心来经营。因此,彬彬有礼、虚心谦让、互相帮助等好的行为,是一定要积极倡导的。一旦形成了杂志社的和谐文化,后来的员工便会马上被这种文化所同化。

常常会是这样的,非常不幸,杂志社内部出现了一个"特别人物",这个"特别人物"由于他的不安分,或者缺乏素养,总会弄出点是非来。这就会坏了一锅粥。或者我们称其为"害群之马"。当然,首先是教育、帮助、提醒,但是对方如果"恶习不改",还是常常"兴风作浪",那只有一条路:让他走人。在这种情况下,杂志社的领导一定不能手软。因为"和谐"是"硬道理"。"和谐"是一个重要的"生态环境"。为了顾全大局,只能如此。

(4)负责任——这是一个基本的落点。

我们所有的管理,最终都是希望培养造就一支负责任的员工队伍。所谓负责任,就是求真务实、一丝不苟。新闻期刊的内容,往往和政治关系紧密,因此在工作中是不允许有一点闪失;经济热点的报道,人们普遍关注,来不得一点误导;社会问题的反映,涉及公众的情绪和社会的稳定,出不得半点差错。如此等等,没有一个较强的责任心是不行的。负责任,是新闻期刊从业人员的职业道德所需要的。

负责任的"文化"营造,那就不是"嘻嘻哈哈"、"你好我好大家好"这样的工作方式能做得好的。在这个问题上,杂志社领导的态度应该是严肃认真的。这就是一种价值取向。在关键时刻,这种价值取向是极其重要的。

杂志社主编的这种负责任的态度,久而久之,就会被员工完全接受,并成为他们的自觉的行动,从而构成衡量员工工作是否称职的第一价值标准。

一个由负责任的员工所构成的组织,那一定是一个富有战斗力的组织,一个充满生机和富有发展潜质的组织。

（三）文化管理和制度管理的关系

1. 制度管理是一种约束性的管理，而文化管理是一种开放性的管理

一个好的管理恰似是一个内方外圆的结构图形：方的，是制度管理；圆的，是文化管理。方的，有棱有角，清清楚楚，来不得半点含糊，它具有刚性的成分，是一种约束性的规矩。谁犯了规矩，谁就要根据规矩遭到惩罚。制度管理，就是一种你在一个时空中必须遵守的游戏规则。毋庸置疑，这种游戏规则是六亲不认的。文化管理则是一种较为自由的开放性的管理。所谓开放性就是它的圆通性。我们知道，文化就是价值观。是人类长期在实践活动中逐步形成的一种价值认同。而在不同的时间、不同的地区、不同的种族，文化也是不同的。文化具有鲜明的个性特征。不同的人的文化都会是不同的。文化还是可以改变的，或者说文化是可以不断调整和不断提升的。

正因为文化的这种"圆滑"和"通变"，所以文化就有了一种姿态：它是开放的。

举个例子。起初，某个记者做了一件事，主编认为他不应该这样做，并且要他去纠正他所做的那件事。记者却觉得他是事出有因的，在那时那刻，他别无选择。于是，他就和主编对话，陈述自己做那件事的原因和理由。主编是一个有"文化"的人，他仔细听取了记者的陈述后，觉得他说得有道理。按照这个主编的文化管理的原则，即"谁说的有理，就听谁的"，主编就改变了自己最初的"价值判断"，接受了记者的意见，于是主编不但不对记者的所为进行批评，反而认为记者的做法是实事求是的，是一种值得倡导的"灵活的工作作风"。

2. 制度管理的核心是"以我为本"，"你必须按照我的要求去做"；而文化管理核心是以人为本，寻求的是人的全面的发展，"你行，你什么都能做"

制度管理，一开始就有了管理者和被管理者的对立。在编辑部，编辑部主任是管理者，其他人是被管理者；在杂志社，杂志社的主编副主编们是管理者，其他人是被管理者。管理者是"执法者"，是裁判；而被管理者就是"可能的违法者"，或是运动员。所以说，制度管理是以管理者的"我"为本的。文化管理的核心是以人为本的。人是主人，是主动者。文化管理强调的是大家认同一种共同的文化。

　　文化管理首先认为，整个组织的成员都是有文化的，都是独立的、成熟的、知书达理的人，是有是非辨别能力的人。因此，从某种意义上讲，对一个人人都很有文化的杂志社而言，无为而治，就是最好的管理。

　　就文化管理而言，注重对员工采取"优秀推理"，认为他们都是一批受过良好教育的高素质的知识分子。反过来，对待他们如果是"有错推理"，那就不是文化管理了。而制度管理，恰恰是建立在"有错推理"上的。它缺少起码的对人的信任和尊重。

3. 制度管理和文化管理不是对立的，而是互为补充的，但文化管理处于制度管理之上。它比制度管理更有利于人的主观能动性的发挥

　　美好的愿望和出发点，往往跟现实是有距离的。一个书生气太重的管理者，恐怕是一个不称职的管理者。事实是，我们的组织中总会有一些问题出现。这时候，就需要制度管理了。所以我认为，制度管理和文化管理是可以"相得益彰"的。

　　先小人，后君子——这对杂志社这样的文化单位来说是非常必要的。先小人，就是我们先要立规矩，先要制定游戏规则。当然这种规则是大家一起来商定的（这种做法，本身就是文化管理的一部分，由于文化管理是把所有的成员都当成最重要的成员，"建章立制"这样的大事，自然是要人人参与的）；后君子，就是我们要讲文化，要用我们的文化——我们的价值观来"管理"我们的团队。

　　这种管理为什么在这里要打上引号？主要是这种"管理"，其实是一种看不出的、摸不着的、精神层面的东西。现在是一时还找不到一个恰当的词来取代它，也许用"文化认同"这个词来取代"文化管理"这个词，会更贴近"文化管理"的内在理念。而"管理"这个词，总是有点"高高在上"的感觉。它对于许多人来说是不平等的。

三　知识管理

企业文化建设，包含着理念识别、制度识别和形象识别系统的构建。我们套用企业文化建设这个概念，就可以认为，我前面所说的制度管理和现在要说的知识管理，其实都是属于文化管理范畴的。这不难理解，实质上制度也是一种文化。

本来，我打算在这一章节中，用文化管理来"统领"制度管理和知识管理。但我发现，我所要着重表达的"文化管理"（它在我的本书中似乎成了一种狭义的文化了）的理念，就难以独立地表述清楚，因此，我还是按照制度管理、文化管理和知识管理这样的排列来分别介绍它们。

需要特别说明的是，我在知识管理这一节中，是以我任主编的《观察与思考》杂志社为例子的。

通过对一家杂志社的"解剖"，我们会对知识管理有一个更加具体的认识。

（一）什么是知识管理

20世纪90年代中期以来，一种新的管理形式——知识管理开始出现并引起了人们的重视。几年来，西方管理学界人士关于知识管理的研究文献与日俱增，一些国际大公司，如微软公司、本田公司、道氏化学公司等纷纷开展知识管理实践，并取得了一定的成效。目前，知识管理已经成为各部门行业的管理者、管理界学者、信息专家所讨论与研究的热门课题。

按照现有的学术成果比较一致的说法，对于一个机构而言，知识（knowledge）是从相关信息（information）中过滤、提炼及加工而得到的有用、有价值资料。机构所拥有的知识大致可以分为两部分，即显性知识（explicit knowledge）和隐性知识（tacit knowledge）。

显性知识：指内容清晰明确，易于通过图文表述，便于整理、储存、编码以及传播的知识资源,如经过滤及总结所获得的资讯情报、方法技能、原则原理、规律规则等。

隐性知识:指在个人头脑或机构文化中隐含的、内容较为个人化、主观化和经验化,难以用书面形式表述的知识资源,如经验、构思、洞察力、判断力、机构文化下的行为模式等。当然,部分隐性知识可以通过有效的归纳、整理和编码后转化为显性知识。

由于知识管理是一个新的研究领域,到目前为止,还没有较为统一的定义。

美国德尔福集团创始人戈尔·佛拉保罗说:"企业知识管理,是依靠集体的智慧提高企业的应变和创新的能力,是为企业实现显性知识和隐性知识共享提供的新途径。"

简单点说,知识管理就是以知识为核心的管理,即利用市场等手段对企业已有的或新获得的知识进行管理,促使知识由潜在的生产力变为现实的生产力。

知识管理的出发点是把知识视为企业发展的关键资源,并最大限度地掌握和利用知识,作为企业竞争和经营的重要策略,而运用集体智慧提高企业整体的创新能力,是知识管理的最终目的。

德尔菲(Delphi)咨询公司作为最早研究企业知识管理的机构之一,它对企业知识管理下的定义,得到了许多企业和研究机构的认可:知识管理是一项技术实践活动,它以提高决策质量为目的,协助在整个组织范围内提高知识创新和交流效率。

从企业经营的角度出发,也许可以给出如下的定义:

知识管理是指通过对企业知识资源的开发和有效利用以提高企业创新能力,从而提高企业创造价值的能力的管理活动。

根据这个定义,知识管理的终极目的与其他管理的终极目的一样,是为了提高企业创造价值的能力。但知识管理的直接目的是要提高企业的创新能力,这也是知识管理在新的经济时期之所以必然出现并且广泛兴起的直接驱动力。

在知识经济时代,企业创新是企业在市场上赢得竞争优势和提高竞争力水平的基本途径，而知识资源在企业生产率提高和财富增长中的日益不可替代的作用是企业创新的主要源泉。

知识管理的主要任务是要对企业的知识资源进行全面和充分的开发以及有效的利用，这也是知识管理区别于其他管理的一个主要方面。以往的管理无论其对象是人还是物，都没有将企业创新的根本力量——知识，看作是企业的一个相对独立的资源体系而加以全面和综合的管理。

（二）知识管理对杂志社的影响

我们现在主要探讨的是如何将企业知识管理的技术和方法，运用到作为文化产业的企业——杂志社的管理中去，从而提高杂志社的创新能力。

我们的难点是，企业的知识管理在制造业、服务业等行业中已经得到了相对广泛的运用，但要在文化产业中的传媒业中去尝试运用，目前来说还不多见。因此，在这方面的成功案例就特别少见。但是，作为文化产业的期刊业来说，知识管理的实施，同样应该是有效的，也是有必要的。这种尝试具有开拓意义。

杂志社是一个知识密集型企业。缺乏知识，根本就无法完成杂志的生产。比如《观察与思考》的读者对象，主要是具有较高学历背景的知识分子。他们本身就是我们社会的精英，他们特别关注自己的"生态环境"，即生存和发展的环境和空间。他们是新知识的吸收者，同时又是知识的创造者。因此，他们对杂志知识点的供应要求就特别高。面对这样的读者定位，杂志社在运作过程中，尤其需要有科学的知识管理方式和方法，来对杂志社的显性知识和隐性知识进行管理。

良好的知识管理，会形成流畅有效的知识流通平台，使得各种知识能够高效率地为杂志社的有效营运服务。例如，隐性的知识在杂志社内"潜伏"着，如果没有建立起一个机制，它就不会"浮出水面"，从而被恰到好处地运用。因此，挖掘杂志社的隐性知识，就显得特别重要。

杂志社内部的所有成员的知识若能被纳入杂志社整个知识管理体

系，再加上对外部知识的有效采集、归类，杂志社的健康发展就有了基本的保障。

可见，知识管理对杂志社的发展会产生积极的影响。可以这样说，一个知识管理好的杂志社，它的发展一定会又好又快，反之，它要发展，一定会困难重重。

（三）知识管理的现状分析

1. 基本现状

《观察与思考》杂志社是经新闻出版总署许可的，由浙江省社科院主办的一本新闻时政期刊，每月出刊两期（半月刊）。它的办刊宗旨是"推动进步"。它的办刊方针是"关注民生，彰显正义"。它立足于"新视野、新深度、新民生、新主张、新前沿"，"观世界风云，思人间真谛"，在国内有较大的影响力。中国的三大新闻门户网站（新华网、新浪网、搜狐网），都与《观察与思考》杂志社建立了战略合作伙伴关系，并在这些网站的新闻栏目中，为其设置了重要的"席位"。这些网站大量选用《观察与思考》的内容，这些内容又被全国的许多媒体（也包括网络媒体）转载，从而产生了强劲的新闻冲击波。例如：2008年3月的两期杂志，刊登了有关杭州良渚发现5000年前的"古城"的文章，对所谓的"古城发现"，提出了专家的不同观点。这些文章的发表，立即引起了其他媒体的高度关注，其后至少有200多家媒体转载了这些文章。

《观察与思考》目前的发行量中，有30%的读者是浙江省以外的。发行方式有：自办发行和邮局发行两种。

杂志社有员工12人，其中编辑3人，记者4人，广告经营1人，发行1人，内务1人，副主编1人，主编1人。

杂志社的美术设计，主要是与杭州天堂人间文化传播公司合作。

2. 存在的问题

（1）编务方面。

杂志社编务工作的日常知识管理，主要有以下几个方面。

A. 选题会：杂志社在每期杂志的编辑前，都要召开选题会。会上，所有的采编人员都要提出四五个选题，供会议筛选。在众多的后备选题中，会议再围绕重点选题进行讨论，并确定下期的重点选题。

存在的问题：由于在选题会上的选题，是"突然"被提出的，留给大家深入思考的时间就显得少了些，因此，所发表的意见常常显得仓促而不够成熟。那么，要克服这个问题，就需要有一个事先已经搭起的信息交流的平台。让所有杂志社成员都能较早地了解到选题会上将要讨论的选题。

B. 记者编辑碰头会：杂志社在确定了记者所要采写的稿件后，主编会把编辑和记者叫到一起，听取编辑和记者就将要采写和编辑的稿件的采编思路，并提出采编要求。

存在的问题：仅这一次的沟通是远远不够的。编辑对记者的选题，也缺乏足够的了解，这样，在沟通时主动性会相对缺乏。

C. 图片库：杂志社目前已经建立了属于自己的图片库。杂志社成员平时拍的图片，都放到了"网上邻居"中的共享硬盘中。文字编辑和美术编辑随时可以选用图片库中的图片。

存在的问题：目前图片库中的图片数量太少，图片的涉及面也太狭窄，大多是杭州的图片。这就造成了杂志在编辑时，需要向新华社图片网、人民日报图片网、中国新闻社图片网等购买图片。这不仅增加了出版成本，而且还会受制于人。例如：杂志的编辑流程常常会与双休日重叠，为了保证流程的正常进行，杂志社需要加班工作。而此时，一些图片网往往因为放假而没有人能处理在购买图片中遇到的一些特殊的问题。这势必影响杂志社的编辑工作。

D. 美术设计：杂志社并没有自己的美术编辑，而是依靠杭州天堂人间文化传播公司的美术设计人员来帮助排版的。杂志已经形成了较为成熟的版面设计风格，文字编辑和美术设计人员的配合，由于美术设计人员的长期稳定性而显得"默契"。

存在的问题：杂志社没有自己的美术编辑，造成了在互相配合上的一些问题，这个问题的关键是，外单位的人员很难去理解当期杂志的内容。在配合上看似"默契"，其实多少有点"貌合神离"。因此，处在被动状态的美术设计人员的工作效率就会有些低下，编辑常常会因为不满意设计而重新调整其设计的版面。此外，尽管版面风格已经相对成熟，但缺少已经形成"标准化"的《设计手册》，一旦美术设计人员发生变动，新来的人就无从上手。这会严重影响工作效率和杂志的版式质量。

E. 编辑出版流程：杂志社已经形成了较为流畅的编辑出版流程。一般情况下，采编人员和美术设计人员都能按照流程进行各自的工作，基本做到了一环扣一环。

存在的问题：由于每一期杂志的内容不同，导致当期的"编辑计划"的"出台"往往较为滞后。这就造成了编辑在前期的"心中无数"，而使工作处在被动状态。反过来，编辑一旦得到了下发的"编辑计划"后，由于时间较紧而出现了"先松后紧"的状态。这显然对工作不利。

（2）经营方面。

A. 广告业务：杂志社目前还没有建立一个潜在的广告客户的数据库；专业从事广告经营的人员只有1人。

存在的问题：由于没有锁定杂志的潜在广告客户，便不可能开展对潜在广告客户的维护。这种状况显然对广告经营不利。广告的专业人员太少，造成了工作效率的低下。

B. 发行：杂志社的杂志发行，现在是分两块进行，第一块是通过邮局这条线发行，第二块是通过自办发行进行。在杂志的品牌销售推广上，目前还是一片空白。

存在的问题：不管通过什么手段去推广发行，有一点是不可缺少的，那就是杂志的品牌推广工作。由于没有很好地去宣传自己的杂志，在目标读者中的影响力就会受到影响。这就给发行带来了难度。同时，杂志社也缺少对目标读者的信息资料的收集和分析的管理工作。这多少使得发行工作带有盲目性。

(3) 行政管理方面。

目前，杂志社的行政管理人员是一位编辑兼管的。杂志社的重要知识，即各种规章制度虽然较为健全，但没有做到"信息的公开化"。这些规章制度只是搁在了主编的电脑里。

存在的问题：没有专门的人员从事行政方面的管理，这往往会影响到行政工作的效率。而杂志社的规章制度没有放到共享的平台上去，造成了知识流动的不对称，也给杂志社的管理带来不利因素。

（四）知识管理策略和方法

1. 统一思想

（1）编委会领导的思想统一。

由于以前观察与思考杂志社的领导在对杂志社进行管理的时候，并不具备作为企业的杂志社的知识管理方面的知识和能力，所以，以往的管理只是凭着经验和对业务的熟悉程度来对杂志社进行管理。这种"经验管理"，严格说只是一种"本能"的较为原始的管理，缺乏相关理论的支撑。

若要在杂志社全面实施有效的知识管理，就必须在杂志社的领导层，解决一个"共识"的问题。只有在实施知识管理的过程中，领导层统一了思想，才能保证这种"实施"不至于成为走过场的东西。

因此，对杂志社的领导，首先要进行培训。通过培训，真正了解和掌握有关企业知识管理方面的知识，从而在有了"共识"的前提下，通过调查研究，制定符合杂志社客观实际的杂志社知识管理实施策略和方法。

（2）采编人员及其他人员的思想统一。

单有杂志社领导的思想统一还不够，还得让全体杂志社的成员都了解知识管理的好处，以及知识管理方面的知识。做任何事情，如果没有群众的响应，或者说是没有群众的基础是不可能成功的。领导层和普通员工层之间有距离，有障碍，知识管理的"大计"就无法实施。即便是勉强实施了，也不会有好的效果。

杂志社为此定要对采编人员及其他人员进行培训。这种培训目的,一是让全体成员知道,在杂志社实施知识管理,是一件有利于杂志社发展的好事;二是让全体成员能够积极主动地参与到杂志社的知识管理中来。

就知识管理的目的而言,知识有显性知识和隐性知识,要让隐性知识通过一定的渠道转化为显性知识,以供给机构中的全体成员一起"享用"。在这个"供给"活动中,就需要该机构中的成员有一种团队精神;反之,如果有人不愿意将自己的隐性知识奉献出来,那么,企业的知识流就有了问题。不说它的流动不畅,就是它本身的质量也成了问题。因为这种知识流是一种残缺的知识流。故此,机构成员的积极参与是十分重要的。它甚至决定了知识管理的成败。

为了做好全体成员的培训工作,杂志社要制定切实可行的培训计划,并在培训的时间上,以及提供的培训资料上予以保证。当然,杂志社能邀请到企业知识管理方面的专家来授课,那就更好了。

2. 管理策略和方法

(1)设立专门的管理人员岗位和技术平台。

杂志社要实施知识管理策略,设立专门的管理人员是完全必要的。

在传统管理模式中,管理者即"控制者",他不需倾听,要做的就是发号施令,监视并控制下属。在知识经济中,管理者必须改变原来的角色,扮演新的角色。正如美国通用电气公司董事长杰克·韦尔奇在改革公司等级制时所说:"过去,许多总部管理人员的职能是依靠控制来发挥作用,而不是借助增加价值。他们的工作内容必须重新定义,他们必须把自己的角色看成是教师、拉拉队长和解放者的混合体,而非控制者。"在知识经济时代,管理者的真实角色应该是服务者。从"控制者"到"服务者"的转变,并不是管理人员的地位下降了,而是管理者角色不同了。

有鉴于知识经济时代对企业管理者的新的要求,即"服务者"的要求,杂志社的知识管理人员必须具备以下几个条件:

A. 具有大学本科以上的学历。所学专业最好是属管理类的,如"信息管理和信息系统"专业。能创建信息库并对信息库进行管理。

B. 具备机构内部局域网建设和维护方面的能力。熟悉计算机多种软件，能够现场解决计算机出现的故障，以保证网络的通畅运行。

C. 具有良好的组织协调能力和沟通能力。

D. 具有宽泛的知识面，能有效地对信息进行搜索和筛选，并能在杂志社共享信息平台上，提出推荐某信息的意见。

E. 具有接受新知识的能力，也就是具有学习的能力并将其运用于实际工作的能力。

F. 具有良好的职业道德素养，勤勉敬业，具有团队精神和奉献精神。

要进行有效的知识管理，优良的硬件配置是必不可少的。为此，杂志社要对现有的计算机等设备进行重新的打理，必要的话，还可以购买新的设备。

此外，除了购买一些必要的软件外，也可以根据杂志社知识管理的需要，专门设计一些软件。例如：杂志社信息处理软件、杂志社编辑软件、杂志社稿费发放软件、杂志社工作质量考核软件等。

（2）编务方面。

A. 加强信息的收集和管理。

《观察与思考》是一本时政性较强的新闻双周刊。为了编辑出版好这样一本期刊，就必须建立编辑部的信息库。

信息库的信息资源主要有：

新闻门户网上的最新信息。这些信息常常是编辑部选题的重要来源。但问题是，网上的信息过于芜杂、混乱。因此，杂志社专业的知识管理人员，要根据杂志的宗旨和方针，以及主编的意图，对网上的信息进行筛选、归类、综合，以及及时向主编提出《建议报告》。这个过程是知识管理人员的智力劳动过程。为了能使这个过程成为一个真正有效的过程，杂志社主编要不断对知识管理人员提出要求，不断矫正其行为。同时，《建议报告》等均公开发布于杂志社的信息库中，杂志社所有的成员都可以在信息库中获得经过处理的最新的最有价值的信息。

来稿的管理。在杂志社的对外电子邮箱中，每天都有大量的作者将稿件投入其中。读者的来稿对办好杂志十分重要。由于杂志的稿件是不可能全部都由杂志社的记者自己来采写，因此，读者来稿便成了杂志内容的重要组成部分，也是杂志社知识中不可或缺的部分。它不仅丰富了杂志的内容，也节约了杂志社的成本。但是，面对众多的来稿，编辑往往要花费很多的时间去从中挑选有价值的稿件。

为了解决这个问题，可以由杂志社专业的知识管理人员，对来稿进行初次筛选。通过初次筛选，淘汰一大批对杂志社来说无用的稿件。对那些留下来的来稿，知识管理人员可以提出自己的意见，并将其在杂志社的内部信息平台上公布。另外，对那些较有写作能力的作者，知识管理人员要保持与他们的联系。这种工作是十分必要的。只有这样，杂志社才能保证有足够的来稿。而来稿，尤其是可以发表在杂志上的来稿，是杂志社显性知识的重要的构成部分。

杂志社成员的采编建议。我们应该倡导一种状态，即杂志社的成员不要等到选题会开的时候，再提出自己的选题建议，而是随时通过信息库这个公开的平台，向杂志社的所有成员提出选题建议。这对将杂志社的隐性知识转化为显性知识来说，是十分重要的。这可以消除文前所说的，"由于在选题会上的选题，是'突然'被提出的，留给大家深入思考的时间就显得少了些，因此，所发表的意见常常显得仓促而不够成熟"的"毛病"。

由于杂志社成员，尤其是编辑和记者的选题建议是较早提出的，这就有了让大家思考、酝酿的时间，而且杂志社成员还可以及时"跟帖"发表自己的意见。

这样的做法，对杂志社确定选题是很有帮助的。应该形成这样一种"局面"，即在选题会召开之前，有许多选题已经经过大家的"网上选题会"的热议而显得成熟了。

图片库建立。现在我们已经到了"读图时代"，人们为了节约时间，或者是为了更轻松地获得信息，往往更喜欢看照片或其他图画。为此，作为彩印的《观察与思考》杂志，每期都会使用50张左右的新闻图片和漫画。我们应该这样去认识：经过筛选的、可以用在杂志上的图片，同样是杂志社知识的一部分。

这些图片，有的是通过向其他新闻图片网购买的，有的是杂志社成员自己拍摄的。这两部分的图片，都应该放入杂志社的对全体成员公开的网络图片库中去，供大家"享用"。

这里要注意的是，图片编辑管理图片，一定要整理好图片说明文字，并制作文字精炼的标题。这对杂志社成员在选用图片时提供了方便。

B. 开好选题会。

每次杂志社的选题会，都是一次"头脑峰会"，是杂志社知识管理的一项重要内容。在平时，杂志社的知识往往"隐藏"于杂志社成员的头脑中。如果不去发掘，这些知识就会"暗中流失"，或"过期作废"。因此，及时地、最大限度地利用这些隐性知识，是杂志社知识管理的非常重要的工作。

根据杂志的编辑出版周期，杂志社的选题会每月召开两次。在每次的选题会上，主编可以先对上一期杂志的采编工作进行小结，肯定好的做法，批评不好的做法，并提出新的要求，或对传统的要求进行再一次强调。这在知识管理中是很重要的。它是一个杂志社的采编文化——采编价值取向——采编工作风向标，也是对知识的"否定之否定"过程。只有这样去做，杂志社的知识，才会显现出它的独特的活力，而这种活力，恰恰是杂志社成员进行创造性劳动的"助推器"。因此，主编作为杂志社知识管理的最高领导人，一定要在小结前做好认真的准备，深思熟虑后，才能发表有分量的、恰如其分的、能调动大家积极性的、使得前进的目标更加明确的意见。

选题会上的另一项工作，便是提出选题并对选题发表意见，从而为最终确定选题打好基础。主编应该要求每个采编人员，在选题会上提出不少于三个的选题，供选题会讨论，而采编人员在发表自己选题的"演讲"时,要分三块进行:一是先报选题的标题;二是陈述新闻事实;三是阐述自己对该选题的看法。这种"演讲"完成后,会议便可进入讨论阶段。讨论要求人人发表意见。这种讨论应该是热烈的、畅所欲言的。在这一讨论过程中,主编在头脑中逐步形成最终意见。此时,采编人员应该明确自己在接下来的日子里的工作该是什么了。

选题会上的最终结果,要在第一时间在杂志社内部公开的信息平台上予以公布。而杂志社成员都能在第一时间在信息平台上获得自己所需要的信息。这些信息是杂志社选题会——头脑峰会的成果,也是隐性知识完成向显性知识转化的结果。这是杂志社知识宝库中最为重要和珍贵的部分。

C. 编辑记者碰头会。

知识管理的目的是将机构中显性的知识和隐性的知识整合起来,进而最有效地将其转化为机构的创新能力。为了达到这一目的,杂志社除了要开好选题会以外,还要组织开好编辑记者的碰头会。

这种碰头会是小范围的,甚至是一对一的。也就是在选题会结束记者有了明确的采写目标后,要在第一时间和编辑进行沟通。这种沟通是一种记者和编辑互补的关系。根据杂志社的编务流程,记者完成的稿件,要交给编辑去处理,达到要求后才能进入排版程序。鉴于此,编辑一定要十分理解记者稿件所要表现的新闻事件以及记者的主张。了解得越透,编辑工作才能越有效。记者和编辑针对一篇稿子所进行的沟通和探讨,是将隐性知识转化为显性知识的又一次努力。而且记者和编辑一对一的沟通和探讨,不是一次就能到位的,有时会进行多次,直到各自满意为止。

杂志社主编要积极倡导这种具有积极意义的碰头会,对重要的选题,主编应该亲自组织编辑记者碰头会。

D. 美术设计的标准化管理。

《观察与思考》杂志是新闻双周刊,产品生产时间较短,"生产过程"的每一个环节都要在规定的时间内完成。故此,留给美术设计的时间也是非常短的。为了在这短短的时间内完成美术设计工作,杂志社需要制定《版面设计标准》，这样才能提高效率。同时，也是最为关键的一点，美术设计人员的知识用在版面设计上，需要一个相对的稳定性。否则，今天这个样子，明天那个样子，诉求的符号太乱，会给市场一个不成熟的印象，这对杂志社产品品牌的塑造十分不利。因此，杂志社需要有一个《版面设计标准》，这是知识管理的一个重要的举措。

E. 采编流程的管理。

杂志社的采编流程的制定，是杂志社生产的一项重要工作。它是指挥协调杂志社生产过程各个环节的重要手段。有了它，杂志社成员才能开展紧张而有秩序的工作。尤其重要的是，对采编流程的管理，是知识管理的必不可少的手段，它起到的是纲举目张的作用。

所以，杂志社各个方面的管理人员，应该统一协调，做好各自分管的工作，以保证采编流程的正常流动。这种流动是对全体成员完全公开的。这种流动让杂志社知识经过精心的过滤汇总到一起，流向产品的终端——杂志的最终出版面市。杂志社所有的知识管理的最终目的，都是为了这一成果的到来。

（3）经营方面。

A. 广告经营策略。

实现杂志社广告经营领域的有效的知识管理，对杂志社具有重要的意义。从某种意义上说，通过杂志本身优质的内容来吸引读者完成购买活动，不是杂志社总体经营的目的。站在商业的角度看，把这种具有一定量的"购买活动"再出售给广告主，进而获取广告收入，才是杂志社作为企业的真正目的。没有广告收入，杂志社就无法生存。

从知识管理的角度出发，首先要对广告的预期客户进行筛选和锁定，并进行必要的分析。因此，建立广告预期客户的信息库，就显得十分必要。然后，广告经营人员要利用信息库中的信息，对预期客户进行跟踪维护。这种"跟踪维护"，是广告经营人员与预期客户保持良好关系的重要手段。其次，广告经营人员对该预期客户的"动向"要及时掌握，例如，要了解这个预期客户新近将在什么媒体上投放广告；总的广告投放量是多少。诸如此类的信息，都要争取在第一时间掌握它。再者，广告经营人员要经常召开"头脑峰会"，将其隐性的知识转化为显性知识，供全体广告业务员"共享"。通过这种"智慧的交锋和碰撞"，广告部门就会形成被普遍认可的经营策略。

总之，广告经营人员大都是高智商的知识分子，加强对知识的管理，在广告部门显得尤为重要。

B. 发行经营策略。

发行经营的策略，体现在发行部门对目标读者的准确判断和定位。因此，大量的、经常性的读者调查，是发行部门的重要工作。在这个基础上，发行部门要建立信息库，对已有的读者和未来的读者进行统一的管理。发行部门在推销杂志的过程中，实际上也是在推销杂志社的知识。所以，发行部门一定要了解杂志社的知识，否则较难胜任其工作。发行部门一旦通过信息的综合分析，形成了新的发行思路的时候，要将这方面的信息公开，进而引入杂志社全体成员参与讨论。而发行部门的领导人，要对这些隐性知识的显现进行综合整理，再形成最后的决策。

（4）行政方面。

在行政管理方面要充分利用杂志社现有的信息平台，将杂志社所有的规章制度、通知通告等及时公布于众。这种透明化、公开化的管理，是杂志社知识管理的重要部分。反过来，杂志社成员有什么合理化建议，也应该让其"畅通无阻"地在信息平台上"露脸"。公开的、互动的行政管理，才是有效的，才能成为杂志社整个知识管理工作的好帮手。

参 考 文 献

1. 邵培仁：《大众传播通论》，浙江大学出版社，2005。
2. 沈爱国：《新闻采访学》，浙江大学出版社，2002。
3. 吴飞：《新闻编辑学》，浙江大学出版社，2003。
4. 刘明华：《西方新闻采访与写作》，中国人民大学出版社，1993。
5. 艾丰：《新闻采访概论》，人民日报出版社，1996。
6. 龚维忠：《现代期刊编辑学》，北京大学出版社，2007。
7. 汤世英、薄瀚培、劳沫之：《新闻通讯写作》，中国人民大学出版社，1986。
8. 〔美〕本顿·雷恩·帕特森、科尔曼·E.P.帕特森：《期刊编辑》，崔人元译，河北教育出版社，2004。

图书在版编目(CIP)数据

新闻期刊采编和管理/邹建中著.—北京：社会科学文献出版社，2010.7（2016.8 重印）
（中国地方社会科学院学术精品文库·浙江系列）
ISBN 978 – 7 – 5097 – 1576 – 5

Ⅰ.①新… Ⅱ.①邹… Ⅲ.①新闻采访 ②新闻编辑 ③期刊管理 Ⅳ.①G21 ②G255.2

中国版本图书馆 CIP 数据核字（2010）第 129735 号

·中国地方社会科学院学术精品文库·浙江系列·

新闻期刊采编和管理

著　　者／邹建中

出 版 人／谢寿光
项目统筹／宋月华
责任编辑／宋培军

出　　版／社会科学文献出版社·人文分社（010）59367215
　　　　　　地址：北京市北三环中路甲29号院华龙大厦　邮编：100029
　　　　　　网址：www.ssap.com.cn
发　　行／市场营销中心（010）59367081　59367018
印　　装／北京京华虎彩印刷有限公司

规　　格／开本：787mm × 1092mm　1/16
　　　　　　印张：20　字数：284千字
版　　次／2010年7月第1版　2016年8月第4次印刷
书　　号／ISBN 978 – 7 – 5097 – 1576 – 5
定　　价／49.00元

本书如有印装质量问题，请与读者服务中心（010 – 59367028）联系

▲ 版权所有 翻印必究